创业者
实战手册

PRACTICAL MANUAL
FOR STARTUP OWNERS

何建湘◎著

写作组成员：蔡敬梅 于兹志 李云超 冷元红 张楚扬 何志强 郭晓勇

中国人民大学出版社

·北 京·

图书在版编目（CIP）数据

创业者实战手册/何建湘著 . —北京：中国人民大学出版社，2015.10
ISBN 978-7-300-21953-0

Ⅰ.①创… Ⅱ.①何… Ⅲ.①企业管理-手册 Ⅳ.①F270-62

中国版本图书馆 CIP 数据核字（2015）第 227021 号

创业者实战手册

何建湘　著

Chuangyezhe Shizhan Shouce

出版发行	中国人民大学出版社			
社　　址	北京中关村大街 31 号		**邮政编码**	100080
电　　话	010 - 62511242（总编室）		010 - 62511770（质管部）	
	010 - 82501766（邮购部）		010 - 62514148（门市部）	
	010 - 62515195（发行公司）		010 - 62515275（盗版举报）	
网　　址	http://www.crup.com.cn			
	http://www.ttrnet.com（人大教研网）			
经　　销	新华书店			
印　　刷	北京中印联印务有限公司			
规　　格	170mm×240mm　16 开本		**版　　次**	2016 年 1 月第 1 版
印　　张	19 插页 2		**印　　次**	2017 年 5 月第 3 次印刷
字　　数	293 000		**定　　价**	45.00 元

赢在起跑线上

作为一位普通的创业者，我平时喜欢收集一些创业案例，创业思想性评论文章，创业理论知识，创业经验技巧以及创业过程中需要用到的测评工具、营销分析工具、商业计划书模板、融资工具、创业初期管理工具等，其目的就是整理一个实用的"创业工具箱"，便于自己在日常工作中使用。

这些年，时常有身边的朋友向我"讨教"一些创业的指导建议以及辅助性创业工具，我就将"创业工具箱"中的部分精华内容与他们进行了分享。出乎意料的是，这一分享促成了"创业工具箱"的爆炸式传播，很多朋友受益匪浅，又有更多的朋友纷纷来寻求"创业宝典"。我一直以来都认为，在信息如此发达的时代，这些创业常识与实用工具应该是不难找到的，于是，我开始探究"宝典"深受欢迎背后的原因。

我开始深入了解当前的创业教育现状、创业类出版物、部分创业知识提供商，并与更多的创业朋友进行沟通、交流，发现目前的创业知识体系主要存在两个问题。一是偏实务性的内容比较欠缺。目前的创业知识以创业基础理论、创业故事、创业激励性文章、创业经验总结等为主，可以"拿来即用"且形成体系的实战工具少之又少。二是理论与实践契合度不高。实际上，创业过程中用到的很多实用工具，在其他管理领域都能找到，例如素质测评工具、营销分析工具、财务分析工具、融资工具等，但是仅凭现有的创业基础理论难以支撑对这些工具进行剖析，还需要结合管理、金融、法律等专业领域的知识以及丰富的实战经验或者案例研究经验，方能将这些工具阐述清楚并加以灵活应用。这两个问题也是当今中国创业教育存在的两大症结，更是制约创业者成长、提高创业成功率的重要因素。其直接影响是：一些有一定专业素质的大学生，在创业过程中缺乏实战性的指导内容与实用工具；一些有一定实战经验的创业者，缺乏创业理论基础知识的指导，更缺乏管理、金融、法律等专业领域知识的支撑，也就难以判断哪些是有价值的管理工具，更不用如何有效利用这些工具了。这些问题导致的唯一结果就是：在起跑线上，多数人的创业行动就注定会失败。这也就导致了这样一个残酷的现实：在今天这个"创客"弄潮的时代，创业成功率远低于5％，大学生创业成功者的数量更是微不足道，与西方发达国家相比相差甚远。

由此，我开始思考：有没有可能梳理出一套适合普通大众的创业实践指导与应用工具，为创业者初期阶段提供创业常识普及、创业实践指导、创业工具应用"一条龙"服务，真正实现"拿来即用"，帮助创业者赢在起跑线上？

我于2013年开始对"创业工具箱"进行系统的梳理，即基于大量的创业案例研究，按照一般的创业理论框架与实操流程，结合管理、金融、法律等学科知识对所有实用工具的应用进行适当的剖析与简要说明，并将其贯穿整个创业进程；与此同时，我还筛选了一些必要的创业基础理论知识，并总结了创业各个环节的实践指导内容，其中包括创业经验技巧、创业常见问题及其应对策略。内容分为9个部分（创业筹备；识别与评估创业机会；组建创业团队；拟定商业经营计划；融资；成立新公司；为顾客创造价值；管理新企业；风险管理），基本涵盖了创业全过程所需的基础理论知识、实践指导与创业实操工具，共有文档353个，其中理论知识类文档约占40％，创业实战工具类文档约占60％。这就形成了本书的雏形。这些内容在我与某知名文档分享网站合作开辟的《创业全案》频道展示，得到众多用户的高度认同。

但是，毕竟《创业全案》属于在线产品，存在信息量过大、内容略显庞杂且在线阅读缺乏整体感等诸多问题，很多用户期望能有一本内容浓缩、阅读体验更佳的图书出版物。正好，我在 2014 年与中国人民大学出版社丁一老师讨论《企业文化建设实务》一书出版的过程中顺便提到了"创业工具的相关内容很受用户欢迎，但是否适合形成图书"的话题，得到丁老师的高度赞同，还帮助我进行了精心策划。基于此，我对《创业全案》进行了重新定位以及内容结构调整。新的内容更加聚焦创业初期的焦点问题，致力于帮助创业者赢在起跑线上：一是聚焦创业初期的六个关键环节，即创业筹备、抓住创业机会并明确目标市场、组建创业团队、拟定商业计划、融资、成立新企业；二是聚焦创业初期的常见问题，例如如何进行创业能力自评、如何识别与评估创业机会、如何选择目标市场、如何创建高效的创业团队、如何撰写商业计划书、如何有效融资、如何设计企业名称、如何选择经营场所、如何防范法律风险等。与此同时，我对《创业全案》进行了全面"瘦身"与"转化"，力求内容精简、实用、通俗易懂。"瘦身"是指精选最有价值的内容，例如创业者必备的基础理论知识、各个创业环节的工作要点与指导建议、创业经验与技巧、常见问题解析、最实用的 66 种创业实战工具等。"转化"是指将其中很多专业性的内容用通俗易懂的语言来呈现。通过对《创业全案》的重新定位、内容结构调整以及全面的"瘦身"与"转化"，最终形成了这本为大众创业定制的创业实践指导与应用工具大全——《创业者实战手册》，其价值主要体现在以下几个方面：

（1）专业指导：融合多学科知识（创业＋管理＋金融＋法律），贯穿各个创业环节，步步为营，全面、专业解读创业必备基础知识以及常见创业难题，并根据创业实际需求，为定制化的创业流程提供配套应用工具，其中包括部分自主研发的理论成果及应用工具，例如"创业六要素"理论模型图、成功创业者核心素质模型、创业团队组建工具等。专业指导教会创业者理性创业、步步为营。

（2）精简创业：基于专业研究与分析，化繁为简、化难为易，提供最有价值的创业理论知识、创业操作指导与应用工具，让创业者不再需要花大量的时间以及人力成本去筛选、查询知识与工具。例如商业计划书的撰写，从商业计划书内涵、成功商业计划书的特征、十个关键点、内容结构及撰写要求、商业计划书模板等层面展开介绍，做到体系清晰、通俗易懂、关键问题突出、可操作性强。精简创业教会创业者简单、轻松地创业。

（3）实用制胜：实践指导与应用工具来源于大量创业实践案例的总结和提

炼，且是知名文档分享网站数据调查证明最受欢迎的创业工具，追求"拿来即用"，涵盖 66 种实战工具、常用表格文书模板等，部分工具还适用于创业中后期。实用制胜让创业者的行动更为高效、少走弯路。

（4）知识更新：提供最新的法律法规条文解读，同时结合时代发展、环境变化更新了各项创业实践指导内容与相关应用工具。知识更新帮助创业者应对快速变化的环境。

本书没有激情澎湃的创业宣言，也没有深奥难懂的理论解读，有的只是为大众创业定制化的"通俗易懂的创业常识、源于实践的创业指导、拿来即用的创业工具"。正是这些定制化的内容，可以为创业者节约大量时间与人力成本，铺设一条稳实、高效的创业之路，从而帮助创业者赢在起跑线上。这就是《创业者实战手册》一书的核心价值所在。

大众创业、万众创新

在李克强总理倡导的"大众创业、万众创业"方针指引下，中国正掀起一股空前高涨的创业热潮，我们有幸置身于这股潮流中。无论你是"零起点"的社会创业者，还是跃跃欲试的大学生，抑或是正在起跑线上挣扎的创业者，《创业者实战手册》都会为你的创业之路带来更多的理性、轻松、稳实与高效，帮助你赢得一个良好的开端或者重新开启一段闪耀的创业旅程，进而成为创业热潮中"成功的 5％"。

衷心感谢叶康涛、张万文、何冀兵、阳海涛、何仁初、唐文武、张红华、陈志文、周常发、谭成、郭振华、吕文锋、周绍军、卢小传、侯志光、曹清华、侯锣平、曹名军、高剑峰、白银峰、蔡爱峰、韩绍岩、谭澜、赵抗冰、王勇、王彬、李智亮、李思平、何骁骥、周孚方、薛江、任超一、李喜彪、王雷、杨林、张春晏、孙欣、郑新德、苏静、党永嘉、张丽萍、袁玲、徐明星、张玮、黄乐桢、苟薇华、黄维益、蔡骏杰、蓝传仿、李德洁、朱象松、韩有东、王娟梅、李宁、刘峰、曹卉、丁一然等老师、同学及好友为本书的策划、编写和推广提供的鼎力支持。最后，感谢妻儿黄乐与何天言一直以来对我创作事业的理解和支持！

何建湘

你准备好了吗

创业筹备

宜未雨而绸缪，毋临渴而掘井。

——明末清初理学家、教育家朱柏庐，《朱子治家格言》

01　正确认知创业

一、创业的本质

要正确认知创业，我们首先有必要看看目前比较权威的、由哈佛商学院创业课程先锋人物霍华德·史蒂文森（Howard Stevenson）教授给出的定义：创业是不拘泥于当前资源条件的限制而寻求机会，将不同的资源组合起来以利用和开发机会并创造价值的过程。

笔者认为，该定义主要突出了创业的机会导向性、顾客导向性、行动超前性、资源整合创造性、创新及价值创造性等特点，但是并没有指出创业活动所处的企业生命周期、风险性等突出的个性特征。因此，如果仅仅从以上定义内容来看，我们很容易把一般的具有创新性或者产生巨大创造价值（包括发明创造、商业模式颠覆性创新等）的经营活动也纳入创业的范畴，例如有"二次创业"、"企业发展经历着不断的创新创业"的说法，而在这里，我们所说的创业是指处于新企业创立阶段具有创造性的一切经营活动。

为了帮助大家更好地理解创业的内涵，我们不妨进一步了解一下创业与创新、发明的区别。

一是从存在载体来看，创业更多的是处于经营活动起始阶段的组织形式，而并非个体性的创新或者发明活动，存在于企业不同发展阶段的经营活动中。

二是从活动导向来看，创业活动更侧重于顾客导向、机会导向，而在资源导向、技术导向方面并不像创新与发明那么突出。

三是从实现途径来看，创业通常是基于对顾客需求的深刻理解以及为顾客创造的独特价值得以实现的，而发明与创新往往是基于大量的研发活动或者某些创意得以实现的。

四是从整体过程来看，创业是一种系统性极强的经营活动，需要识别机会、了解顾客需求、创造性整合资源、开发新市场、为顾客创造价值、组建创业团队、成立和管理新企业等；而创新、发明，相对而言就没有这么复杂，大多数时候可能只是经营活动中的一小部分。

五是从价值创造来看，创业所创造的价值更加显性化、短期效应强且影响范围广，而不像发明那样通常都是潜在的、长期性与小范围的。

六是从风险承担来看，正因为创业以组织形式存在，且是一种系统性极强的经营活动，所以对创业主体的风险承担要求相对较高。对比来看，创业过程中的任何一个环节都有可能导致创业失败，而且直接影响一个组织甚至一个庞大的群体；而创新、发明导致其失败的因素往往比较单一，即使失败了一般也不至于波及整个组织。

综上，我们认为创业的本质就是创造。具体可以从以下几个方面来理解：

（1）创造新企业：创造一个前所未有的企业，或者开创新的事业。

（2）创造新价值：一方面，是对已有生产方式或者资源进行创新性整合并产生新价值；另一方面是找到新的市场机会，以创新性产品或者服务为顾客创造新的价值。

（3）创造财富：创业成功必然要获取合理的利润，进而为社会创造财富。

（4）创造就业机会：大量劳动力被雇用并接受企业的管理以及提供的个人成长支持。

（5）创造增长：主要指市场规模、销售收入、公司资产、人力资源等方面的全面增长。

（6）创造变革：伴随着高风险，创业能带来更多的创造性的变革，并推动社会进步，具体主要体现在技术、产品、服务、商业模式、管理等方面。

二、创业的价值

在"大众创业、万众创新"的大背景下，创业究竟会给我们带来什么价值？可以从国家与社会以及个人两个层面来理解。

（一）国家与社会层面

新创企业是一个国家或者地区经济发展中至关重要的一部分，其创业活动直接反映出这个国家或者地区的经济活跃程度。美国管理学者杰弗里·蒂蒙斯（Jeffry A. Timmons）曾经指出：美国经济的强劲增长和创新活力，关键在于其整个社会旺盛不衰的创业精神和新创企业生生不息的创业活动。

这种由众多新创企业参与、建立在创新经营与新创事业基础上的经济形态，我们称之为创业型经济。其主要特点是：以创业精神和创业活动作为经济增长的关键驱动因素，具体表现为高水平的创业活动多、创新发明与专利多、为顾客乃至整个社会带来的创造性价值多，创造的就业机会多，成长型中小企业多。因此，创业型经济具有增强自主创新能力、转变经济增长方式和扩大社会就业的显著作用，已成为一个国家或地区经济发展的基础。例如在美国，于20 世纪 80 年代提出"创业型经济体系"概念的现代管理学之父彼得·德鲁克（Peter F. Drucker）发现，1965—1984 年间，美国的就业机会几乎都是由创业型和创新型企业创造的。

在我国，发展创业型经济的价值主要体现在以下四个方面：

1. 创造物质财富与精神财富

企业存在的前提，就是要为顾客创造价值，并获取合理的利润。因此，任何一个企业的成功发展，必然是为顾客创造价值，并为社会不断创造物质财富与精神财富。因此，创造物质财富与精神财富，并非创业企业的独有价值，而是所有企业的共性价值。关于物质财富，我们可以从企业所提供的产品与服务、所贡献的税收等角度来理解；关于精神财富，则可以从企业所形成企业文化、企业家精神、创新精神等角度来理解。例如，我国的"中华老字号"企业，不仅为社会创造了大量的物质财富，还为社会贡献了传承中华传统文化的精神财富。

2. 促进劳动就业

相关统计表明，每 1 位成功的创业者可以解决 5 个人的就业问题，因此，以创业带动就业具有明显的就业倍增效应。在美国，创业扮演着促进就业的至关重要的角色。作为一个人口大国，我国长期以来一直面临沉重的就业压力，而通过发展创业型经济来带动就业，是扩大就业、缓解就业压力、促进劳动力转移的一个有效途径。近年来，我国有很大比例的就业，是通过各种政策鼓励自主创业和自谋职业实现的。

3. 提高自主创新能力

创业的本质是创造新的价值，即富有创业精神的创业者与机会结合并创造价值的活动。因此，创业要求创业者善于抓住新的商业机会，创新性整合各类资源，通过创办新的企业或者新的事业，以新产品、新工艺、新技术、新服务等为顾客创造新的更大的价值，也可以说，创业的过程本身就是具有极强创新精神与创新能力，并产生巨大创造价值的一项经济活动。所以，发展创业型经济，是鼓励创新、提高自主创新能力的重要方式。

4. 是"新常态"下经济增长方式转变的新引擎

经济结构不合理，有一个重要根源就是资源配置不均衡。而创业本身就是一个将不同的资源组合起来以利用和开发机会并创造新价值的过程。市场经济条件下，正是因为大量创新创业企业的创立、更新、发展、消亡，盘活了更多的社会资源，开辟了更多的新市场，产生了更高价值的产品与服务，从而自动调节市场供求之间的平衡关系，并促进社会资源配置的优化，进而优化产业结构、促进经济增长方式转变；同时，这种具有极强自主创新能力的创业型经济，自然会加速知识与科技成果向现实生产力的转化，减少经济发展对物质生产要素的依赖，从而推动经济发展由粗放型向集约型转变。

当前，中国经济正处于经济增长放缓的"新常态"，急需调整产业结构，转变增长方式，而"万众创新、大众创业"必将成为"新常态"下我国经济发展的新引擎。

推进大众创业、万众创新，是发展的动力之源，也是富民之道、公平之计、强国之策，对于推动经济结构调整、打造发展新引擎、增强发展新动力、走创新驱动发展道路具有重要意义，是稳增长、扩就业、激发亿万群众智慧和创造力，促进社会纵向流动、公平正义的重大举措。

——摘自《国务院关于大力推进大众创业万众创新若干政策措施的意见》，2015 年 6 月 11 日。

（二）个人层面

从马斯洛的需要理论来看，个人需要的满足主要是通过两个层级得以实现的，第一个层级是"低层级、偏物质基础"的生理需要、安全需要与社交需要满足，第二层级是"高层级、偏精神追求"的尊重需要与自我实现需要满足。创业活动实际上是个人各层次需要的实现过程，我们认为，与非创业活动相比，创业活动的物质基础更雄厚，精神追求更高远。

1. 生理需要、安全需要与社交需要

通过创业，你可以用勤奋的劳动换取最大的财富回报，从而大大改善个人与家庭的生活质量，为满足个人的生理需要与安全需要提供充裕的物质基础，这也是一般的"上班族"难以企及的。著名创业管理研究专家蒂蒙斯曾指出："1993 年美国大约 200 万百万富翁中的大多数都是通过创业积累财富的。"不过，获得高额财富回报的前提是，你必须能够承受可能存在的各类创业风险，包括财务风险、市场风险、管理风险等。

作为一个国家或者地区经济发展中至关重要的一部分，新创企业的一切活动都是"参与社交"的活动。因此，通过创业，你个人的社交需要也会在其过程中自然而然地得到满足。例如创业团队的组建、合作，是创业团队成员彼此之间社交需要满足的一个重要过程。

2. 尊重需要与自我实现需要

从创业过程中获得的尊重需要与自我实现需要，往往远高于通过其他非创业途径获得的满足，这也可以说是"创业改变命运"的集中体现。

一是获得根本性的个人独立与自由。通过创业，有了稳定、丰厚的物质基础，你可以在时间、工作规则、财务等方面获得相对的自由，至少不受他人的约束，当然，前提是创业要成功。其中的获取财务自由也是众多创业者主要的创业动机之一。

二是获得极大的自我满足。通过创业，你可以将个人的知识产权、技术专长、才华技能、兴趣爱好等转变为创业项目或者所经营的业务，并在创业活动中继续发挥自己的知识与技能优势、特长等，从而获得极大的自我满足；另外，也有很多创业者创业的目的是完成自己对人生的挑战，挑战的成功是创业者最大的自我满足。

三是获得充分的社会尊重。创业一旦成功，无论是创业者个人对外展示的非凡能力与人格魅力，还是企业为顾客、社会乃至国家创造的价值，都足以让创业者获得巨大的成就感，与此同时，能力越强、创造价值越大，其个人荣誉就会越多，社会地位也会随之不断提升。例如，众多白手起家的成功创业者具有极大的社会影响力，也是大学生以及新的创业者崇拜的偶像、乐于模仿的对象，这也促使更多的大学生选择创业。

四是促进个人素质与能力的不断提升。创业对创业者的能力与素质要求还是比较高的，在创业过程中，你的素质与能力将会得到充分的锻炼与大幅提升，这也是创业者进一步实现自我价值的内在源泉。但是，我们并不提倡在条件不具备的情况下仅仅为了锻炼能力而创业，去承受不必要的风险。何况，创业也并非锻炼与提升能力的唯一途径。

三、创业的风险及其对策

风险与回报是相伴相随的，这是每一位创业者都应该铭记的一个定律。我们在充满创业激情、憧憬创业所带来的巨大价值的同时，一定要冷静地面对创业可能存在的各种风险与弊端。

首先，让我们一起来了解"十大创业风险"（总结自大量创业失败案例）。

1. 风险一：观念上的风险

观念上的风险主要是指尚未做好充分的心理准备，仍然抱着投机的心态、侥幸的心理；有的则表现为过于着急回本、过分依赖他人、没有做好长期辛苦奋战的准备、缺乏毅力、缺乏接受风险与失败的准备等。这些都会带来致命的创业风险。

2. 风险二：缺乏创业技能带来的风险

很多创业者，尤其是大学生，在创业过程中很容易出现眼高手低的现象，拥有一份完善的创业计划，却没有实际操作能力来实现这个美好的计划，从而导致创业失败。他们的不足主要表现在缺乏创业基础知识、创业管理知识、行业经验积累，个人的经营能力以及综合素质不够等。

3. 风险三：盲目选择项目带来的风险

这类风险的根源，通常是缺乏前期深入的市场调研和论证，或者不考虑个人实际资源的支撑情况，而仅仅凭借自己的兴趣和主观臆断来确定投资方向。

4. 风险四：资金风险

资金风险在创业初期会持续存在。是否有足够的资金创办企业、维持企业的初期运转是创业者开办企业面临的第一个重要问题。对于初创企业来说，如果连续几个月入不敷出或者因为其他原因导致企业的现金流中断，企业随时都存在"关门"的风险。

5. 风险五：技术风险

技术风险通常会被创业者忽略，很多创业者以为自己的技术领先于他人，技术不会成为创业发展的障碍。而事实上，你的技术是否真正处于行业领先水平，能否经得起市场的考验，这一切都需要在实际的创业过程中得到验证。我们经常会发现，很多先进的技术，要么成本过高，要么难以与市场需求结合，要么很快就被竞争对手超越，因此，技术的风险不容忽视。

6. 风险六：市场风险

市场风险主要是指由于市场环境变动、竞争加剧而产生的风险。当然，也许你会说找到"蓝海"是抵御风险的良策。值得肯定的是，找到"蓝海"确实是创业的良好开端，但是并非每一位创业者都能找到"蓝海"，更何况，"蓝海"也不是永远不变的，只有在竞争中获胜才是硬道理。因此，创业者一定要考虑好如何应对现在或者未来的竞争者，不断增强自己的核心竞争力，以谋取长远的、持续的竞争优势。

7. 风险七：管理风险

管理风险与创业者缺乏创业技能密切相关，不过，这里更多的是强调创业者的管理能力与管理经验。我们会发现，很多创业者因为有好的创意、雄厚的资金而在创业初期轰轰烈烈，但是其创办的企业很快就销声匿迹了，主要原因是管理方面出了问题，例如，决策随意、沟通不畅、团队不和谐、患得患失、用人不当、急功近利等。与之相反的是，一些后来居上的企业，其领导者通常都有优秀的领导力与丰富的管理经验。

8. 风险八：团队分歧风险/公司治理风险

一个优秀的团队是支撑创业企业持续成长的核心力量。但是，换个角度来看，"水能载舟，亦能覆舟"，团队的力量越大，其产生的风险也就越大。一旦创业团队的核心成员在企业的战略选择、利益等问题上出现分歧不能达成一致，极有可能会对企业造成强烈的"震荡"。而且我们会发现，中国的很多企业，创业团队在创业初期因为一股热情而忽略了股权机制的合理设计（与团队成员的价值创造、利益分配等密切相关），导致最终初创时期的好伙伴因为利益问题闹得不欢而散。

9. 风险九：人才流失风险

人才流失恐怕不仅仅是创业者面临的问题与风险，也是大多数企业所面临的困难。但是，对于创业企业而言，如果在创业初期，一些高素质专业人才或业务骨干队伍突然流失，会给新企业带来重创，甚至致命的打击。因为，大多数创业企业还不具备抵抗这种风险的能力。如何防范这种风险？一方面需要稳定自己的核心创业团队；另一方面要用良好的激励机制与企业文化（甚至个人的人格魅力）留住这些优秀人才。

10. 风险十：战略资源贫乏带来的风险

战略资源包括创业所需的各项资源，包括物质、技术、财务、人力资源、社会关系资源等。但是，创业过程中，如果战略资源的储备不足，会严重影响企业的成长速度。例如一些大学生或者不善于人际交往的研究人员创业，常常因为缺乏稳定的社会关系，在企业创建、市场开拓、产品推广、公共关系维护等方面步履维艰，甚至难以支撑后期的持续运营。

在了解各种常见创业风险的前提下，我们还应该懂得如何面对创业风险带来的种种不利结果，这也是我们为创业做好充分准备的重要前提之一。常见的不利结果包括：

1. 失败的创业

创业失败是很正常的。在中国，创业的成功率低于 10%，大学生创业的成功率还不到 5%。如此高的创业失败率，恐怕是大多数创业者必须面对的。这种失败不仅仅是公司的关闭，还将损失你的资产投入。美国福特公司创立者亨利·福特（Henry Ford）在公司壮大之前同样遭遇多次失败。不过，他曾说："失败是一次更好的开始进行业务创造的机会。就像一个休息的地方。"他还说："我们从失败中获得的比从成功中更多。"

在中国，最典型的创业失败"代言人"非史玉柱莫属，他曾自嘲为"中国最著名的失败者"。他从屌丝创业青年到荣登《福布斯》富豪榜，再到负债数亿的"中国首负"，再到"咸鱼大翻身"又一次成为中国拥有数百亿资产的商业"巨人"，20 余年的"屡战屡败、屡败屡战"，他最终战胜了失败，"凤凰涅槃"般从跌倒中爬起来，其创业过程中最可贵的就是善于总结失败的经验与教训，并不断学习、改进，在逆境中成长，正如他所总结的那样："人只有在低谷才能学到东西"，"成功的经验往往扭曲，一个人总结的失败教训才是真正值钱的。"[1]

2. 不稳定的财富

你完全可以通过成功创业获得丰厚的财富回报，改善个人与家庭的生活质量，并实现个人财务自由的理想。但是，创业过程中会出现很多难以预测的困难，并会给你带来巨大的财务压力，因此，你可能会无法获得稳定的工资与福利，甚至无法支付员工的报酬，还负债累累。但是，作为创业者，必须面对这种不稳定的资金风险。你唯一要做的就是稳健经营，尽量减少资金风险。

---

[1]　引自《史玉柱自述：我的营销心得》，北京，同心出版社，2013。

3. 不确定的阻碍

所谓"计划赶不上变化",市场环境的不确定性、竞争的不确定性、生活中的不确定性等因素,都会给你的创业带来难以预测的困难与障碍。例如,行业政策突变,你将不得不及时调整自己的战略部署,以适应大环境、大趋势;竞争对手突然降价,要求你及时调整营销策略;你的家庭会因为你的屡次失败而不愿意再支持你的创业。面对这些不确定的困难与阻碍,你都得去承受,都得去面对并予以解决,而不能选择当"逃兵"。

4. 孤独的历程

每个创业者都期望自己的创业历程一帆风顺,但是事与愿违,大多数创业都要历经波折和风浪,甚至是屡次的失败与跌倒,才会取得最终的成功。尤其是在失败的过程中,在难以得到他人理解的情况下,创业者通常会感到特别孤独无助,这是很正常的,你就是我们通常所说的"孤独的失败者"。失败并不可怕,孤独也并不可惧,关键在于你能否学会在逆境中生存,从跌倒的地方爬起来,从孤独中走出来。

5. 超负荷的辛苦工作

创业是一项长期而又艰苦的事业。一旦选择了创业,超负荷的辛苦工作就是不可避免的。你必须让你的业绩持续增长,你必须赶在竞争对手的前头,你必须让你的企业持续盈利。尤其是创业初期,不可能短期内就能够获得"独立与自由",正如笔者身边的众多创业者常常感悟的那样:"天上不会掉馅饼","起早贪黑对创业者来说是家常便饭","早起的鸟儿有虫吃"……这也就意味着,你在创业初期一定要比别人付出得更多,一定要竭尽所能地使企业走向正轨并保持持续的竞争优势。因此,对于每一位创业者而言,一定要做好打持久战的充分准备。

四、创业的步骤

霍尔特(Holt,1992)从企业生命周期的角度出发,认为创业过程会历经四个阶段,分别是创业前期阶段、创业阶段、早期成长阶段以及晚期成长阶段。具体说明如下：

（1）创业前期阶段：在此阶段，创业者要做好创业规划及初步工作，包括获取资源及组织企业。

（2）创业阶段：创业初期，创业者需确定新企业在市场的定位，并能弹性应变以确保存活。

（3）早期成长阶段：在此成长阶段，新企业可能会面临市场、财务或资源环境的快速变化。

（4）晚期成长阶段：当发展成为一个较具规模的企业时，将会在所经营的市场遇到竞争对手，这时专业化管理成为胜负的关键因素。

奥利夫（Olive，2001）从创业者个人事业发展的角度出发，将创业流程分为 8 个步骤（见图 1—1），并主张创业流程管理的重点在创立新企业部分，只要创业取得获利回收，就算达到了预期目标，至于有关企业的永续经营，则不属于创业管理的范畴。这 8 个步骤是：

（1）决定成为一位创业者。

（2）选择创业机会。

（3）进行创业机会评估。

（4）组成创业团队。

（5）研究拟定创业经营计划书。

（6）展开创业行动计划。

（7）早期的运营和自身管理。

（8）取得个人和企业的成功。

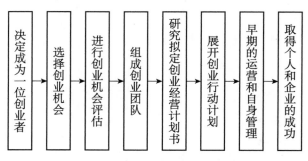

图 1—1　奥利夫提出的创业流程

综上，笔者结合创业实践案例分析，认为创业活动应该历经 5 大步骤，分别是：创业准备，市场机会识别、评估与选择，创业经营计划书启动与拟定，资源确认、获取与整合，新创企业管理。各步骤的主要内容如下：

1. 步骤一：创业准备

（1）创业心理准备。

（2）创业能力准备。

（3）创业基础知识学习。

2. 步骤二：市场机会识别、评估与选择

（1）市场分析（含行业分析、市场细分分析、竞争现状分析、顾客分析等）。

（2）机会评估（包括机会的价值、风险与回报等）。

（3）机会选择。

3. 步骤三：创业经营计划书启动与拟定

（1）确定战略目标。

（2）组建创业团队。

（3）正式启动创业（公司注册、资金准备等）。

（4）拟定创业经营计划书（具体包括项目概况、环境与行业市场分析、竞争性分析、创业公司内部现状分析、战略目标与规划、营销计划、研发与生产计划、经营管理计划、财务预测与融资计划、风险与机遇分析等）。

4. 步骤四：资源确认、获取与整合

（1）确认现有资源并加以充分利用（包括经营场所、资金、设备、技术、初期人力资源等）。

（2）针对资源缺口，通过一定渠道获取补充。

（3）对资源进行有效整合。

5. 步骤五：新创企业管理

（1）明确管理方式。

（2）创建企业文化。

（3）把握关键成功因素。

（4）全面实施创业经营计划。

（5）实施创业管理（包括战略管理、组织管理、产品与技术管理、营销管理、财务管理、运营管理）。

（6）实施自我管理。

（7）实施创业风险与危机管理。

以上说明贴近创业者的行动实际，一方面突出了各阶段的工作重心，另一方面详细列出了各关键阶段的工作内容清单，能够有效帮助读者快速掌握创业的基本步骤。

需要说明的是，在实际创业过程中，我们并不需要千篇一律地按照以上步骤去实施，例如完全有可能先发现某个创业机会，然后做好创业准备工作，又或者两个步骤是同步进行的。另外，需要提醒读者的是，各步骤并不是孤立的，往往需要循环往复地实施，例如团队的动态组建过程、资源的不断获取与整合等，几乎都是需要通过循环往复的活动来持续完善的。

五、创业需要的条件

"兵马未动，粮草先行"，创业也必须是在自我认知、资金、技术、资源等方面做好充分准备的条件下，方可获得成功，而不可贸然行之。那么，创业究竟需要具备哪些基本条件？你又是否做到了"万事俱备、胸有成竹"？

基于大量创业案例分析，笔者认为，创业需要的条件由六个基本要素组成，即创业者、战略资源、资金、技术、机会、市场，我们称之为"创业六要素"，其理论模型图（见图1—2）及详细释义如下。

1. 要素一：创业者

创业者，即通过开发一种新产品或提供一种新服务、开发利用新技术或资源、引入新模式或方法，开拓新市场并创建企业的个人或团队。通过对大量成功创业者的能力素质及其表现行为的综合分析，我们发现，他们通常有以下表现：富于冒险精神、具有强烈的控制欲和成就欲、充满自信、具有吃苦精神、具有战略眼光、脚踏实地、雷厉风行、勤奋、是典型的工作狂。由此，我们进

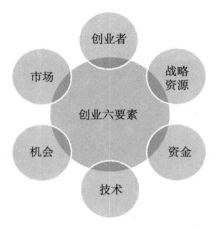

图1—2　"创业六要素"理论模型图

一步提炼出成功创业者应具备的15项基本素质①，即：成就导向/动力，竞争意识，冒险精神，人际理解与体谅，价值观引领，说服能力，关系建立能力，决策力/个人视野，组织能力，创新与变革能力，诚信正直，自信心，纪律性，毅力，适应能力。

2. 要素二：战略资源

战略资源是指能够在创业过程中建立竞争优势的资源，具体包括物质、技术、财务、人力资源、业务资源、商业环境资源、社会关系资源等。一般而言，战略资源应该具备四个特征，即稀缺、有价值、难以复制、无可替代。实际上，这也是企业获取竞争优势、构建核心竞争力的基本要素。②

3. 要素三：资金

资金是创业必需的核心财务资源。其主要来源有自己筹备、借钱或贷款、融资、技术合作或者其他资源转换等四种。关于资金要素，我们认为需要注意以下三个问题：一是不能提倡"创业唯资金论"。创业条件中资金固然重要，但并非"无资金不创业"，实际上最重要的是创业者个人的经营能力，尤其是

---

① 关于各项素质的详细释义，详见后面"成功创业者应具备的能力素质"。
② 核心竞争力的概念提出者美国密歇根大学商学院教授普拉哈拉德（C. K. Prahalad）和伦敦商学院教授加里·哈梅尔（Gary Hamel）在其合著的《公司核心竞争力》中，明确给出了企业核心竞争力的识别标准：（1）价值性；（2）稀缺性；（3）不可替代性；（4）难以模仿性。

业务能力。当然，在创业团队、商业模式都已成熟的前提下，若有强大的资金支持，创业企业的成长一定会更快更好；二是在借钱或者贷款过程中，一定要事先估计自己项目的偿还能力，或者做好创业的财务预算，包括具体的回报周期、偿还的速度等，不可因"创业热"的冲动而盲目地借款或者贷款；三是在融资过程中，一定要考虑到对投资人的回报问题，并且在经营过程中注重与投资人关系的处理。

4. 要素四：技术

这里的技术，主要是指创业者赢取客户信赖的技术或者服务，例如高技术含量的创新产品或者服务。其主要来源是：自主创新、购买专利与资源交换获取。尤其是在高新技术引领产业发展、产品服务更新换代加速、大众创新的今天，具有核心竞争力的技术，在创业过程中显得越来越重要。首先，核心技术是赢得市场的关键要素。尤其在变革性创业中，技术是其快速获取竞争优势并取得创业成功的核心力量。其次，技术可以转换为资金等资源。尤其是，如果拥有那种能够为客户带来超价值、引发市场革命的独有专利或者技术，你几乎就是无须为资金发愁，尽情挑选那些踏破门槛主动来投资的"金龟婿"了，当然前提是你的初期商业运作是成功的或是具有强大的发展潜力的。一方面，你可以将你的技术资源直接转换为资金，从而减轻创业过程中的资金需求压力；另一方面，技术也完全可以成为你不断融资、资本运营的利器，从而加快创业进程、提高企业成长速度。

5. 要素五：机会

创业机会源于发现、把握、利用某个或某些商业机会，其前提是能够创造市场需求、为顾客创造价值，且具有创造超额利润的潜力。正所谓"机会难得，时不我待"，如何有效识别、评估并抓住一个好的创业机会，是创业者必备的能力要素之一。一般而言，创业识别过程中你需要具备以下两个条件：一是"要能够发现价值"，即获取高价值的商业信息，而这种信息往往是他人难以接触到的；二是"要能够分析价值"，即分析出商业信息的价值所在并做出准确的判断与决策。

6. 要素六：市场

市场是指你的创业项目能够满足市场的哪些需求，能够为顾客提供哪些价值。创造客户价值是企业存在的根基。因此，满足市场需求、为顾客创造价值，是创业成功的前提之一。即使你拥有成熟的创业者能力素质、丰富的战略资源、充足的资金、先进的技术、良好的机会，如果无法满足或者适应市场的需求，你的创业也是失败的，因为你连企业最起码的生存问题都没有解决，何谈成功创业。通常，赢得市场需要三大条件：一是发挥技术优势，快速赢得市场；二是善于识别创业机会，发现新的市场需求；三是整合资源，稳健经营。在能力素质、战略资源、资金、技术、机会等条件都具备的前提下，你需要做的就是整合利用各类资源、高效管理团队、稳健经营企业，保持企业的持续增长，以持续稳定的竞争优势赢得市场。

02　能力自评：你适合创业吗

一、成功创业者应具备的能力素质

我们通过对大量成功创业者的能力素质及其行为表现的分析，并结合国内外领导力胜任特征的研究成果及相关资料，发现对于创业者而言，有 20 项能力素质至关重要。其中有 15 项（在表 1—1 中用星号标注）为必要的能力要素，另外 5 项为补充性能力要素，或者说是可以加大创业者成功可能性的因素。例如，在一些高端技术或者特殊领域的创业，创业者的专业知识能力与经验技能都很重要，但是在其他领域，这方面的要求就未必是必要性能力要素了。详见成功创业者核心素质模型图（图 1—3）及能力素质释义说明。

我们按照胜任素质理论模型，将此 20 项能力素质分为成就特征、服务与助人特征、管理特征、影响特征、认知特征、个人特征六类。

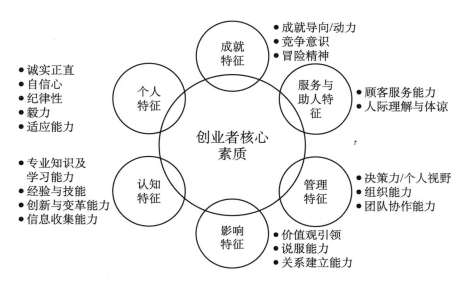

图 1—3　成功创业者核心素质模型

资料来源：北京末名潮管理案例研究中心。

表 1—1　　　　　　　　　　成功创业者应具备的能力素质释义说明

素质特征	能力要素	素质释义
成就特征	★ 成就导向/动力	有努力工作实现个人目标的渴望，并且表现得积极主动。
	★ 竞争意识	愿意参与竞争，主动接受挑战，并努力成为胜利者。
	★ 冒险精神	敢于冒险，又有勇气面对风险与失败。
服务与助人特征	顾客服务能力	能够与顾客发展稳定的相互信任的关系。
	★ 人际理解与体谅	了解别人言行、态度的原因，善于倾听并帮助别人。
管理特征	★ 决策力/个人视野	具有广阔的视野，能够在复杂的、不确定的或者极度危险的情况下及时做出决策，决策的结果从更深远或更长期的角度看有利于企业的成功。
	★ 组织能力	有能力安排好自己的工作与生活，且使工作任务与信息条理化、逻辑清晰。
	团队协作能力	对于团队的冲突和问题，能够采取有效的解决方法。
影响特征	★ 价值观引领	通常以价值观来引导和影响团队，其行为方式也集中体现组织所倡导的价值观。
	★ 说服能力	能够通过劝服别人，让他人明白自己的观点，并使对方对自己的观点感兴趣。
	★ 关系建立能力	保持经常的社会性接触。在工作之外经常与同事或顾客发展友好的个人关系，甚至家庭接触，扩大关系网。

续前表

素质特征	能力要素	素质释义
认知特征	专业知识及学习能力	熟练掌握与运用自己的专业知识，且不断地主动更新知识。
	经验与技能	在业内具有卓越的声望和极具权威的专业技术技能。
	★ 创新与变革能力	能够预测五年甚至十年后的形势并创造机会或避开问题，并总是能够创造性地解决各种问题。
	信息收集能力	通过比较独特的途径系统及时获取有用的信息或资料，并善于发现机会、抓住机会。
个人特征	★ 诚信正直	诚实守信，并坚持实事求是、以诚待人，行为表现出高度的职业道德。
	★ 自信心	相信自己能够完成计划中的任务，能够通过分析自己的行为来看不足，并在工作中予以弥补。
	★ 纪律性	坚持自己的做事原则，严于律己，且表现出具有较强的自控能力。
	★ 毅力	明确自己的目标，并为之坚持不懈，即使遇到各种困难也不退缩。
	★ 适应能力	能够适应各种环境的变化，具备应付各种新情况的能力，且能够创造性地提出问题的解决方案。

除了提炼成功因素，我们也对部分创业失败者的能力素质或者行为表现进行了研究与分析。他们通常会有以下表现：

（1）缺乏创业者应具备的心理素质、基本常识、基本能力（包括职业化水平、行业或者岗位所需基本技能等）；

（2）不能自力更生，同时缺乏吃苦精神，缺乏足够的耐心与毅力；

（3）胆小怕事，害怕挑战，缺乏自信，不愿意冒险；

（4）优越感过强或者看问题过于片面、傲慢，喜欢进行非理性或者赌博式的决策；

（5）不能凝聚一个创业团队，或不能融入某个创业团队，或不善于与人沟通、交往；

（6）做事缺乏责任心，遇事爱逃避；

（7）缺乏变通性与灵活性，过分按部就班甚至固执己见，思维僵化死板；

（8）原则性不强，做事过于随意，且容易感情用事；

（9）急于求成且过于追求快速致富；

（10）患得患失却又容易自我满足或者喜欢上班族"小富即安"的状态。

如果某人有上述三项以上的表现，我们基本可以认定他不适合创业。当然"金无足赤，人无完人"，并非所有成功者都一定不会有以上表现，只要你的优点能够远远胜过你的缺点，或者能够及时改正缺点，你同样具备成为成功创业者的潜力。因此，关于"不适合创业的人"的分析仅供读者参考，其目的是提醒读者尽量改正可能存在的缺点与不足，切忌对号入座。

二、基于创业者核心素质模型的创业者素质测评

基于上述创业者核心素质模型，我们选取了其中 15 个关键要素作为创业者能力素质评价指标项，并制定了创业者素质自我测评表（见表 1—2），以便创业者对自己的能力素质进行自我测评。需要说明的是，如果创业者对自己的能力素质认知感到有些不确定，也可以通过身边的朋友或者同事来给自己测评，再结合自评，以确定最终的测评结果。

表 1—2　　　　　　　　　　　创业者素质自我测评表

能力要素	素质释义	评分					评价结果
成就导向/动力	有努力工作实现个人目标的渴望，并且表现得积极主动。	5	4	3	2	1	
竞争意识	愿意参与竞争，主动接受挑战，并努力成为胜利者。	5	4	3	2	1	
冒险精神	敢于冒险，又有勇气面对风险与失败。	5	4	3	2	1	
人际理解与体谅	了解别人言行、态度的原因，善于倾听并帮助别人。	5	4	3	2	1	
价值观引领	通常以价值观来引导和影响团队，其行为方式也集中体现组织所倡导的价值观。	5	4	3	2	1	
说服能力	能够通过劝服别人，让他人明白自己的观点，并使对方对自己的观点感兴趣。	5	4	3	2	1	
关系建立能力	保持经常的社会性接触。在工作之外经常与同事或顾客发展友好的个人关系，甚至家庭接触，扩大关系网。	5	4	3	2	1	
决策力/个人视野	具有广阔的视野，能够在复杂的、不确定的或者极度危险的情况下及时做出决策，决策的结果从更深远或更长期的角度看有利于企业的成功。	5	4	3	2	1	

续前表

能力要素	素质释义	评分					评价结果
组织能力	有能力安排好自己的工作与生活，且使工作任务与信息条理化、逻辑清晰。	5	4	3	2	1	
创新与变革能力	能够预测五年甚至十年后的形势并创造机会或避开问题，并总是能够创造性地解决各种问题。	5	4	3	2	1	
诚信正直	诚实守信，并坚持实事求是、以诚待人，行为表现出高度的职业道德。	5	4	3	2	1	
自信心	相信自己能够完成计划中的任务，能够通过分析自己的行为来看不足，并在工作中予以弥补。	5	4	3	2	1	
纪律性	坚持自己的做事原则，严于律己，且表现为具有较强的自控能力。	5	4	3	2	1	
毅力	明确自己的目标，并为之坚持不懈，即使遇到各种困难也不退缩。	5	4	3	2	1	
适应能力	能够适应各种环境的变化，具备应付各种新情况的能力，且能够创造性地提出问题的解决方案。	5	4	3	2	1	
第一次测评结果总分							
第二次测评结果总分							

测评总结与改进方案

我已经具备的素质：

1.

2.

3.

4.

5.

我还不具备的素质：

1.

2.

3.

4.

5.

我提高能力素质的方案：

说明：（1）第一次测评，可以检测自己与成功创业者还有多大的差距。

（2）第二次测评通常在第一次测评后经历一定的创业实践之后再进行，例如创业半年后测评一次，从而检验自己是否有进步。

三、基于 RISKING 素质模型的创业者素质测评[①]

（一）关于成功创业者的 RISKING 素质模型

具体内容如图 1—4 和表 1—3 所示。

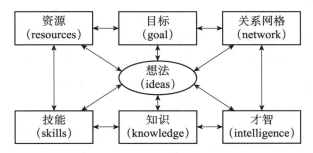

图 1—4　RISKING 素质模型框架图

表 1—3　　　　　　　　　　　　RISKING 素质模型要素及释义

要素	首字母[②]	释义
资源	R	主要指创业所必需的人力资源、物力资源以及财力资源等，包括好的项目资源。
想法	I	主要指具有市场价值的创业想法，能在一定时期产生利润。应具有一定的创新性、可行性和持续开发与拓展性。
技能	S	主要指创业者所需的专业技能、管理技能和行动能力等，如果个人不完全具备，但是团队之间能够形成技能互补，也是不错的技能组合。
知识	K	主要指创业者所必需的行业知识、专业知识以及创业相关知识，例如商业、法律、财务等知识。良好的知识结构对创业者的视野开拓、才智发挥具有很高的价值。
才智	I	主要指创业者的智商与情商，具体表现为观察世界、分析问题、思考问题和解决问题的能力。
关系网络	N	创业者需要良好的人际亲和力和关系网络，包括合作者、服务对象、新闻媒体甚至竞争对手。善用资源者，通常都能够较强地调动资源的深度和广度。
目标	G	明确的创业方向和目标、精准的市场定位对于创业而言至关重要。

[①]　相关内容来自创业课程 PPT，具体出处不明确。
[②]　首字母构成 "RISKING" 一词，刚好是风险的意思，也可以寓意为创业的风险，体现创业的风险性特征。

（二）基于 RISKING 素质模型的创业者素质测评表

本测评表（见表1—4）基于成功创业者 RISKING 素质模型设计而成，专门用来测量创业者是否拥有充足的能力与素质去进行创业。其中的测试题由一系列陈述语句组成，主要从 RISKING 素质模型中七要素，即资源、想法、技能、知识、才智、关系网络和目标七个方面进行设计。

测试过程中，创业者只需要根据自己的实际状况，选择最符合自己特征的描述即可。应当注意的是：选择时请根据自己的第一印象，不要思虑太多；虽然没有速度上的硬性要求，但是最好在5分钟内完成所有答题。

答题共30项，请全部答完。每个题目只有一个正确答案，请选择最符合自己实际状况的答案，具体可在对应的选项中画"√"。答案选项分别为：A. 很不符合；B. 不太符合；C. 不确定；D. 比较符合；E. 非常符合。

表1—4　　　　　　　　基于 RISKING 素质模型的创业者素质测评表

要素	评价题目	评价				
		A. 很不符合	B. 不太符合	C. 不确定	D. 比较符合	E. 非常符合
资源	（1）我能够挖掘理想的合伙人或经理人，雇用理想的专业人员和员工。					
	（2）我有雄厚的资金和稳定的财务系统，至少可以保证企业第一年的正常运营。					
	（3）我通过合理的途径以自己能够接受的成本募集资金，以获得充沛的资金流。					
	（4）我可以获得对自己有利的物质来源，如原材料等，能够很好地控制成本。					
想法	（5）具有丰富的想象力，并能把这些想法准确而生动地表达出来。					
	（6）我的想法通常比别人有价值，更具有创造性。					
	（7）我的想法通常并不是天马行空、泛泛而谈，而是切实可行的。					

续前表

要素	评价题目	评价				
		A. 很不符合	B. 不太符合	C. 不确定	D. 比较符合	E. 非常符合
知识与技能	(8) 对即将涉及的领域，我有很好的专业背景和技术。					
	(9) 我了解该行业目前的市场运作和竞争水平，并熟悉相关的法律政策条文，做好了充分准备。					
	(10) 我具备管理经验，并擅长组织活动。					
	(11) 我眼光长远，更加看重持续发展而不是短期盈利。					
才智	(12) 每天早晨我都是怀着积极的态度醒来，感觉今天又是崭新的一天。					
	(13) 我知道如何控制自己的生活、性情和脾气，并做到自律。					
	(14) 当我开始创业时，我的家人能够理解我的不自由状态并支持和鼓励我。					
	(15) 当我失望时，我能够处理问题而不是逃避放弃，并能以积极的状态重新投入到工作中去。					
	(16) 我留心观察周围的事物，注意细节性问题，把握身边的契机，并善于把不利局面转化为机会。					
	(17) 我更倾向于主动地去把握和解决问题，而不是被迫陷入被动。					
	(18) 我不是一个风险规避者。					
关系网络	(19) 我喜欢合作胜于凭一己之力完成工作。					
	(20) 别人认为我是一个值得信赖的人，并且充满活力、积极向上。					
	(21) 我善于和陌生人打交道，而不是仅局限于熟人圈内。					
	(22) 我具有影响他人的能力，并使人信服。					
	(23) 我善于向媒体公众推销自己的公司，吸引别人的注意力。					
	(24) 我能够和上下游行业保持紧密的合作关系，相互扶持，共同发展。					

续前表

要素	评价题目	评价				
		A. 很不符合	B. 不太符合	C. 不确定	D. 比较符合	E. 非常符合
关系网络	（25）我能够同利益相关团体（如民间及政府机构、金融机构）形成良好的关系。					
	（26）我同行业内的竞争者更容易实现竞合而非竞争。					
目标	（27）与为别人工作相比，我更渴望有一份属于自己的事业。					
	（28）我有一个很明确的创业目标，并可以为实现这个目标而奋斗，即使需要付出一定的代价。					
	（29）我有勇气和耐心去实现这个目标，即使需要承担风险。					
	（30）我有信心最终完成这个目标。					

（三）测评结果统计方法与说明

测试完毕后，按照所选答案分别统计出 A，B，C，D，E 五类选项的数目，其中选项个数最多的那类就是创业者所属的类型。各类型的特征及创业建议如下：

A——你不适合创业或根本就没想过创业。你倾向于规避风险，喜欢安定的生活，并且不善利用自己的网络去开拓事业。你的生活圈子只局限于所熟悉的那个圈子，因此更适合做一个普通的上班族。

B——你有创业的意识但是不愿意创业，在风险和安稳之间你更倾向于后者。

C——你具备一定的创业素质，但是由于缺乏信心致使你未能认清自己的这种能力。或许也可以说，外界的影响力经常会左右你的选择。

D——你适合创业且比较符合创业的要求，你所需要的是一种守业的能力，来保证公司的长期发展和完善。同时，你仍然还需要不断地完善自己，使别人更加信赖你，增强你的个人魅力。

E——你非常适合创业和守业。如果你能全身心地投入到一项激动人心的创业事业中，效果会更好，收益也会更多。但是，并非所有人都适合做企业家，即使恰好具备这些素质，你仍然不能忽略他人的帮助、忽略团队的力量，并应不断拓宽自己的视野，坚持学习，持续提升自己的能力与素质。

03　必读的法律法规

一、部分法律法规清单

拥有良好的法律法规意识，对于创业者而言至关重要。熟悉常用法律法规，可以帮助你在遵守法律法规的前提下，大胆放心地开展一切创业活动并有效防范可能存在的法律风险，为企业后期的持续成长奠定良好基础。以下所列清单为创业初期常接触到的法律法规，建议读者认真学习相关法律法规并关注其更新与变化（以最新版为准）。

（1）《公司法》（以 2013 年修订版为准）。

（2）《合伙企业登记管理办法》（以 2014 年修订版为准）。

（3）《合同法》。

（4）《劳动合同法》（以 2013 年修订版为准）。

（5）《会计法》。

（6）《企业所得税法》。

（7）《增值税暂行条例实施细则》。

（8）《营业税暂行条例实施细则》。

（9）《营业税改征增值税试点方案》。

（10）《个人所得税法》。

（11）《专利法》。

（12）《商标法》。

（13）《著作权法》。

除此之外，你还应该注意从以下几方面补充法律法规知识：

1. 政策支持

创业者应该经常关注政府为中小企业或者创业者提供的一系列优惠政策、政策倾斜措施，例如《"十二五"中小企业成长规划》、地方政府为技术创新企业提供的系列支持政策与举措。如果你拥有独特的核心技术，很有可能以此获取到相应的资金（融资）、租金减免等方面的支持，而且，你还有可能从中发现更多的市场机会。

2. 特殊政策

这里的特殊政策，是指你的初创企业可能涉及生产、环保、外贸等领域，甚至属于特殊行业。这就要求你必须关注《安全生产法》、《环境保护法》、《对外贸易法》、《反不正当竞争法》、《城市房地产管理法》（地产行业）、《广告法》（广告行业）、《食品卫生法》和《餐饮服务食品安全监督管理办法》（餐饮行业）等与具体行业相关的重要法律法规。

当然，随着企业的不断发展以及事业的逐步壮大，你需要与时俱进地关注更多相关的法律法规，或者邀请专业的法律顾问为你提供法律服务与智力支持。

二、《公司法》修订说明及前后对比

2013年12月28日，第十二届全国人民代表大会常务委员会第六次会议通过对《公司法》（2005年修订）进行了修改，新的《公司法》（2013年修订）于2014年3月1日起施行。本次修改的重点是：将注册资本由实缴登记制改为认缴登记制，放宽注册资本登记条件，降低公司设立门槛，其重要意义在于，为我国推行注册资本登记制度改革提供了法律保障，也为提倡创业、鼓励创业提供了有力的制度支撑。具体的修改内容主要包括以下三个方面。

1. 放宽公司注册资本登记的条件

具体放宽的条件包括取消有关最低注册资本要求、首次出资比例、货币出资比例等有关条件的限制。

比如，根据新《公司法》的规定，除法律、行政法规以及国务院决定对有限责任公司或者股份有限公司的注册资本最低限额另有规定者外,取消有限责任公司最低注册资本 3 万元、一人有限责任公司最低注册资本 10 万元、股份有限公司最低注册资本 500 万元的限制。这就意味着,公司设立面向全社会所有市场主体放开,注册资本的多少不再受公司形式的约束,公司发起人也可以不受注册比例多少的影响而自主决定设立有限责任公司或者股份有限公司,因此,出资"1 元"设立有限责任公司或者股份有限公司,原则上也是可以的。

又如,新《公司法》删除了原法第二十七条中"全体股东的货币出资金额不得低于有限责任公司注册资本的百分之三十"这一条款,这就意味着,除了货币,公司股东或者发起人还可以用实物、知识产权、土地使用权等资产形式出资,出资方式不再受到任何限制。

2. 取消对公司注册资本实缴的限制

根据新《公司法》的规定,除法律、行政法规以及国务院决定对有限责任公司或者股份有限公司的注册资本实缴另有规定者外,取消有限责任公司股东或者发起设立的股份有限公司的发起人的首次出资比例和最长缴足期限。这就意味着,公司发起人可以自行规定其认缴的注册资本的形式、出资额以及出资时间。

例如,原《公司法》第二十六条中关于有限责任公司"全体股东的首次出资额不得低于注册资本的百分之二十,也不得低于法定的注册资本最低限额,其余部分由股东自公司成立之日起两年内缴足;其中,投资公司可以在五年内缴足",第五十九条第一款"一人有限责任公司的注册资本最低限额为人民币十万元。股东应当一次足额缴纳公司章程规定的出资额"等相关规定将不再执行。因此,按照新《公司法》,有限责任公司股东或者发起设立的股份有限公司的发起人,在公司章程中可自行规定其认缴的注册资本是否分期出资、出资额和出资时间,而且,一人有限责任公司股东也无须在公司设立时一次足额缴纳公司章程规定的出资额。全体股东(发起人)认缴的注册资本可以在十年、二十年甚至更长时间内缴足。

3. 简化公司登记事项与有关文件

例如,新《公司法》删去了原《公司法》第七条第二款中的"实收资本"以及第二十九条"股东缴纳出资后,必须经依法设立的验资机构验资并出具证明"。同时，将第三十条改为第二十九条，修改后的内容为："股东认足公司章程规定的出资后，由全体股东指定的代表或者共同委托的代理人向公司登记机关报送公司登记申请书、公司章程等文件，申请设立登记。"这意味着，自2014年3月1日起，股东或者发起人缴纳出资后，不再需要办理验资机构验资并出具证明的手续，公司登记机关不再登记公司股东的实缴出资情况，公司营业执照也不再记载"实收资本"事项。

具体修订内容如表1—5所示。

表1—5　　　　　　　　　《公司法》修订前后对比表

修订前	修订后（2013年版）
第七条　依法设立的公司，由公司登记机关发给公司营业执照。公司营业执照签发日期为公司成立日期。 　　公司营业执照应当载明公司的名称、住所、注册资本、实收资本、经营范围、法定代表人姓名等事项。 　　公司营业执照记载的事项发生变更的，公司应当依法办理变更登记，由公司登记机关换发营业执照。	第七条　依法设立的公司，由公司登记机关发给公司营业执照。公司营业执照签发提起为公司成立日期。 　　公司营业执照应当载明公司的名称、住所、注册资本、经营范围、法定代表人姓名等事项。 　　公司营业执照记载的事项发生变更的，公司应当依法办理变更登记，由公司登记机关换发营业执照。
第二十三条　设立有限责任公司，应当具备下列条件： 　　（一）股东符合法定人数； 　　（二）股东出资达到法定资本最低限额； 　　（三）股东共同制定公司章程； 　　（四）有公司名称，建立符合有限责任公司要求的组织机构； 　　（五）有公司住所。	第二十三条　设立有限责任公司，应当具备下列条件： 　　（一）股东符合法定人数； 　　（二）有符合公司章程规定的全体股东认缴的出资额； 　　（三）股东共同制定公司章程； 　　（四）有公司名称，建立符合有限责任公司要求的组织机构； 　　（五）有公司住所。
第二十六条　有限责任公司的注册资本为在公司登记机关登记的全体股东认缴的出资额。公司全体股东的首次出资额不得低于注册资本的百分之二十，也不得低于法定的注册资本的最低限额，其余部分由股东自公司成立之日起两年内缴足；其中，投资公司可以在五年内缴足。 　　有限责任公司注册资本的最低限额为人民币三万元。法律、行政法规对有限责任公司注册资本的最低限额有较高规定的，从其规定。	第二十六条　有限责任公司的注册资本为在公司登记机关登记的全体股东认缴的出资额。 　　法律、行政法规以及国务院决定对有限责任公司注册资本实缴、注册资本最低限额另有规定的，从其规定。

续前表

修订前	修订后（2013 年版）
第二十七条　股东可以用货币出资，也可以用实物、知识产权、土地使用权等可以用货币估价并可以依法转让的非货币财产作价出资；但是，法律、行政法规规定不得作为出资的财产除外。 　　对作为出资的非货币财产应当评估作价，核实财产，不得高估或者低估作价。法律、行政法规对评估作价有规定的，从其规定。 　　全体股东的货币出资金额不得低于有限责任公司注册资本的百分之三十。	第二十七条　股东可以用货币出资，也可以用实物、知识产权、土地使用权等可以用货币估价并可以依法转让的非货币财产作价出资；但是，法律、行政法规规定不得作为出资的财产除外。 　　对作为出资的非货币财产应当评估作价，核实财产，不得高估或者低估作价。法律、行政法规对评估作价有规定的，从其规定。
第二十九条　股东缴纳出资后，必须经依法设立的验资机构验资并出具证明。 第三十条　股东的首次出资经依法设立的验资机构验资后，由全体股东指定的代表或者共同委托的代理人向公司登记机关报送公司登记申请书、公司章程、验资证明等文件，申请设立登记。	第二十九条　股东认足公司章程规定的出资后，由全体股东指定的代表或者共同委托的代理人向公司登记机关报送公司登记申请书、公司章程等文件，申请设立登记。
第三十三条　有限责任公司应当置备股东名册，记载下列事项： 　　（一）股东的姓名或者名称及住所； 　　（二）股东的出资额； 　　（三）出资证明书编号。 　　记载于股东名册的股东，可以以股东名册主张行使股东权利。 　　公司应当将股东的姓名或者名称及其出资额向公司登记机关登记；登记事项发生变更的，应当办理变更登记。未经登记或者变更登记的，不得对抗第三人。	第三十二条　有限责任公司应当置备股东名册，记载下列事项： 　　（一）股东的姓名或者名称及住所； 　　（二）股东的出资额； 　　（三）出资证明书编号。 　　记载于股东名册的股东，可以以股东名册主张行使股东权利。 　　公司应当将股东的姓名或者名称向公司登记机关登记；登记事项发生变更的，应当办理变更登记。未经登记或者变更登记的，不得对抗第三人。
第五十九条　一人有限责任公司的注册资本最低限额为人民币十万元。股东应当一次足额缴纳公司章程规定的出资额。 　　一个自然人只能投资设立一个一人有限责任公司。该一人有限公司不能投资设立新的一人有限责任公司。	第五十八条　一个自然人只能投资设立一个一人有限责任公司。该一人有限责任公司不能投资设立新的一人有限责任公司。

续前表

修订前	修订后（2013年版）
第七十七条　设立股份有限公司，应当具备下列条件： （一）发起人符合法定人数； （二）发起人认购和募集的股本达到法定资本最低限额； （三）股份发行、筹办事项符合法律规定； （四）发起人制订公司章程，采用募集方式设立的经创立大会通过； （五）有公司名称，建立符合股份有限公司要求的组织机构； （六）有公司住所。	第七十六条　设立股份有限公司，应当具备下列条件： （一）发起人符合法定人数； （二）有符合公司章程规定的全体发起人认购的股本总额或者募集的实收股本总额； （三）股份发行、筹办事项符合法律规定； （四）发起人制订公司章程，采用募集方式设立的经创立大会通过； （五）有公司名称，建立符合股份有限公司要求的组织机构； （六）有公司住所。
第八十一条　股份有限公司采取发起设立方式设立的，注册资本为在公司登记机关登记的全体发起人认购的股本总额。公司全体发起人的首次出资不得低于注册资本的百分之二十，其余部分由发起人自公司成立之日起两年内缴足；其中，投资公司可以在五年内缴足。在缴足前，不得向他人募集股份。 股份有限公司采取募集方式设立的，注册资本为在公司登记机关登记的实收股本总额。 股份有限公司注册资本的最低限额为人民币五百万元。法律、行政法规对股份有限公司注册资本的最低限额有较高规定的，从其规定。	第八十条　股份有限公司采取发起设立方式设立的，注册资本为在公司登记机关登记的全体发起人认购的股本总额。在发起人认购的股份缴足前，不得向他人募集股份。 股份有限公司采取募集方式设立的，注册资本为在公司登记机关登记的实收股本总额。 法律、行政法规以及国务院决定对股份有限公司注册资本实缴、注册资本最低限额另有规定的，从其规定。
第八十四条　以发起设立方式设立股份有限公司的，发起人应当书面认足公司章程规定其认购的股份；一次缴纳的，应即缴纳全部出资；分期缴纳的，应即缴纳首期出资。以非货币财产出资的，应当依法办理其财产权的转移手续。 发起人不依照前款规定缴纳出资的，应当按照发起人协议承担违约责任。 发起人首次缴纳出资后，应当选举董事会和监事会，由董事会向公司登记机关报送公司章程、由依法设定的验资机构出具的验资证明以及法律、行政法规规定的其他文件，申请设立登记。	第八十三条　以发起设立方式设立股份有限公司的，发起人应当书面认足公司章程规定其认购的股份，并按照公司章程规定缴纳出资。以非货币财产出资的，应当依法办理其财产权的转移手续。 发起人不依照前款规定缴纳出资的，应当按照发起人协议承担违约责任。 发起人认足公司章程规定的出资后，应当选举董事会和监事会，由董事会向公司登记机关报送公司章程以及法律、行政法规规定的其他文件，申请设立登记。

续前表

修订前	修订后（2013 年版）
第一百七十八条　公司需要减少注册资本时，必须编制资产负债表及财产清单。公司应当自作出减少注册资本决议之日起十日内通知债权人，并于三十日内在报纸上公告。债权人自接到通知书之日起三十日内，未接到通知书的自公告之日起四十五日内，有权要求公司清偿债务或者提供相应的担保。 　　公司减资后的注册资本不得低于法定的最低限额。	第一百七十七条　公司需要减少注册资本时，必须编制资产负债表及财产清单。公司应当自作出减少注册资本决议之日起十日内通知债权人，并于三十日内在报纸上公告。债权人自接到通知书之日起三十日内，未接到通知书的自公告之日起四十五日内，有权要求公司清偿债务或者提供相应的担保。

第 2 章

PRACTICAL MANUAL
FOR STARTUP OWNERS

机会稍纵即逝
抓住创业机会并明确目标市场

机会不会找上门来，只能是人去寻找机会。

——狄更斯

英国著名哲学家弗朗西斯·培根曾说："智者创造的机会比他得到的机会更多。"在创业过程中，我们既要抓住机会，又要善于发现机会、创造机会。那么究竟什么是创业机会？影响创业机会的关键因素有哪些？该如何识别和评估创业机会？又该如何选择自己的目标市场？

01　认知创业机会

一、创业机会的内涵

根据美国纽约大学教授柯兹纳（Kirzner）给出的定义，创业机会是未明确市场需求或未充分使用的资源或能力，它不同于有利可图的商业机会，其特点是发现甚至创造新的手段—目的（means-end）① 关系来实现创业收益，对于"产品、服务、原材料或组织方式"有极大的革新和效率的提高，且具有创造超额经济利润或者价值的潜力。

与商业机会相比，创业机会主要有以下三个特点：

---

① 手段—目的理论是由心理学家米尔顿·罗克奇（Milton Rokeach）提出的，阐述了个人价值影响个人行为的方法。手段—目的理论认为，顾客在购买产品和服务时，其出发点是实现一定的价值，为了实现这一价值需要取得一定的利益，为了实现这一利益需要购买一定的产品和服务的属性。属性包括原材料、形态、制造过程等内部属性和服务、品牌、包装和价格等外部属性。利益包括功能利益、体验利益、财务利益和心理利益等内容。价值包括归属感、爱、自尊、成就感、社会认同、享受、安全、快乐等内容。进而言之，个人价值是人们所追求的最终目标，手段是人们实现目标的方法，在市场营销范畴中，手段则表现为产品属性及由此带来的产品利益。这就形成了一个手段—目的链（means-end chain）：产品属性—产品利益—个人价值。

一是创业机会能经由重新组合资源来创造一种新的手段—目的关系，而商业机会的范畴更广，代表着所有优化现有手段—目的关系的潜力或可能性。

二是创业机会完全是一种独特的商业机会，它往往会表现为超越现有手段—目的关系链的全盘变化甚至颠覆性变化，而商业机会只是蕴含于手段—目的关系的局部或全盘变化之中。

三是创业机会具有持续创造超额经济利润或者价值的潜力，而其他商业机会只可能改善现有利润水平，这也是创业机会与商业机会的根本区别所在。

需要提醒读者的是，实际上，创业机会与商业机会之间并不存在截然的界限，这里对二者加以比较说明，目的只是强调创业机会独有的价值或者利润创造特征，并突出其创新性、变革性。因此，在创业过程中，我们无须刻意去区分创业机会与商业机会，也并非只有把握创业机会才能创业，如果能把握好有利可图的商业机会也同样可以创业，并给社会创造财富，况且很多创业机会往往源于某个或某些具有巨大价值创造潜力的商业机会。

二、创业机会的来源及其分类

机不可失，时不再来。创业路上，我们一定要珍惜每一次稍纵即逝的机会。那么，每一个珍贵的创业机会又是如何诞生的呢？

1. 来源于环境变化

著名管理大师彼得·德鲁克（Peter F. Drucker）曾将创业者定义为"寻找变化，并积极反应，把它当作机会充分利用起来的人"。变化就是机会，环境变化是创业机会的重要来源。尤其是在今天这个"唯一能够确定的就是不确定性"的复杂动态环境中，蕴藏着各种良机，例如产业结构调整带来的新产业发展契机、顾客消费观念转变带来的新商机等。其变化主要包括宏观经济政策和制度变化、产业经济结构变化、社会和人口结构变化、价值观与生活理念变化、竞争环境变化、技术变革等。

2. 来源于顾客需求

公司存在的根本目的就是为顾客创造价值，无论环境是否变化，创业机会源于顾客需求都是永恒的真理。因此，创业机会必定来源于顾客正想要解决的问题、顾客生活中感到非常头疼的问题、顾客新增的需求……而这一切，或许是顾客明确的需求问题催生出的新创业机会，或许是被人忽略的"蓝海"市场引发的创业机会，又或许是创业者挖掘出顾客的潜在需求而产生的创业机会。

3. 来源于创新变革

每一个发明创造，每一次技术革命，通常都会带来具有变革性、超额价值的新产品和新服务，能更好地满足顾客的需求，伴随而来的则是无处不在的创业机会。一方面，创新变革者本身凭借长期积累的技术优势、创新实力，自然会产生来之不易的创业机会；另一方面，即使你不是变革者，只要善于发现机会，同样可以抓住对你来说"得来容易"的创业机会，成为受益者。例如，互联网技术革命时代，你无须进军互联网技术变革领域成为时代的弄潮者，而是完全可以通过掌握基本的互联网知识与技能、利用互联网平台，开设一个网店，成为互联网大潮中的一名普通创业者。

4. 来源于市场竞争

在分析竞争对手时，我们通常都会对自己与竞争对手之间的优势与劣势进行比较分析，目的是采取扬长避短或者差异化的策略，进而更好地满足顾客需求，拓展市场。因此，在市场竞争过程中，如果你能够针对竞争对手的不足，将自己的优势充分发挥出来或者采取差异化的产品或者服务方案，为顾客提供更具价值的产品或服务，那么，你就找到了竞争夹缝中的绝佳创业机会。

根据以上环境变化、顾客需求、创新变革、市场竞争等各类创业机会来源，我们可以将创业机会分为以下三种类型：

第一种是问题型创业机会，指的是基于顾客现有需求、尚未解决的问题而产生的着眼于实际的创业机会。

第二种是趋势型创业机会，指的是基于环境动态变化、对顾客潜在需求预测而产生的着眼于未来的创业机会。

第三种是组合型创业机会，指的是基于环境变化、顾客需求、创新变革、市场竞争等多种因素，为创造顾客新价值而产生的，且通常是由多项技术、产品或者服务组合而成的创业机会。

根据手段—目的理论中二者关系的明确程度，我们又可以将创业机会分为另外三种类型，具体如下：

一是识别型创业机会，指的是创业者可直接通过手段—目的链轻松辨识出的创业机会，其前提条件是市场中的手段—目的关系相当明显。

二是发现型创业机会，指的是还需要创业者去进行发掘，较难辨识的创业机会，其背景条件是手段或目的任意一方的状况处于未知状态。

三是创造型创业机会，指的是完全要靠创业者新创造，几乎无法辨识的创业机会，其根本原因在于手段和目的皆处于不明朗的状态。不过，在这种情况下，对创业者的机会识别能力要求也特别高。

02 识别创业机会

一、创业机会的识别过程及其关键影响因素

综合上述创业机会的内涵及其来源，我们认为：创业机会的识别过程是指基于创业者特征以及环境变化等因素，创业者从现有的产品、服务、原材料和组织方式等层面进行差距分析与判断，找出改进或者创造手段—目的关系的可能性，最终形成新的产品、新的服务、新的原材料以及新的组织方式。

其中的创业者特征是指创业愿望、认知能力与创业技能、先前经验、社会关系网络、创造性；环境变化主要指宏观经济政策和制度变化、产业经济结构变化、社会和人口结构变化、价值观与生活理念变化、竞争环境变化、技术变革。

创业者特征及环境变化构成了影响创业机会识别的关键因素，具体内容如下。

1. 创业愿望

阿里巴巴创始人马云说过："我觉得创业者首先要有一个梦想，这很重要，你没有梦的话，为做而做，别人让你做是做不好的……"创业愿望是创业的原

动力，只有拥有强烈的创业愿望，创业者才有可能更多、更有效地发现和识别市场机会。反之，再好的创业机会也会与创业者失之交臂。

2. 认知能力与创业技能

很多人认为，多数创业者有"第六感"，比别人更灵敏，能够帮助他们看到别人错过的机会，事实上，这种优越能力最终取决于个人或者团队的认知能力与创业技能，其中包括创业者所积累的行业知识、创业经验等。一般来说，在某个领域经验丰富的人士，相对于外围人士来说，更加具有商业敏感度，而并非"当局者迷，旁观者清"。据国内外研究和调查显示，与创业机会识别相关的能力主要有远见与洞察能力、信息获取与分析能力、环境变化及技术发展趋势预测能力、模仿与创新能力、社会关系建立与维护能力、行业或者创业领域知识与经验储备能力等。

3. 先前经验

严格地讲，先前经验也是决定个人认知能力、创业技能的重要因素之一，因为大多数创业者的创业能力都是基于先前经验而不断成长的。但是，考虑到该因素对创业机会识别的影响程度较高，故单独提出作为影响创业机会识别的关键因素之一。而且，该因素还涉及一个非常重要的概念，即走廊原理：创业者一旦创建企业，就开始了一段旅程，在这段旅程中，通向创业机会的"走廊"将变得清晰可见，也就是说，特定产业中的先前经验有助于创业者识别出创业机会。走廊原理强调经验和知识对于个体发现和把握创业机会的重要性，个体在特定领域的经验和知识存量越多，就越容易看到并把握该领域内的创业机会，从而实施创业活动。

4. 社会资本

创业者的社会资本是指与创业者个人及组织所建立的各类社会关系连接在一起形成的一系列资源，实际上是创业者各类社会关系资源价值的集中体现。创业者的社会关系网络包括政府、金融机构、高校、专业支持机构、商业合作伙伴、朋友、家庭、同事等。社会资本通常与人力资本、财务资本相提并论，对创业活动产生的影响也越来越大，备受创业研究与实践者关注。有关研究发现，社会关系网络是个体识别创业机会的主要来源，其中的"强联系"与"弱联系"相比较,前者的信息转化率相对较高;但是相对于前者而言,后者更有助于个体识别更多的创业机会。[①]

5. 创新思维

创业的本质就是创造。而创业机会的识别过程也要求创造新的手段—目的关系,最终形成新的产品、新的服务、新的原材料以及新的组织方式,其本身就是一个不断反复的创造性思维过程。可见,创新思维对于创业机会识别及其后续创业活动十分重要。例如,从纷繁复杂的信息中,你有没有可能挖掘出客户的需求,并提出具有创意性、产生新价值的产品或者服务解决方案,取决于你的创新思维能力。如果缺乏一定的创新思维能力,即使你获取了高价值信息甚至明确了客户的新需求,恐怕也难以识别出蕴藏其中的创业机会。

6. 创业环境

环境的变化是创业机会的重要来源,因此创业环境必定会对创业机会的识别产生巨大影响。创业环境是创业过程中多种因素的组合,包括宏观经济政策与制度、产业结构、人口环境、技术环境、自然环境、市场环境、创业价值观等。例如,创业型经济发展的政策倾向、人们生活方式的改变、市场竞争环境的公平性,都会对创业机会的识别产生较大程度的影响,甚至影响创业者的创业积极性。

二、创业机会的识别方法

在创业机会识别过程中,首先应该具备两个条件。

一是"要能够发现价值",即获取高价值的商业信息,而这种信息往往是他人难以接触到的。这主要是从信息获取渠道以及个人创业愿望两个方面来理解。例如,拥有有助于获取信息的工作或者生活圈子、具备优越的社会资本条

---

①　"强联系"是指部分社会关系网络成员之间建立起来的信任以及情感的联系;"弱联系"是指经济特征不同的个体之间发展起来的一种松散的联系。强联系基于信任与情感联系,能够促使信息有效地传递,使创业者更好地获得信息,从而更容易将所获信息转化为可能的创业机会;弱联系虽然表现出松散性、缺乏信任或者情感基础,但是因为其分布范围较广,比强联系更能充当跨越其社会界限的桥梁,超出强联系群体范畴,去获得来自不同群体、不同网络而又难以得到的高价值信息和相关资源,从而拓展创业者的信息获取渠道、丰富创业者的信息获取量,大大增强创业机会的识别可能性。

件、时刻保持创业警觉以及强烈的创业愿望，有利于创业者获取他人难以接触到的高价值信息。

二是"要能够分析价值"，即分析出商业信息的价值所在并做出准确的判断与决策。当然，影响信息分析能力的因素有创业者个人或者团队的智力结构与先前经验、创新思维能力、创业者是否拥有乐观的心态、创业者是否具备敏锐的洞察力等。

而且，以上二者缺一不可，如果能够发现价值信息却不会分析、处理和运用，所获信息将变得一文不值；如果只具备强大的信息分析与处理能力，而没有价值信息来源，也只能是"巧妇难为无米之炊"。

常用的创业机会识别方法有以下四种，即市场调研发现机会、系统分析发现机会、问题导向发现机会与创新变革获得机会。

1. 市场调研发现机会

这里的市场调研主要强调一手资料获取与二手资料获取两个方面：

一是通过与顾客、供应商、代理商等面对面沟通，获取鲜活的一手资料与信息，了解现在发生了什么以及未来将要发生什么。

二是通过各类媒体、出版物、数据库，获取你想要的资料与信息，了解你通过面对面沟通形式可能无法触及的一些信息。

获得这些一手资料与二手资料后，你要对这些资料进行分类并编码，便于自己随时查询、使用。尤其是针对自己的某个特定想法时，你可以精准地通过现有的市场调研数据来发现可能的创业机会。

水滴石穿，非一日之功；冰冻三尺，非一日之寒。调研、分析、记录想法、再调研分析……这是一个日积月累、厚积薄发的过程。例如，瑞士最大的音像书籍公司的创始人说，他就有一个这样的笔记本，当记录到第 200 个想法时，他坐下来，回顾所有的想法，然后开办了自己的公司。

2. 系统分析发现机会

在市场经济发展日渐成熟的现状下，那种"野蛮生长"方式亦能生存、处处是顾客与商机（市场不饱和）的时代已经一去不复返了，现实中更多的企业往往是在"夹缝中求生存，变化中寻商机"。因此，今天绝大多数的创业机会都需要通过系统的分析才能够得以发现。我们唯一要做的就是，借助市场调研的方式，从企业的宏观环境（政治、社会、法律、技术、人口等）与微观环境（细分市场、顾客、竞争对手、供应商等）的变化中寻找新的顾客需求和新的商机，这已经成为当今时代创业机会识别最常用、最有效的方法之一。

3. 问题导向发现机会

问题导向是指，你的创业机会识别源于一个组织或者个人面临的某个问题或者明确的需求，这可能是创业机会识别最快速、最精准、最有效的方法，因为创业的根本目的是为顾客创造新的价值，解决顾客面临的问题。在这一过程中，常用的方法就是不断与顾客沟通，不断汲取顾客的建议，基于顾客的需求创造性地推出新的产品或者服务。当然，在此基础上，你再进行市场调研、系统分析，就是有的放矢，显得更为科学、严谨。不过，在问题导向发现机会的过程中，要注意把控问题的难易度，不可不切实际地探寻问题解决方案，那样只会徒劳无获。

4. 创新变革获得机会

通过创新变革获得创业机会的方式在高新技术、互联网行业中最为常见。这种创业机会识别过程中，通常是针对目前明确的或者未来潜在的市场需求，探索相应的新技术、新方法、新知识或新模式，或者是，利用已有的某项技术发明、商业创意来实现新的商业价值，而且一旦获得成功，创业者凭借其具有变革性、超额价值的新产品或者新服务很容易就能够在市场中处于压倒性的主导地位。但是，任何新生事物的成长都是要经历艰难曲折的，与其他任何方式相比，创新变革的方式难度更大，风险系数也更高。因为新技术或者新知识能否真正满足顾客的需求，尚需经历市场的考验，只有对其稳定性、先进性有了十足的把握，才能称得上获得了真正的创业机会，而且新技术的发明通常需要大量持续的资金、人力与物资投入，这个过程往往也是极其漫长与艰难的。

03　评估创业机会

美国管理学会董事会董事、梅斯商学院工商管理学教授杜安·爱尔兰

（R. Duane Ireland）曾在《创业管理：成功创建新企业》一书中明确指出：创业机会是营造出对新产品、新服务或新业务需求的一组有利环境。它有四个本质特征：有吸引力，持久性，及时性，依附于为买者或终端用户创造或增加价值的产品、服务或业务。

《小企业管理：创业之门》一书的作者贾斯廷·朗格内克（Justin G. Longenecker）在其书中也明确提出了评价创业机会的五项基本标准：

第一，对产品有明确界定的市场需求，推出的时机也是恰当的。

第二，投资的项目必须能够维持持久的竞争优势。

第三，投资必须具有一定程度的高回报，从而允许投资中的失误。

第四，创业者和机会之间必须互相适应。

第五，机会中不存在致命的缺陷。

无论是四个本质特征还是五项基本标准，都充分表明了创业机会的核心价值。那么该如何评估创业机会的价值？目前，针对创业机会评估的研究方法与工具非常多，在这里，我们主要推荐三种操作性强且便于理解的评估工具。

一、评估工具 1：蒂蒙斯的创业机会评价框架

蒂蒙斯的创业机会评价框架（见表 2—1）涉及行业和市场、经济因素、收获条件、竞争优势、管理团队、致命缺陷、个人标准、理想与现实的战略差异等 8 个方面的 53 项指标。通过定性或定量的方式，创业者可以利用这个体系模型对行业和市场问题、竞争优势、财务指标、管理团队和致命缺陷等做出判断，来评价一个创业项目或创业企业的投资价值和机会。

表 2—1　　　　　　　　　　蒂蒙斯的创业机会评价框架

评价项目	评价指标
行业和市场	（1）市场容易识别，可以带来持续收入。
	（2）顾客可以接受产品或服务，愿意为此付费。
	（3）产品的附加价值高。
	（4）产品对市场的影响力高。
	（5）将要开发的产品生命长久。
	（6）项目所在的行业是新兴行业，竞争不完善。

续前表

评价项目	评价指标
行业和市场	（7）市场规模大，销售潜力可达到 1 000 万～10 亿元。
	（8）市场成长率在 30％～50％甚至更高。
	（9）现有厂商的生产能力几乎完全饱和。
	（10）在 5 年内能占据市场的领导地位，达到 20％以上。
	（11）拥有低成本的供货商，具有成本优势。
经济因素	（1）达到盈亏平衡点所需要的时间在 1.5～2 年。
	（2）盈亏平衡点不会逐渐提高。
	（3）投资回报率在 25％以上。
	（4）项目对资金的要求不是很大，能够获得融资。
	（5）销售额的年增长率高于 15％。
	（6）有良好的现金流量，能占到销售额的 20％～30％。
	（7）能获得持久的毛利，毛利率达到 40％以上。
	（8）能获得持久的税后利润，税后利润率超过 10％。
	（9）资产集中程度低。
	（10）运营资金不多，需求量是逐渐增加的。
	（11）研发工作对资金的要求不高。
收获条件	（1）项目带来的附加价值具有较高的战略意义。
	（2）存在现有的或可预料的退出方式。
	（3）资本市场环境有利，可以实现资本的流动。
竞争优势	（1）固定成本和可变成本低。
	（2）对成本、价格和销售的控制力较强。
	（3）已经获得或可以获得对专利的保护。
	（4）竞争对手尚未觉醒，竞争较弱。
	（5）拥有专利或具有某种独占性。
	（6）拥有发展良好的网络关系，容易获得合同。
	（7）拥有杰出的关键人员和管理团队。
管理团队	（1）创业者团队是一个优秀管理者的组合。
	（2）行业和技术经验达到了本行业内的最高水平。
	（3）管理团队的正直廉洁程度能达到最高水准。
	（4）管理团队知道自己缺乏哪方面的知识。
致命缺陷	（1）不存在任何致命缺陷。
个人标准	（1）个人目标与创业活动相符合。
	（2）创业家可以做到在有限的风险下实现成功。
	（3）创业家能接受收入减少等损失。
	（4）创业家渴望进行创业这种生活方式，而不只是为了赚大钱。
	（5）创业家可以承受适当的风险。
	（6）创业家在压力下状态依然良好。

续前表

评价项目	评价指标
理想与现实的 战略差异	（1）理想与现实情况相吻合。
	（2）管理团队已经是最好的。
	（3）在客户服务管理方面有很好的服务理念。
	（4）所从事的事业顺应时代潮流。
	（5）所采取的技术具有突破性，不存在太多的替代品或竞争对手。
	（6）具备灵活的适应能力，能快速地进行取舍。
	（7）始终在寻找新的机会。
	（8）定价与市场领先者几乎持平。
	（9）能够获得销售渠道，或已经拥有现成的网络。
	（10）能够允许失败。

1. 评价框架说明

（1）该评价框架对评价主体要求相对较高，一般要求评价者是行业经验丰富、商业嗅觉敏锐且具有一定管理经验的投资人或资深创业者，同时还要求使用者熟悉指标内涵以及评估技术。

（2）该评价框架对评估方法要求较高，一般要求运用定性与定量相结合的方法，才能得出创业机会的可行性及不同创业机会间的优劣排序。

（3）评价框架中的指标项目比较多，在实际运用过程中可以结合实际需求进行适当的梳理简化、重新分类，提高使用效能。当然，在简化过程中，要把握创业机会的四个本质特征以及五项基本标准。

2. 评估方法说明

蒂蒙斯创业机会评价框架为我们提供的是一套评价标准，我们需要运用科学的步骤和专业的评价方法来进行创业机会评估。常用的评价方法有以下两种：

（1）标准矩阵打分法。标准矩阵打分是指评价者（专家）对创业机会评价指标体系的每个指标按极好（3分）、好（2分）、一般（1分）三个等级进行打分，形成打分矩阵表，然后求出每个指标在各个创业机会下的加权平均分，即评价结果。由于每个创业机会的评价指标不一样，因此这种评价方法可以用于对不同创业机会进行对比评价，其量化结果可直接用于机会的优劣排序。当该方法只用于一个创业机会的评价时，则可采用多人打分后进行加权平均。一个创业机会的加权平均分越高，说明它越可能获得成功。就蒂蒙斯创业机会评价框架而言，一般来说，得分高于 100 分的创业机会可进一步规划，低于 100 分的创业机会，则需要考虑淘汰。

（2）贝蒂（Baty）选择因素法。该方法可以看做标准矩阵打分法的简化版。评价者凭借个人对创业机会的认知与理解，直接按照蒂蒙斯创业机会评价框架中的各项评价指标，判断自己的创业机会是否符合这些指标的要求。如果创业机会符合指标要求的数量小于 30 个，说明该创业机会很可能不可行；如果符合要求的数量大于 30 个，则说明该创业机会大有希望，值得探索与尝试。在运用这种方法的过程中，需要特别注意其中某些关键因素的"破坏力"，例如你的创业机会一旦存在"致命缺陷"，有再多的合格指标也无济于事，它能对你的创业机会予以"一票否决"。该方法比较适合创业者进行自评。

二、评估工具 2：刘常勇[①]的创业机会评价框架

刘常勇的创业机会评价框架（见表 2—2）涉及市场评价、回报评价两个方面的 14 项指标，与蒂蒙斯的框架相比，它简单、易操作，且更加符合中国企业的特点。具体评价方法可参照标准矩阵打分法和贝蒂选择因素法。

表 2—2　　　　　　　刘常勇的创业机会评价框架

评价项目	评价指标
市场评价	（1）是否具有市场定位，专注于具体顾客需求，能为顾客带来新的价值。
	（2）依据波特的五力模型进行创业机会的市场结构评价。
	（3）分析创业机会所面临市场的规模大小。
	（4）评价创业机会的市场渗透力。
	（5）预测可能取得的市场占有率。
	（6）分析产品成本结构。
回报评价	（1）税后利润率至少高于 5%。
	（2）达到盈亏平衡的时间应该不超过 2 年。
	（3）投资回报率应高于 25%。
	（4）资本需求量较小。
	（5）毛利率应该高于 40%。

---

① 台湾中山大学企业管理学系教授，知名创业管理研究学者。

续前表

评价项目	评价指标
回报评价	（6）能否创造新企业在市场上的战略价值。
	（7）资本市场的活跃程度。
	（8）退出和收获回报的难易程度。

三、评估工具 3：哈曼的 Potentionmeter 法评估工具[①]

哈曼（Haman）的 Potentionmeter 法可以通过让创业者填写针对不同因素的不同情况，预先设定好权值的选项式问卷的方式，以便快捷地得到特定创业机会的成功潜力指标。对于每个因素来说，不同选项的得分范围为 -2～+2 分，通过对所有因素得分的加总得到最后的得分，总分越高说明特定创业机会成功的潜力越高，只有那些最后得分高于 15 分的创业机会才值得创业者进行下一步策划，低于 15 分的都应被淘汰。示例如下：

1. 税前投资回报率

大于 35％	+2
25％～35％	+1
20％～25％	-1
小于 20％	-2

2. 预期年销售额

大于 2 亿元	+2
1 亿～2 亿元	+1
5 000 万～1 亿元	-1
小于 5 000 万元	-2

3. 投资回收期

小于 6 个月	+2
6 个月～1 年	+1

---

① 部分内容来自创业课程 PPT，具体出处不明确。

1～2 年　　　　　　　 —1

大于 2 年　　　　　　 —2

4. 生命周期中预期的成长阶段

大于 3 年　　　　　　 ＋2

2～3 年　　　　　　　 ＋1

1～2 年　　　　　　　 —1

小于 1 年　　　　　　 —2

5. 从创业到销售额高速增长的预期时间

小于 6 个月　　　　　 ＋2

6 个月～1 年　　　　　 ＋1

1～2 年　　　　　　　 —1

大于 2 年　　　　　　 —2

6. 占据市场领先地位的潜力（技术、市场、人才等方面）

具有绝对超越竞争对手的持续性核心竞争力　　　　　　 ＋2

具有与竞争对手持续、相当的核心竞争力　　　　　　　 ＋1

具有初期的竞争优势与领先者能力，但可能容易被取代　 —1

不具备竞争优势与领先者能力　　　　　　　　　　　　 —2

7. 进入市场的难易程度

市场不饱和，竞争不激烈，进入壁垒很低[①]　　　　　 ＋2

市场一般饱和，竞争适度，进入壁垒一般高　　　　　　 ＋1

市场较饱和，竞争激烈，进入壁垒较高　　　　　　　　 —1

市场很饱和，竞争很激烈，进入壁垒过高　　　　　　　 —2

8. 商业周期的影响

完全不受商业周期波动或反周期的影响　　　　　　　　 ＋2

对商业周期波动具有一定的抗衡能力，影响甚小　　　　 ＋1

---

① 　实际上，进入壁垒并非越低越好，适当的进入壁垒有利于良性市场竞争环境的建立以及企业自身竞争优势的保持，这里只是相对自己的竞争能力而言的。

受商业周期波动影响一般 　　　　　　　　　　　　　　−1

受商业周期波动影响巨大 　　　　　　　　　　　　　　−2

9. 产品调价的潜力

顾客获得较高的价值可以弥补较高的价格 　　　　　　＋2

顾客获得较高的价值尚不足以弥补较高的价格 　　　　＋1

顾客获得同等的价值能够弥补相应的价格 　　　　　　−1

顾客获得同等的价值只能弥补最低的价格 　　　　　　−2

10. 市场试验的范畴

只需要进行一般的试验 　　　　　　　　　　　　　　＋2

需要进行接近行业平均水平的试验 　　　　　　　　　＋1

需要进行超出行业平均水平一定量的试验 　　　　　　−1

需要进行超出行业平均水平很大量的试验 　　　　　　−2

11. 初期公司人才要求

只需要进行一般的常规培训或不需要专业培训 　　　　＋2

需要进行接近同行水平、正常的专业培训 　　　　　　＋1

需要进行较长时间、大量的专业培训 　　　　　　　　−1

需要进行长周期、全面的专业培训 　　　　　　　　　−2

04　选择你的目标市场

　　阿里巴巴创始人马云曾经总结道："准确的市场定位是创业成功的关键。"可见，正确选择目标市场对于创业者来说至关重要，也是一个新企业获取成功的第一步。应该如何正确选择你的目标市场？其首要前提就是你确认：自己的创业机会有吸引力、持久性、及时性，并依附于为买者或终端用户创造或增加价值的产品、服务或业务。而这个确认的过程，实质上就是你对创业机会的识别与评估过程，其识别以及评估的依据又主要来自行业及市场分析。

　　完整的行业及市场分析主要包括四部分内容，一是整个行业的发展现状及趋势分析；二是企业所在市场细分领域的发展现状及发展前景分析（包括确立目标市场、选择该细分市场的理由以及为什么目标市场中的客户会购买你的产品和服务）；三是竞争分析，即企业与同行业竞争者的优劣势比较分析；四是项目发展 SWOT 分析（综合性分析），即项目发展优劣势、外部机会与威胁分析，以及针对关键成功因素采取的可行性策略。

一、行业及市场分析工具

（一）PEST 分析法——战略外部环境分析的基本工具

PEST 分析法是战略外部环境分析的基本工具，主要用于对企业所处的总体宏观环境中影响战略的因素进行分析，具体包括政治（political）、经济（economic）、社会（social）和技术（technological）四类影响企业战略的主要外部环境因素。该分析法常用于公司战略规划、市场规划、产品经营发展、研究报告撰写等。

1. PEST 分析法理论框架（见图 2—1）及具体释义

（1）政治法律环境。重点考虑影响企业战略的政治和法律环境因素，例如政府稳定性、政治体制、产业政策、法律法规、外交关系等。

（2）经济环境。[①] 重点考察影响企业战略的经济特征、经济联系、经济条件等，例如地区经济增长水平、利率汇率、货币政策、收入水平、投资就业状况、消费模式等。

（3）社会文化及自然环境。重点考察影响企业战略的民族特征、文化传统、价值观、宗教信仰、社会结构、受教育程度、文化水平、收入水平、风俗习惯、审美观点等因素，以及地区或市场的地理、气候、资源、生态等因素。

其中人口因素对企业战略的制定有重大影响，具体涉及人口总量、地理分布、性格比例、年龄比例、受教育程度、职业分布、收入状况、家庭户数、家

---

①　经济环境主要包括宏观经济环境和微观经济环境两个方面。宏观经济环境主要指一个国家的人口数量及其增长趋势，国民收入、国民生产总值及其变化情况以及通过这些指标能够反映的国民经济发展水平和发展速度；微观经济环境主要指企业所在地区或所服务地区的消费者收入水平、消费偏好、储蓄情况、就业程度等因素。这些因素直接决定着企业目前及未来的市场大小。

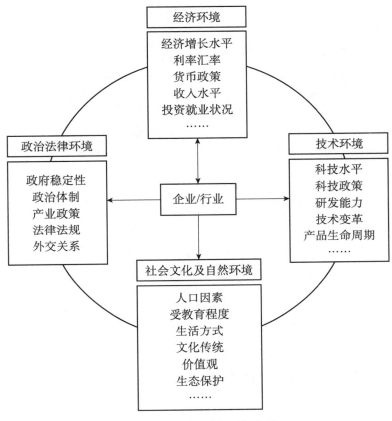

图 2—1 PEST 分析法框架图

庭生命周期等。

（4）技术环境。重点考察影响企业战略的科技水平与研发能力、科技政策与机制、技术发展趋势、技术转移和技术商品化速度、专利及其保护情况、产品生命周期等因素。

2. PEST 分析法应用注意事项

（1）PEST 分析法所分析的外部环境因素比较多且复杂，企业需要结合其他分析工具，根据经验以及自己的直觉确定哪些是影响企业战略的关键因素，以确保 PEST 分析的有效性与准确性。

（2）由于外部环境不断变化且难以预知，因此在 PEST 分析过程中，企业需要具备较强的信息收集、更新、反馈以及处理能力，凭借较快的反应速度和较强的分析能力，准确判断影响企业战略的外部环境因素。

（二）SWOT 分析法——战略规划和竞争情报的经典分析工具

SWOT 分析法又称态势分析法，由哈佛商学院的 K.J. 安德鲁斯教授于 1971 年在其《公司战略概念》一书中提出，是一种能够比较客观而准确地分析和研究一个单位现实情况的方法，即根据企业自身的既定内在条件进行分析，找出企业的优势、劣势及核心竞争力之所在，以制定适合组织实际情况的经营战略和策略。SWOT 分析方法广泛应用于企业战略研究与竞争分析，成为战略规划和竞争情报的经典分析工具。

SWOT 四个英文字母分别代表优势（strength）、劣势（weakness）、机会（opportunity）、威胁（threat）四个关键因素，其中 S 和 W 是"能够做的"内部环境因素，O 和 T 是"可能做的"的外部环境因素。而按照企业竞争战略的完整概念，战略应是一个企业"能够做的"（即组织的强项和弱项）和"可能做的"（即环境的机会和威胁）事项的有机组合。

SWOT 分析法的原理是：将与研究对象密切相关的各种主要内部优势、劣势和外部的机会和威胁等，通过调查列举出来，并以矩阵形式排列，然后用系统分析的思想，把各种因素相互匹配起来加以分析，从中得出一系列相应的结论，这样的结论通常带有一定的决策性。

运用这种方法，我们可以对自己的创业项目进行全面、系统、准确的研究，并根据研究结果制定相应的发展战略、计划以及对策等。例如，如何在竞争中扬长避短，如何借助良好机遇实现创业成功，如何及时弥补自己的缺点，如何化解可能存在的威胁，如何找准自己的目标与方向。通常，我们会将针对创业项目的 SWOT 分析过程与结论应用到商业计划书中。

1. SWOT 分析法示意图（见图 2—2）及各因素详细释义

（1）优势。属于内部环境因素，一般指相对于竞争者的优势方面。例如：有利的竞争态势，充足的资金支持，雄厚的技术力量，一流的产品质量，良好的企业形象，具有规模经济，市场占有率高，具备成本优势和品牌推广优势等。

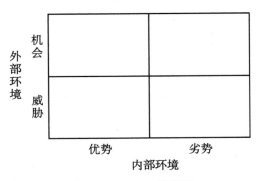

图 2—2　SWOT 示意图

（2）劣势。属于内部环境因素，一般指相对于竞争者的劣势方面。例如：核心竞争力弱，缺少关键技术，研究开发落后，设备老化，资金短缺，管理混乱，经营不善，产品积压，人力资源素质差等。

（3）机会。属于外部环境因素，是指对企业发展有利的外部机会。具体包括：新的利好政策出台，行业发展趋势良好，新产品，新市场，新需求出现，市场壁垒解除，竞争对手失误等。

（4）威胁。属于外部环境因素，是指对企业发展不利的外部威胁。具体包括：行业政策变化，市场紧缩，经济衰退，新的竞争对手出现，替代产品增多，客户偏好改变，用户观念转变，突发事件出现等。

2. SWOT 分析的三大步骤

（1）第一步：分析因素。分析因素是指运用各种调查研究方法，找出企业所处的各种环境因素，要求罗列出优势、劣势、机会、威胁等各要素涵盖的细分关键子因素，即影响企业发展的重要因素。进而清楚地知道自己企业内部的竞争优势与劣势，以及企业外部环境所带来的发展机遇与威胁，同时，明确问题的轻重缓急、未来的发展方向。具体可参照表 2—3。

表 2—3　　　　　　　　企业常用 SWOT 分析因素列表

	内部优势	内部劣势
内部环境	良好的竞争态势 良好的账务资源（包括金融资本支撑） 独有的专利技术 稳定的市场占有率	缺乏核心竞争力 竞争地位恶化 缺少关键技术 研发落后

续前表

内部环境	内部优势	内部劣势
内部环境	高于同行的营销能力	资金短缺
	产品质量	市场占有率低
	产品/服务创新	营销能力低于同行业其他企业
	设备先进	产品线范围太窄
	具有成本优势	产品积压
	具有规模经济	设备老化
	高素质的人才队伍	相对于竞争对手的高成本
	是公认的行业领先者	管理不善
	良好的品牌形象	人力资源素质差
	适应力强的经营战略	利润率下降
	特殊能力	战略方向有误
外部环境	外部威胁	外部机会
外部环境	行业或细分市场增长放缓	行业或细分市场增长迅速
	通货膨胀	有利的行业政策机制
	不利的产业政策	有新的市场空间
	竞争压力较大	有新的顾客需求
	新的竞争者进入行业	可以增加互补产品
	替代产品销售额正在逐步上升	可以拓展产品线满足用户需要
	用户讨价还价能力增强	能争取到新的用户群
	用户偏好及观念逐步转变	纵向一体化发展趋势
	市场壁垒越来越高	市场壁垒解除
	突发事件	竞争对手出现失误

（2）第二步：构建矩阵。构建矩阵是指将调查分析得出的各种因素根据轻重缓急或影响程度等排序，构建 SWOT 矩阵，并进一步进行矩阵分析。在这一过程中，要将那些对企业发展最重要、最紧迫的影响因素优先排列出来，而将那些次要的、不紧迫的影响因素排在后面；同时，通过矩阵分析，初步形成清晰的 SO 战略、WO 战略、ST 战略、WT 战略（见图 2—3 和图 2—4）。

内部环境因素 外部环境因素	优势	劣势
机会	SO 战略（增长型战略） 发挥优势，利用机会	WO 战略（扭转型战略） 利用机会，弥补劣势
威胁	ST 战略（多种经营战略） 利用优势，降低威胁	WT 战略（防御型战略） 减少劣势，回避威胁

图 2—3　SWOT 矩阵分析图 1

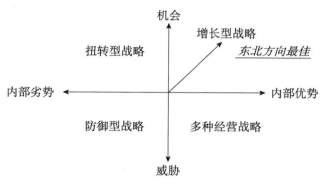

图 2—4　SWOT 矩阵分析图 2

（3）第三步：制定计划。制定计划是指依据以上内外部环境因素分析与 SWOT 矩阵分析结果，制定适合自身实际情况的行动计划。制定计划的基本思路是：一是扬长避短，即在充分发挥和利用优势的同时，弥补或减少劣势；二是抢"机"化"危"，即充分利用机会因素，化解或者回避威胁因素；三是全盘考虑、系统规划，即基于考虑过去、立足当前、着眼未来，运用系统分析的方法，将矩阵分析的各种因素相互联系并加以组合，得出一系列满足企业实际需求与未来发展规划的经营战略与具体策略。

3. 应用 SWOT 分析法应注意的问题

（1）必须全盘考虑内外部环境各类因素，并立足于公司的现状与未来。

（2）必须对公司的优势与劣势有客观的认识。

（3）最好与竞争对手进行比较分析，尤其是优劣势对比分析。

（4）注重简洁化，避免复杂化与过度分析。

（5）最好与 PEST 分析法和波特五力模型等工具同时使用。

（三）五力模型——行业竞争战略最流行的分析工具

五力模型是"竞争战略之父"迈克尔·波特（Michael Porter）于 20 世纪 80 年代初提出的。他认为，行业竞争的激烈程度取决于行业环境中的五种力量，即供应商的议价能力、购买者的议价能力、潜在新进入者的威胁、替代品的威胁、同业竞争者的竞争程度，这五种力量的不同组合变化，最终影响一个产业的盈利能力与吸引力。

通过五力模型，我们可以全面把握一个行业的基本竞争态势，有效分析某个产业内企业平均具有的盈利空间，为企业制定竞争战略提供足够的依据，因此，该模型已经成为行业竞争战略的最流行的分析工具，对企业战略制定也产生了全球性的深远影响。

通常，该模型也可用于创业能力分析，以揭示你的创业项目所处行业的基本竞争态势以及该项目在本产业或行业中具有何种盈利空间，从而为创业初期竞争战略的制定提供决策依据，以确保创业方向的准确性与创业活动实施的高效性。

1. 五力模型示意图（见图2—5）及详细释义

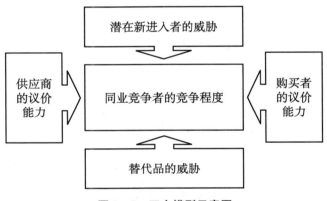

图2—5　五力模型示意图

（1）供应商的议价能力。供应商的议价能力指的是有企业向供应商购买原料时，供应商争取获得较好价格的能力。供应商影响行业中现有企业的盈利能力与产品竞争力的主要方式是提高投入要素价格与降低单位价值质量。决定供应商议价能力的主要因素有：

1）供应商所在行业的集中化程度。

2）供应商所提供的产品或服务是否独一无二，且转换成本很高。

3）供应商所提供的产品对企业生产业务、产品质量的重要性。

4）企业采购量占供应商产量的比例。

5）供应商能否直接销售产品并与企业抢占市场（例如是否有前向一体化的战略意图）。

6）供应商所提供的产品在企业整体产品成本中的比例。

7）供应商的收益率。

8）供应商的产品质量、服务水平及品牌实力。

（2）购买者的议价能力。购买者的议价能力是指购买者讨价还价的行为和程度。购买者主要通过其压价与要求提供较高质量的产品或服务的能力，来影响行业中现有企业的盈利能力。影响购买者议价能力的主要因素有：

1）替代品的替代程度。

2）产品的标准化程度（产品标准化程度高，购买者可同时向多个卖主购买同类产品）。

3）购买者是否采取集体购买模式。

4）购买者对产品或者服务质量的敏感程度。

5）大批量购买的普遍性。

6）产品在购买者成本中所占的比例。

7）购买者是否有后向一体化的战略意图。

（3）潜在新进入者的威胁。潜在新进入者的威胁是指一个行业的新进入者通常会带来大量的新资源和额外的生产能力，并且要求获得一定的市场份额，除了使行业竞争更加激烈、导致行业中现有企业盈利水平降低以外，还有可能因为其强大的攻势颠覆整个市场，给现有企业的生存造成极大的威胁。

新进入者威胁的严重程度主要取决于一家新的企业进入该行业的可能性、进入壁垒，以及预期的报复。

1）进入行业的可能性，主要取决于该行业的发展前景，例如，行业增长率高表明未来企业的盈利性强、成长空间大，而眼前的高利润对于新进入者而言也是颇具诱惑力的。

2）进入壁垒，主要取决于：

● 规模经济：一方面，大规模进入，投资大风险高；另一方面，小规模进入，产品成本高。这通常会让新进入者举棋不定、望而却步。

● 资金需要：资金投入需求量大，则新进入者威胁低。

● 产品差异化：差异化程度高，则新进入者威胁低。

● 转换成本：顾客转向新供应商的转换成本高，则新进入者威胁小。

- 客户忠诚度：客户忠诚度高，则新进入者威胁小。

- 对销售渠道的控制权：限制新进入者通过原有的渠道销售产品和服务，则新进入者威胁小。

- 综合性的竞争优势：例如，较高的市场占有率、已培育稳定且十分熟悉的用户群、独有的专利技术、优秀的人才队伍、先进的设备、政府的支持、战略资源的掌控、经验曲线效应……这一切都会给新进入者增加高额的成本，形成高壁垒。

- 政府政策机制：政府如果通过授权或特许经营对进入某些特定行业的企业进行严格管制，例如烟酒制造、烟酒零售、金融等行业，新进入者就必须取得合法的授权或者特许经营权，方可踏入这个行业。

- 自然资源：如冶金业对矿产资源的依赖性。

- 地理环境：如造船厂只能建在海滨或沿江城市。

3）预期的报复，主要指预期现有企业对新进入者的反应，即采取报复行动的可能性大小，主要取决于相关企业的财力情况、报复记录、固定资产规模、行业增长速度、受威胁的程度等。

总之，新企业进入一个行业的可能性大小，一般取决于进入者主观估计进入所能带来的潜在利益、所需花费的代价与所要承担的风险这三者的相对大小。

（4）替代品的威胁。替代品是指由其他产业生产的、与现有产品功能相同或者类似的产品或者服务，它能够满足消费者同样的需求。两个处于同行业或不同行业中的企业，可能会由于所生产的产品互为替代品而形成竞争，这种源自替代品的竞争会以各种形式影响行业中现有企业的竞争战略。当购买商面前的替代品越多，尤其是转换成本较低时，其议价能力会越强。因此，替代品可以通过设置价格上限、改变需求量、迫使企业投入更多资金并提高服务质量等手段来影响一个行业的盈利性。

替代品的威胁严重程度主要取决于：

1）替代品的性价比。

2）购买者的转换成本。

3）替代品的盈利能力及市场扩张速度。

4）替代品生产企业的生产能力。

5）替代品生产企业的经营策略。

例如，替代品价格越低、质量越好、用户转换成本越低，其所能产生的威胁程度就越大；而这种来自替代品生产者的威胁大小，可以具体通过考察替代品销售增长率、替代品生产企业的生产能力、替代品盈利能力及其市场扩张情况来进一步分析。

（5）同业竞争者的竞争程度。同业竞争者的竞争程度是指行业现有竞争者之间的竞争程度。同业竞争者是企业几乎每天都要面对的最强大的一种竞争力量。任何一家企业，要想扩大市场份额、争夺更多的消费者、获取更多的利润，就不可避免地要与同行业中现有的同类企业进行激烈的竞争，并想方设法获取竞争优势、超越竞争者。这种竞争主要表现在技术、价格、质量、售后服务、销售渠道、广告宣传、创新能力、人才素质等方面，其竞争程度主要取决于以下几个因素：

1）竞争者数量：市场中竞争者越多，竞争强度就越大。

2）市场竞争地位的变化：市场竞争地位的变化实际上是同业竞争者之间竞争产生的一种必然的动态性结果，竞争地位的变化幅度越大、频率越快，说明其竞争强度越大。

3）产品或者服务转换成本：产品缺乏差异性或比较标准化，购买商轻易就可以转换供应商，将导致生产商之间竞争激烈。

4）行业增长率：行业增长缓慢，新进入者要从其他竞争者那里争取市场份额，现有企业之间要争夺既有市场份额，竞争会变得激烈。

5）行业固定成本和存货成本：行业固定成本越高，企业寻求降低单位产品固定成本或增加产量，导致在价格上相互竞争；对于那些难以保存的、季节性的或库存成本较高的产品，企业往往不得不在特定的时间通过大幅降价的方式进行倾销，导致恶性竞争。

6）战略重要性：企业最重要的战略目标是获取成功，这一目标往往是通过采取具有竞争力的行为达成的，而企业战略目标的高低将直接影响同业竞争者力量的大小。例如，一个企业的战略目标越高、预期市场份额越大、预期利益回报越多，必然导致其竞争投入越大、竞争手段会越多、攻击性越强，彼此竞争越激烈。

7）行业退出壁垒：企业从行业中撤出的壁垒越高或成本越高，企业停留在该行业并尽其所能开展经营的意识就越强烈，即使这些企业的利润较低甚至亏本。

8）不确定性：一个企业如果不确定同行业另一企业是如何经营的，就可能会制定更具竞争力的战略，其竞争必然会变得激烈；如果竞争者之间的竞争因素差异较大，且呈现多样化特征，其竞争力量就会多变且强大，也更容易形成复杂多变的竞争环境。

（四）市场营销调研内容清单

市场营销调研是针对企业特定的营销问题，采用科学的研究方法，系统、客观地收集、整理、分析、解释和沟通有关市场营销各方面的信息，为营销管理者制定、评估和改进营销决策提供依据。

对美国 798 家公司的日常市场营销调研活动所作的研究表明，最普遍的10 种市场营销调研活动是：

（1）市场特性的确认。

（2）市场潜量的衡量。

（3）市场份额的分析。

（4）销售分析。

（5）企业趋势分析。

（6）长期预测。

（7）短期预测。

（8）竞争产品研究。

（9）新产品的接收和潜量研究。

（10）价格研究。

为了帮助创业者进一步明确市场营销调研内容，我们整理了一份市场营销调研内容清单，并就市场营销环境研究关键因素进行了详细解析。具体内容如表 2—4 和表 2—5 所示（以下所列内容是从企业生产经营角度出发，侧重于企业的微观市场营销调研）。

表 2—4 市场营销调研内容清单及内容说明

市场营销调研项目	调研主要内容
营销环境研究	（一）宏观市场营销环境分析 宏观市场营销环境一般以微观环境为媒介去影响和制约企业的营销活动，故又称间接营销环境，是指企业不可控制的、并能给企业的营销活动带来市场机会和环境威胁的主要社会力量和因素，包括： （1）人口环境。 （2）经济环境。 （3）政治法律环境。 （4）技术环境。 （5）社会文化环境。 （6）自然环境。 （二）微观市场营销环境分析 微观市场营销环境是指环境中与企业紧密相连、直接影响与制约企业营销活动及其能力的各种因素，故称之为直接营销环境，具体包括： （1）企业内部环境。[a] （2）营销渠道。 （3）顾客。 （4）供应商。 （5）竞争者。 （6）社会公众。[b]
市场研究	（1）市场特性。 （2）市场规模（包括现实需求和潜在需求）。 （3）可能销量的预测。 （4）市场动向和发展。 （5）市场对产品销售的态度。 （6）市场增长率。 （7）本公司及其他产品的市场占有率。 （8）市场竞争状况研究。 （9）市场细分研究。 （10）市场其他信息的研究。
产品研究	（1）产品生命周期研究，即掌握产品适应市场的期限。 （2）产品性能与特征，即掌握产品适应市场的能力。 （3）产品包装、外观及品牌形象等（给顾客留下的印象）。 （4）新产品的前途、开发、试销。 （5）产品的市场占有率、知名度、认知度。 （6）产品的顾客层。 （7）消费者对产品的态度和建议。 （8）竞争产品研究。

续前表

市场营销调研项目	调研主要内容
价格研究	(1) 价格需求弹性分析。 (2) 价格敏感度分析（包括新产品价格制定或老产品价格调整产生的效果）。 (3) 定价决策。 (4) 竞争对手的价格变化情况。 (5) 价格优惠策略的时机和实施效果评估。 (6) 赊销条件。 (7) 付款条件。
分销渠道研究	(1) 企业现有产品分销渠道状况。 (2) 中间商在分销渠道中的作用及各自的实力。 (3) 店铺选址。 (4) 渠道商的选择、变更及管理。 (5) 消费者对中间商尤其是代理商、零售商的印象。 (6) 其他相关研究：工厂、仓库布局研究；渠道职能研究；渠道覆盖研究；出口和国际市场营销渠道研究。
促销与广告研究	主要对人员推销、广告宣传、公共关系、价格促销等促销方式的实施效果进行分析、对比。例如： (1) 推销人员分配。 (2) 促销策略。 (3) 激励政策。 (4) 促销活动（奖券、赠品、经销商竞赛等）。 (5) 广告宣传（包括媒体选择、广告效果测定、广告策略变更等）。 (6) 竞争对手的促销策略。 (7) 公关策略。 (8) 企业公众形象。 (9) 促销与广告费用预算。
消费者研究	(1) 消费者的结构。 (2) 消费者的购买动机。 (3) 消费者的购买习惯（时间、地点）。 (4) 消费者的购买能力和购买频率。 (5) 消费者的品牌态度（对产品和中间商的态度）。 (6) 消费者的品牌偏好（包括品牌转换情况）。 (7) 消费者的品牌忠诚度（包括品牌认知）。 (8) 消费者的产品和服务满意度。

续前表

市场营销调研项目	调研主要内容
竞争对手研究	（1）竞争者属性：愿望竞争者、普通竞争者、产品形式竞争者、品牌竞争者。 （2）竞争者基本信息：地域分布、规模、效益、产能等。 （3）竞争者战略目标与规划。 （4）竞争企业各类产品在市场中的地位、市场占有率、销售额、产品的适销性、顾客评价、产品系列的深度与宽度。 （5）竞争者产品的特性及产品竞争力，及其与本公司产品的优劣对比分析。 （6）竞争者的产品价格策略。 （7）竞争者销售渠道的广度与深度、销售渠道的效率与实力、销售渠道的服务能力、对销售网点的援助和指导情况。 （8）竞争者促销推广的方法、策略，促销活动的特点、频率。 （9）竞争者广告及宣传推广的方法、频率、投入金额、渗透情况等。 （10）竞争者营销人员的数量、素质、培训情况。 （11）竞争者售后服务的方法及质量。 （12）竞争者市场营销调研的投入及成效。

注：a. 这里所指的企业内部环境主要由营销管理部门以及企业管理高层、其他职能部门构成。
b. 社会公众包括政府、金融界、新闻界、学术界、企业界、社区公众和企业内部公众。

表 2—5　　　　　　　　市场营销环境研究项目内容解析

市场营销环境研究项目	内容解析（示例）
人口环境	人口环境的变化和发展趋势给企业营销活动所带来的机会与威胁分别是什么？企业应该如何应对？
宏观经济环境	在个人收入、物价水平、储蓄和信贷、经济趋势、宏观政策等方面有哪些新变化，可能会对企业营销活动产生哪些影响？企业需要采取哪些行动？
技术环境	企业产品技术所属领域整体的技术能力现状如何？未来发展趋势如何？企业技术水平在该领域的地位如何？是否存在较大的差距？企业应该如何进一步提升自己的技术水平？
法律环境	哪些法律法规一直对企业营销活动非常重要？又有哪些新的变化正在影响或者预计会影响企业的营销活动？企业应该如何适应新的法律法规？
生态环境	企业发展所需的自然资源或能源的成本、储量现状如何？这些资源的未来前景如何？环保压力如何？企业如何面对这些问题？
社会文化环境	社会公众对企业现有产品所持的态度和看法如何？是否发生了新的变化？其变化具体与其社会阶层、受教育状况、家庭结构、风俗习惯、宗教信仰、价值观念、消费习俗、审美观念等因素有哪些关系？企业将如何应对这种新的变化？

续前表

市场营销环境 研究项目	内容解析（示例）
行业环境	企业所属行业主要的经济特性是什么？行业发展前景如何？是否具有吸引力？新的产业政策对行业发展是否有利？行业中的变革驱动因素是什么？其影响力如何？在该行业取得竞争成功的决定性关键因素是什么？行业竞争者现状及竞争强度如何？
市场	企业在市场规模、各区域市场占有率、成本率、区域分销和盈利等方面有哪些变化？有哪些主要的细分市场？
企业内部环境	营销目标是否明确、合理？是否制定了有效的营销计划以及实施方案？营销团队组建及成员素质能力情况如何？营销计划实施的情况如何？营销管理工作开展得如何？各职能部门之间协调情况如何？是否能够有效地支撑营销工作的开展？企业还需如何进一步改善企业内部环境？
顾客	企业当前客户和潜在客户是谁？其顾客群体结构如何？他们的购买动机是什么？他们的购买方式和习惯怎样？他们的购买能力与购买频率怎样？他们的品牌态度及品牌偏好如何？在产品质量、产品价格、售后服务、品牌形象等方面，顾客是如何评价企业及竞争者的？
分销渠道	企业的产品主要通过哪些分销渠道卖给客户？各种分销渠道的效率和成长潜力如何？渠道商的选择、变更与管理怎样？消费者对渠道商的评价如何？如何进一步优化渠道商的结构及其数量与质量？
供应商	生产所需的关键原材料供应现状及其未来前景如何？各供应商的实力如何？供应商的议价能力如何？企业与各供应商的关系如何？企业是如何评价、考核与管理供应商的？供应商的营销策略有什么变化？
竞争者	企业有哪些主要的竞争者？其具体的竞争属性是怎样的？它们的战略目标与规划是什么？它们的规模和市场份额是多少？它们的产品、价格、渠道、促销策略是怎样的？与本企业相比，它们的优势、劣势何在？
仓储物流 （市场后勤）	企业仓储设备投入成本现状及未来需求计划如何？企业物流服务及所需成本的现状如何？其未来发展趋势会是怎样的？是否存在障碍？如何改善现状，以更好地为营销活动开展提供支撑？
社会公众	是否建立了公共关系部门或者具备良好的公共关系意识？是否与社会公众建立了良好的关系？哪些公众会增强企业实现营销目标的能力？哪些公众可能会带来问题并产生阻力？企业应如何进一步改善公众关系？

（五）市场总容量趋势调查表

本表格（见表2—6）主要用于对某产品市场总容量趋势的分析，具体调研内容包括近三年的经济景气指数、消费群体购买力、竞争对手销量、历史销售情况等相关数据。

表 2—6　　　　　　　　**市场总容量趋势调查表**

调查人：_____　部门：_____
调研区域：_____　时间：_____

调研项目	时间			备注
	年	年	年	
区域总人数				
消费群体占总人口的比例				
物价指数				
居民存款情况				
消费群体购买力总和				
竞争对手销售情况				
替代品或相关产品销售情况				
区域内市场总容量				
企业历史销售情况				
经济景气走向（指数）				
竞争关系发展趋势				
营销策略建议				

（六）市场开拓可行性分析表

本表格（见表 2—7）用于对市场开拓的可行性进行科学分析与判断，主要通过市场需求、市场现状、人才队伍、宏观环境、SWOT 分析等几项综合分析提出可行的营销目标与计划。

表 2—7　　　　　　　　**市场开拓可行性分析表**

调查人：_____　部门：_____
调研区域：_____　时间：_____

项目类别	具体分析项目	详细分析内容	备注
市场需求	目标群体		
	消费者需求		
	市场增长空间		
市场现状	市场规模及增长情况		
	产品状况	销售价格、市场占有率、成本、费用、利润率等	
	品牌状况		
	渠道状况		

续前表

项目类别	具体分析项目	详细分析内容	备注
市场现状	促销状况		
	竞争对手分析	竞争者的规模、目标、市场份额、产品质量、价格、营销战略、人才队伍及其他有关特征	
人才队伍	数量		
	素质		
	培训情况		
宏观环境	政策、制度		
	技术环境		
	行业环境		
	区域文化		
SWOT 分析	优势		
	劣势		
	机会		
	威胁		
可行性分析/营销目标	目标市场份额		
	目标销售额		
	目标利润额		
	品牌发展目标		
可行性分析结论说明及依据	实现目标需要的环境条件、市场空间、实力（现状、优势）、营销策略、人才支撑等		

（七）行业销售数据分析与预测表

本表格（见表 2—8 和表 2—9）主要用于行业销售历史数据分析以及未来市场销售数据预测，从而判断行业市场的增长空间（要求注明数据来源）。

表 2—8　　　　　　　　　　**行业销售历史数据列表**

	前 5 年	前 4 年	前 3 年	前 2 年	前 1 年
销售额					
销售增长率					

表 2—9　　　　　　　　　　**行业销售数据预测**

	第 1 年	第 2 年	第 3 年	第 4 年	第 5 年
预计销售额					
预计销售增长率					

二、市场细分与产品定位分析工具

市场细分概念是美国营销学者温德尔·史密斯（Wendell R. Smith）于 20 世纪 50 年代中期提出的。市场细分是指营销者通过市场调研，依据消费者的需要和欲望、购买行为和购买习惯等方面的差异，把某一产品的市场整体划分为若干消费者群的过程。可以说，每一个细分市场都是由具有类似需求倾向的消费者构成的群体，而每一类消费者群实际上就是一个细分市场。

精准的市场细分可以帮助企业迅速有效地选择自己的目标市场、制定正确的营销策略，往往可以避开与行业巨头的正面竞争，甚至找到自己的"蓝海"市场，是一个企业快速、有效获取营销成功的关键。尤其是在这个瞬息万变、竞争日益激烈的时代，创业者要想迈出创业成功的第一步，更加需要遵循这一重要法则。

（一）市场细分标准及变量

本表格（见表 2—10）列举了市场细分过程中的关键要素，即市场细分标准及细分变量说明，具体分为消费品市场细分和生产资料市场细分两大类，并列出了各类细分变量的详细说明，可以帮助创业者精准、高效进行市场细分。

表 2—10　　　　　　　市场细分标准及变量详细说明表

维度	变量分类	细分变量	变量说明
消费品市场细分	地理因素	地理位置	按照行政区域或者地理区域划分，不同区域消费者的消费习惯、需求、偏好等都存在一定的差异。
		地形地貌	按地形地貌特征可划分为平原、丘陵、山区、沙漠地带等。不同地形区域的消费者，某些消费需求差异会很大。
		气候特征	按气候特征可分为热带、亚热带、温带、寒带等。例如御寒保暖、防暑降温、空气干燥或者加湿之类的消费品就可按不同的气候带进行市场细分。
		人口密集度	不同区域的人口密集度往往直接决定了消费品的需求量。
	人口统计因素	年龄	可划分为儿童市场、青年市场、中年市场、老年市场。不同年龄段的消费者，由于生理、性格、爱好、经济状况的不同，对消费品的需求往往存在很大差异。

续前表

维度	变量分类	细分变量	变量说明
消费品市场细分	人口统计因素	性别	按性别可将市场划分为男性市场和女性市场。在消费需求、购买行为、购买动机等方面，男女之间存在很大差异。
		收入	根据平均收入水平的高低，可划分为高收入、次高收入、中等收入、次低收入、低收入五个消费群体。收入水平直接决定了消费者的购买力。
		职业	按照职业可划分为公务员、教师、医生、企业管理者、公司职员、演员、文艺工作者等。不同职业的消费者，由于知识水平、工作条件和生活方式等不同，其消费需求存在很大差异。
		教育水平	按照教育水平可划分为硕士及以上、本科、大专、中专、高中、高中以下等几个维度。不同教育水平的消费者，在个人素养、兴趣爱好、生活方式、价值观念等方面存在较大差异，将直接影响其购买行为、购买习惯等。
		家庭人口	按照家庭成员数量、婚姻状况等因素，可分为单身家庭（1人）、单亲家庭（2人）、小家庭（2～3人）、大家庭（4～6人，或6人以上）。不同类型家庭，其消费需求量、消费习惯及消费偏好都存在较大差异。
		家庭生命周期	按照家庭成员年龄、婚姻和子女状况，可分为单身、新婚、满巢、空巢和孤独五个阶段。在不同阶段，家庭购买力、消费需求与偏好有很大差异。
		民族、宗教、国籍	按照民族、宗教、国籍划分标准分类即可。不同民族、宗教或者国籍的消费者，都有自己独特的传统习俗、生活方式，从而呈现出不同的消费需求。
		社会阶层	按照社会中具有相对同质性和持久性的群体特征，可划分为高净值群体[a]、企业高管群体、娱乐圈群体、白领群体、农民工群体、失业群体等。处于同一阶层的成员具有类似的价值观、兴趣爱好和行为方式，而不同阶层成员之间购买力、消费需求、消费习惯等差异都很大。
	心理因素	生活方式	按照消费者生活方式特征可划分为节俭型、奢侈型、传统型、新潮型等。生活方式是人们对工作、消费、娱乐的特定习惯和模式，不同的生活方式会产生不同的消费需求与偏好。
		个性特征	按照个性特征可划分性格外向、内向、乐观、悲观、自信、顺从、保守、激进、热情等。个性特征是指一个人比较稳定的心理倾向与心理特征，不同个性特征消费者的消费需求与偏好差异很大。

续前表

维度	变量分类	细分变量	变量说明
消费品市场细分	心理因素	购买动机（包括个人偏好）	按照消费者所追求的利益与价值的差异，可划分为追求实惠、追求价廉、追求新鲜、追求时尚、追求美丽、追求名牌等。不同购买动机，其购买行为、习惯必然存在很大差异。
	行为因素	购买时间	按照消费者购买产品时间或者使用时机的特点，一般划分为不同的节假日或者特殊的时间段（例如入学期、升学期、购房、拆迁、搬家、结婚、离婚、形成习惯的促销打折日等）。许多商品的消费具有极强的时间性，例如烟花爆竹消费主要集中在春节期间，月饼消费主要在中秋节以前，很多电商也经常会推出商品促销打折的特殊日子。
		购买地点	按照消费者习惯购买商品的场所，可划分为商场、超市、门店、网络商城、网店等。不同场所的消费群体、商品档次都存在很大的差异。
		购买数量	按照用户规模或者某一消费群体所消费商品数量的规模可划分为大量用户、中量用户、少量用户和非用户。例如，图书的大量购买者为知识分子和学生，化妆品的大量使用者为中青年女性。
		购买频率	按照消费者的购买频率，可划分为经常购买、一般购买、不常购买（潜在购买者）三类。甚至可以精确到具体的间隔时间，例如化妆品多长时间购买一次，烟酒多长时间购买一次。
		购买习惯（主要指品牌忠诚度）	按照消费者对品牌的不同忠诚度，可划分为单一品牌忠诚者、多品牌忠诚者、无品牌忠诚者等。不同消费者的品牌忠诚程度，与其购买力、生活方式、个性特征、购买动机都有密切的关系。
生产资料市场细分	用户经营规模		按照用户经营规模，可划分为大用户、中用户、小用户。用户经营规模直接决定其购买能力的大小，因此，用户经营规模是细分生产资料市场的重要标准。
	用户需求		按照不同用户的不同需求特征，可以自定义的方式对生产资料市场进行分类。例如，晶体管厂的用户可细分为军工市场、工业市场和商业市场，因为各类用户都有其个性化需求。又如，同样是钢材，可能分别适用于部队武器装备生产、飞机制造、船舶制造、重型机械制造、餐具生产、房地产建筑等领域。因此，企业常常会先根据用户需求的差异性对其进行科学系统的分类，然后有针对性地提供个性化产品或者服务，以满足用户的不同要求。

续前表

维度	变量分类	细分变量	变量说明
生产资料市场细分	用户实际购买量		按照用户实际购买量大小可以划分为大客户、一般客户、小客户等类别。企业往往会针对不同级别的客户结合其个性化需求，采取不同的营销组合方案。（需要注意的是，具有很强购买力的经营规模大的用户，不一定就是实际交易中的大客户。）
	用户购买方式		按照用户购买方式可划分为直接重购、调整重购及新购买等类别。不同的购买方式的采购程度、决策过程存在很大差异，这就要求企业灵活性采取不同的营销策略。

注：a. 高净值人群一般指个人金融资产和投资性房产等可投资资产较高（大部分媒体针对中国一般用 600 万元人民币作为基准线）的社会群体。

说明：消费品市场的细分标准有很多同样适用于生产资料市场的细分，如地理位置、地形气候、人口特征、购买动机等，这里不重复列举。

（二）目标市场特征调查分析及策略制定

本表格（见表 2—11）适用于针对目标市场特征的调查分析与营销策略制定。具体调查内容主要涵盖消费者购买动机、购买习惯、购买需求、购买能力等，在此基础上进行统计分析并制定相应的营销策略。使用者应根据不同产品特性及细分市场差异性进行内容调整。

表 2—11　　　　　　　　　目标市场特征调查分析与策略制定表

制表人：_____　　部门：_____

时间：_____

项目	问卷问题	回答结果统计	营销策略（如何满足市场需求）
消费者购买动机	消费者需要什么样的产品		
	消费者追求的价值和利益是什么		
消费者对产品的需求	消费者对产品性能的评价		
	消费者对价格的评价		
	消费者对外观及包装的评价		
	消费者对品质的喜好		
	消费者对功能、特点的喜好		
	消费者对服务的要求		
消费者购买地点/渠道	消费者在哪里购买该产品		
	消费者在哪里使用该产品		
	消费者为什么到 A 店（实体店）购买，而不到 B 店（网店）购买		

续前表

项目	问卷问题	回答结果统计	营销策略 （如何满足市场需求）
消费者购 买时间	消费者一般何时购买该产品		
	消费者一般在何时必须使用该 产品		
消费者购 买方式	消费者是指定购买还是推荐购买		
	消费者是线下购买还是线上购买		
	消费者是单独购买还是团购		
消费者购 买频率	消费者大概隔多长时间购买一次		
	影响消费者购买频率的原因是 什么		
消费者购 买数量	消费者一定周期内的购买量是 多少		
	消费者人均购买量是多少		
消费者品 牌忠诚度	消费者对本品牌的忠诚度如何		
	消费者是否经常更换品牌		
	有哪些因素会使得消费者增加购 买该产品		
	有哪些因素会导致消费者经常更 换品牌或者放弃该产品		
消费者对 广告促销 的反馈	消费者习惯接受哪些媒体广告		
	消费者习惯接受哪些促销方式和 活动		
消费者结 构	按照性别、年龄、职业、职位、 学历、收入、家庭成员等选项进 行分类说明		

（三）市场定位产品差异分析

本表格（见表 2—12）适用于市场定位产品差异分析，主要针对竞争产品进行调查并与本公司产品进行对比分析，以找出差异所在。具体项目包括产品性能分析、规格、价格、包装、营销力度、促销投入、广告投入、售后服务、品牌影响力、市场占有率等。

表 2—12　　　　　　　　　　　　　**市场定位产品差异分析表**

调查人：＿＿＿＿＿＿＿＿＿＿＿＿＿＿＿　部门：＿＿＿＿＿＿＿＿＿＿＿＿＿

调研地点（卖场/超市）：＿＿＿＿＿＿＿　时间：＿＿＿＿＿＿＿＿＿＿＿＿＿

项目	竞争产品 1	竞争产品 2	竞争产品 3	本公司产品	对比分析/差异描述
产品功能与特点					
零售价					
产品规格					
包装方式					
品质稳定度					
耐用性					
故障率					
使用方便性（难易程度）					
产品生命周期（适应市场的期限）					
营销力度（包括销售方式、渠道等）					
广告投入（数量及方式）					
促销投入（活动、展示方式、展示数量）					
售后服务					
品牌影响力					
顾客对产品的评价					
当前销量					
当前市场占有率					

（四）细分市场可行性分析表

本表格（见表 2—13）主要用于细分市场的可行性分析，分别从战略、市场需求及现状、竞争优势、资源、环境等几个方面进行综合评估和分析，帮助创业者全面了解项目未来进入细分市场可能面临的优势、劣势、机会以及威胁，从而准确判断开拓细分市场的可行性。

表 2—13　　　　　　　　　　细分市场可行性分析表

项目	问题	细分市场（评级）		
		细分市场 A	细分市场 B	细分市场 C
战略	开发细分市场是否与总体目标一致			
市场需求	消费者分析（该细分市场特性）			
	市场增长空间			
	细分市场客户			
	预计销售额			
	预计市场占有率			
	预计利润率			
竞争	竞争性（规模、市场份额、质量、价格、人才队伍等）			
	有何竞争优势			
资源	是否有必需的营销、生产、资金、技术、人力资源予以支撑，能否获得			
环境	环境综合因素是否对细分市场有利（具体包括宏观经济、技术水平、政治、法律、文化和社会因素）			
评级[a]				

注：a. 具体评级方法可由企业根据实际情况拟定。

三、竞争对手分析工具

（一）竞争对手分类、情报来源、数据库建立与分析

在进行竞争对手分析之前，我们首先要明确竞争对手是谁，然后要分析如何获取竞争对手的情报并进一步建立分析数据库，为最终得出分析结论提供可靠依据。

竞争对手是指生产或经营与自己相同、类似或可以相互替代的企业。一般而言，竞争对手分为现有直接竞争对手和潜在竞争对手两类，我们应该以前者

作为分析重点。现有直接竞争对手是指那些生产或经营与本企业相似的企业，这些企业通常与本企业同速增长或比本企业增长得更快，分析过程中尤其要密切关注那些已经或有能力对本企业的核心业务产生威胁的竞争对手。潜在竞争对手是指暂时对本企业不构成威胁但具有潜在威胁的竞争对手，这类竞争对手也不可忽略，一旦产生威胁，它们通常都具有极强的"破坏力"，例如利用自身技术、资源、规模等优势突破竞争壁垒，成为本企业的竞争对手，甚至完全打破现有市场结构。

明确自己的竞争对手之后，就该收集目标对象的信息情报了。竞争信息的主要来源有以下几种途径，如表2—14所示。

表2—14   竞争信息获取渠道详细说明表

竞争信息获取渠道	渠道详细说明	情报信息要点
竞争对手的各种文献、资料	（1）公司公开出版的书籍或者发表的重要文件、资料等。例如公司自己的出版物、公司年鉴、财务数据报告、年度报告、社会责任报告、公司管理制度、员工手册、消费者服务承诺、售后服务手册、渠道商评价与考核办法等，这些资料通常与公司战略规划、内部运营管理、业务发展、经营策略等有关。 （2）公司内部人员公开发表的内容。例如公司领导发表的文章或者公开演讲的内容、销售经理发布的销售报告、财务经理透露的财务数据等。 （3）公司宣传资料。包括产品宣传手册、公司介绍（包括公司发展历程）、企业文化手册、促销资料等。 （4）企业内刊。包括报纸、杂志、网络刊物等各类自媒体。	（1）竞争者基本信息：地域分布、规模、效益（财务数据）、产能、组织结构（动态变化）。 （2）竞争者战略目标与规划（包括重大战略行动）。 （3）竞争者企业文化、内部运营管理环境、内部管理水平与工作效率。 （4）竞争企业各类产品在市场中的地位、市场占有率、销售额、产品的适销性、顾客评价、产品系列的深度与宽度。
行业内文献、资料	（1）行业内公开出版物或者发布的重要文件、资料。例如行业年鉴、行业年度报告、其他各种行业出版物、行业组织机构发表各类重要资料与信息。 （2）行业内媒体。例如行业内知名刊物、行业组织机构官方网站等。 （3）供应商的有关报告。例如供应商发布的一些官方报告可能涉及与竞争对手的战略合作意图、已经开展的重要合作项目信息等。 （4）行业权威的数据分析报告或者有关信息。例如行业分析师或者权威人士发表的研究报告、文章及评论。	

续前表

竞争信息获取渠道	渠道详细说明	情报信息要点
媒体发表的数据、资料	（1）媒体对象。包括传统媒体（报纸、杂志、电台、电视）与新媒体（网络媒体、微博、微信、各类自媒体等）。 （2）媒体发表的内容形式。新闻报道、专题报道、人物专访、媒体评论文章（来自媒体人士、行业专业人士、学术研究者、企业实践者等）。	（5）竞争者产品的特性、质量及产品竞争力，及其与本公司产品的优劣对比分析。
促销广告资料、信息	（1）促销广告宣传载体。各类媒体、户外广告牌、促销活动等。 （2）促销广告内容形式。硬广告、软文宣传、大型活动、事件营销、促销品、宣传单、邮件、短信等。	（6）竞争者的产品价格策略。 （7）竞争者销售渠道的广度与深度、销售渠道的效率与实力、销售渠道的服务能力、对销售网点的援助和指导情况。
特殊渠道的数据、资料	（1）图书馆、社会研究机构。必要情况下，需要到图书馆或者社会研究机构查阅有关历史数据、研究文献等。 （2）专业数据提供商或者咨询机构。在缺乏关键数据与信息的情况下，有必要向专业数据提供商或者咨询机构购买相关数据与信息，其中，有些数据可能涉及竞争者的商业机密，甚至需要专业数据研究机构专门进行调查研究服务，需要注意的是应该合法获取、利用这些机密资料与信息。	（8）竞争者促销推广的方法、策略，促销活动的特性、频率。 （9）竞争者广告及宣传推广的方法、主题内容、频率、投入金额、渗透情况等。
调查研究获取的数据资料	以上各种渠道获取到的情报信息可能还不够完善或者部分缺乏"实证性"，这就需要营销者亲自开展调查研究工作，其目的有二：一是通过针对性的市场调研进一步补充情报信息；二是对众多二手资料信息进行"求证"，以确保数据信息准确无误。 原则上，二手资料的信息收集也是调查研究的重要方式之一。但是这里主要强调的是人员访谈调查与实地考察调查两种获取一手资料的方式。具体说明如下： （1）人员访谈或问卷调查。对象包括同行业人员、非同行业相关人员、供应商、渠道商、合作机构、消费者、社会大众等。例如，通过向竞争者的消费者、供应商、渠道商等开展问卷调查，获得对方顾客对竞争产品的反馈、供应商及渠道商对竞争者的评价。另外，有两个非常重要的群体值得营销者引起重视：一是相关专业人士或者专业咨询机构，尤其是为竞争者提供过服务的专业人士，能够帮助你挖掘到非常有价值的情报信息，并为你提供权威的意见；二是从竞争者那里退休的管理人员，他们能够直接向你提供高价值情报信息与个人擅长领域的专业意见。 （2）实地考察调查。主要指到竞争者的营销活动、生产基地、办公现场等进行实地考察与深入调研，更直观地掌握有关数据信息。主要调研内容为产品信息、价格信息、销售情况、渠道分布、促销情况、内部运营情况等。	（10）竞争者营销人员的数量、素质、培训情况。 （11）竞争者售后服务的方法及质量。 （12）竞争者的消费者、供应商情况。 （13）竞争者仓储物流的支撑情况。

通过上述途径收集到竞争对手的资料与情报之后，应建立一个完善的竞争对手分析数据库，用来分析和评价竞争对手未来的战略行动，并提出获取竞争优势、赢取顾客与市场的建议。竞争对手数据库的建立，具体可以依据上述表格中的情报信息要点，将从各种渠道获取到的情报信息进行归类、整理，并对每一个要点进行进一步的细分，编码入库，便于查询、使用。例如，关于竞争者产品方面的情报信息，可以参照《竞争产品调查与对比分析表》，对产品的市场占有率、产品性能分析、规格、价格、包装、展示方式、展示数量、营销投入、产品成本、利润率等进行清晰的说明。

明确自己的竞争对手、清楚掌握情报信息的来源、有效建立科学细分的竞争情报信息数据库，对于竞争分析工作来说，可谓"万事俱备，只欠东风"。剩下的工作就是进行数据分析并有效地利用数据分析结论。常用的数据分析方法有因子分析法、主成分分析法、聚类分析法、判别分析法、对应分析法、典型相关分析法、多维尺度分析法、结构模型法、扎根编码法、三角证据法等。

（二）竞争对手调查与分析表

本表格（见表2—15）主要用于对竞争对手的调查与分析，调查内容涵盖竞争对手的基本信息、产品、价格、渠道、促销、服务、人员素质等方面，并列出了重要的分析项目。使用者可根据需要增减表格中的调研项目及内容。

表 2—15 　　　　　　　　　　　**竞争对手调查与分析表**

调查人：＿＿＿＿＿＿＿＿＿＿＿　　　　部门：＿＿＿＿＿＿＿＿＿＿＿

时间：＿＿＿＿＿＿＿＿＿＿＿＿＿

基本信息			
公司名称			
注册地址		注册资金	
成立时间		法人代表	
固定电话		企业性质	
上年度营业总额		员工人数	
经营范围			
联系人		联系方式	
营销情况			
产品名称		品牌概况	

产品种类		产品性能	
市场占有率		产品品质	
产品价格		顾客评价（对产品）	
销售渠道地域分布		销售网络数量	
销售渠道的实力	规模、硬件	销售渠道服务能力	
对销售渠道的支持	方式、频率	重点客户	包括终端客户
广告宣传方式及频率		广告宣传渗透情况	
广告宣传投入		广告宣传效果	
促销方法和策略		促销频率	
促销投入			
营销人员数量		营销人员素质	
营销人员培训情况		营销人员给客户的印象	
售后服务流程		售后服务质量	
售后服务水平		顾客对服务的评价	
业内综合评价			
营销动态			
重大事件或者调整	包括新产品推出、研发动态、促销政策、策略调整等		
媒体报道			
市场环境变化			
对比分析			
产品对比分析	性能、品质、种类		
品牌对比分析			
价格对比分析			
渠道对比分析			
广告对比分析			
促销对比分析			
人员素质对比分析			
服务对比分析			
投入对比分析	包括培训投入、市场调研投入等		

（三）竞争产品调查与对比分析表

本表格（见表 2—16）主要用于针对竞争产品进行调查，并与本公司产品进行对比分析，具体项目包括产品性能分析、规格、价格、包装、展示方式、展示数量、营销投入、产品成本、利润率等。

表 2—16   **竞争产品调查与对比分析表**

调查人：＿＿＿＿＿＿＿＿＿＿＿＿＿＿＿　部门：＿＿＿＿＿＿＿＿＿＿＿＿＿

调研地点（卖场/超市）：＿＿＿＿＿＿＿　时间：＿＿＿＿＿＿＿＿＿＿＿＿＿

项目	竞争产品 1	竞争产品 2	竞争产品 3	本公司产品	对比分析
当前销量					
当前市场占有率					
功能与特点					
零售价					
产品规格					
包装方式					
品质稳定度					
耐用性					
故障率					
使用方便性（难易程度）					
产品生命周期（适应市场的期限）					
展示方式					
展示数量					
营销力度（包括渠道）					
广告投入					
促销投入					
原料成本					
辅助材料成本					
人力成本					
制造成本					
利润率					
品牌影响力					
顾客对产品的评价					

（四）竞争产品形象对比分析表

本表格（见表 2—17）主要用于针对竞争产品与本公司产品的形象进行对比分析，具体项目包括外观、包装、价格、展示、规格、品质、性能等。具体对比分析项目可根据不同的产品特征进行适当调整。

表 2—17　　　　　　　　　　竞争产品形象对比分析表

调查人：_____　　　部门：_____
调研地点（卖场/超市）：_____　　时间：_____

项目	竞争产品 1					竞争产品 2					竞争产品 3					竞争产品 4					本公司产品				
	1分（很差）	2分（较差）	3分（一般）	4分（较好）	5分（很好）	1分（很差）	2分（较差）	3分（一般）	4分（较好）	5分（很好）	1分（很差）	2分（较差）	3分（一般）	4分（较好）	5分（很好）	1分（很差）	2分（较差）	3分（一般）	4分（较好）	5分（很好）	1分（很差）	2分（较差）	3分（一般）	4分（较好）	5分（很好）
外观																									
包装（材质）																									
规格																									
颜色																									
味道																									
气味																									
个性																									
性能																									
展示																									
品质																									
价格																									
品牌影响力																									
顾客对产品的评价																									
分析结论																									
改进方案																									

（五）竞争对手分析数据统计表

本表格（见表 2—18）主要用于竞争对手分析数据统计，即概述竞争对手分析的结论性内容，通常可以将该表格内容直接在商业计划书主体中呈现，一些重要且详细的分析过程与资料则可以以附件形式呈现。（可以结合 SWOT 分析工具使用，一般至少列出 5 家竞争对手。）

表 2—18   **竞争对手分析数据统计表**

竞争对手	市场份额	行业排名	竞争优势	竞争劣势	备注
竞争对手 1					
竞争对手 2					
竞争对手 3					
竞争对手 4					
竞争对手 5					
本项目/公司					

四、消费者分析工具

这里所称的消费者分析，主要是指创业者对目标消费群体的结构、购买动机、消费观念与购买行为、消费需求、消费情况、消费者满意度等进行调查分析，从而精准地判断自己的顾客是谁，明确自己的顾客在哪里，并提出有效的客户获取策略。

（一）消费者调查问卷（通用版）

消费者调查内容主要包括消费者结构、购买动机、购买习惯（时间、地点）、购买能力和购买频率、品牌态度（对产品和中间商的态度）、品牌偏好（包括品牌转换情况）、品牌忠诚度（包括品牌认知）、产品和服务满意度等。表 2—19 所列内容为消费者调查中使用频率最高的细分选项，使用者可根据选项拟定相应的题目或者延伸设计出相关问答题目，具体形式可采用封闭式、开放式问答题等。章后的附录中给出了一份针对高端饮品类消费品的消费者调查问卷，仅供参考。

表 2—19   **消费者调查问卷内容清单**

项目	问卷题目主题
购买动机	（1）选择品牌或者公司产品的原因。 （2）不购买的原因。 （3）购买目的。

续前表

项目	问卷题目主题
购买理念及习惯	(1) 与商品及品牌相关的生活习性。 (2) 购买决策者。 (3) 购买时期。 (4) 购买场所/渠道。 (5) 购买方式：指定购买、推荐购买。 (6) 购买频次。
购买现状、能力及频率	(1) 购买商品及品牌的名称。 (2) 购买商品及品牌的特征。 (3) 购买价格。 (4) 购买量（数）。
产品认知与评价	(1) 产品名称辨别。 (2) 产品的品质喜好。 (3) 产品的功能喜好。 (4) 产品的特点喜好。 (5) 认购成本/价格（针对新推出的产品）。
品牌认知与评价	(1) 对商品、品牌评价及意见。 (2) 企业形象识别、印象。 (3) 品牌忠诚度（是否经常更换同类产品品牌）。 (4) 对广告及促销方式（活动）的意见。
了解渠道/媒体接触	(1) 媒介喜好：电视台（名称、时间、内容）；报纸（名称、时间、内容）；杂志（名称、时间、内容）；网络（名称、时间、内容）；广播（名称、时间、内容）；广告牌…… (2) 通过哪些渠道了解到产品信息、品牌。
期望和建议	(1) 对产品及品牌的综合评价和建议。 (2) 对服务的建议（涉及更细的满意度方面内容，详见客户满意度调查相关内容）。 (3) 对生产厂商或者公司的期望。 (4) 是否预定购买（针对新推出的产品）。 (5) 是否再次购买。 (6) 是否推荐给朋友、同事。
消费者结构	(1) 性别。 (2) 年龄。 (3) 职业。 (4) 职位。 (5) 学历。 (6) 收入。 (7) 家庭成员。

（二）消费者购买倾向分析表

本表格（见表 2—20）主要用于调查与分析某区域范围内消费者的购买倾向，一般与消费者市场调查问卷相结合，涵盖消费者结构分析、消费者观念与行为分析、消费者需求分析三部分内容。

表 2—20   **消费者购买倾向分析表**

调查人：_____   部门：_____

调研区域：_____   时间：_____

消费者结构分析			
年龄结构		性别结构	
学历结构		职位结构	
从事行业结构		收入范围分析	
应对策略			
消费者观念与行为分析			
个性分析		价值观分析	
购买理念		购买动机	
购买习惯		购买现状	
品牌忠实度		了解产品的渠道	
应对策略			
消费者需求分析			
工作需求分析		生活需求分析	
文化需求分析		产品及服务需求分析	价格、性能、包装、品质、服务等
应对策略			

（三）消费者结构分析表

本表格（见表 2—21）主要用于消费者结构相关数据的统计与分析，一般与消费者市场调查问卷配合使用。使用者应根据需要就不同的细分项目进行调整，例如年龄段分法、职业分类等。

表 2—21　　　　　　　　　　　　　　**消费者结构分析表**

调查人： _____　部门： _____

调研区域： _____　时间： _____

分析项目		产品 1		产品 2		产品 3		产品 4		产品 5	
		数量	比例	数量	比例	数量	比例	数量	比例	数量	比例
性别	男										
	女										
年龄	12～18 岁										
	19～30 岁										
	31～40 岁										
	41～55 岁										
	55 岁以上										
职业/身份	企业中高层管理者										
	企业普通员工										
	专业技术人员										
	机关干部										
	科教文体卫职员										
	军警										
	学生										
	社会团体职员										
	家庭主妇										
	无固定职业										
	其他										
学历	初中及以下										
	高中、中专										
	大专										
	本科										
	硕士研究生及以上										
收入	几无收入										
	1 000～2 000 元										
	2 001～3 000 元										
	3 001～5 000 元										
	5 000～10 000 元										
	10 000 元以上										
	不明确										

（四）消费者消费情况统计与分析表

本表格（见表 2—22）主要用于针对各种产品的销量以及消费者消费情况进行统计与分析，表格中所列数据为示例。

表 2—22　　　　　　　　消费者消费情况统计与分析表

调查人：＿＿＿＿＿＿＿＿＿＿＿＿　　部门：＿＿＿＿＿＿＿＿＿＿＿＿

调研区域：＿＿＿＿＿＿＿＿＿＿＿　　时间段：＿＿＿＿＿＿＿＿＿＿＿

产品名称	产品零售价（元）	产品销量	销售总额（元）	消费者总数	人均消费额（元）	人均购买量
产品 1	5	90	450	20	22.5	4.5
产品 2			0	21	0	0
产品 3			0	22	0	0
产品 4			0	23	0	0
产品 5			0	24	0	0
产品 6			0	25	0	0
产品 7			0	26	0	0
产品 8			0	27	0	0
产品 9			0	28	0	0
产品 10			0	29	0	0
产品 11			0	30	0	0
产品 12			0	31	0	0

附录　某高端饮品市场调查问卷

说明：本问卷中部分问题不适合新品上市前的市场调研，使用过程中请注意进行适当的调整。

尊敬的客户：

您好！

首先，非常感谢您对本公司＿＿＿＿＿＿＿＿产品（或即将上市产品）的关注与支持！

为了进一步了解您对高端饮品类消费品的评价以及消费习惯，并不断提高产品品质以及服务质量，我们特别开展高端饮品市场调查活动。期盼您在百忙之中就以下问题进行客观评价和作答，并提出宝贵意见和建议，我们将秉承"＿＿＿＿＿＿"的服务理念，虚心听取您的建议并及时改进，为您提供更好的产品和服务。

感谢您的配合与支持！

×× 有限公司（市场部）

＿＿＿＿＿ 年 ＿＿ 月 ＿＿ 日

一、高端饮品消费的基本状况、消费倾向及消费观念

1. 您经常喝高端饮品吗？

□ 不喝　　　　　□ 每月 1～2 次　　　　□ 每周 1～2 次

□ 2～3 天 1 次　　□ 一天 1 次　　　　　□ 一天几次

2. 您喜欢喝国产高端饮品还是进口高端饮品？

□ 国产高端饮品　　□ 进口高端饮品　　　□ 不确定

3. 您喜欢喝什么类型的高端饮品？（可选 1～3 项）

□ 纯果汁类　　　　□ 果蔬汁类　　　　　□ 白酒类

□ 红酒类　　　　　□ 乳制品类　　　　　□ 饮用水类

□ 营养保健类　　　□ 其他类别（例如提神类）：＿＿＿＿＿＿＿＿＿

4. 您每次的饮用量情况是

（1）□ 基本稳定　　　□ 易受情境、气氛影响

（2）一般情况下，每次您的 ×× 类饮品饮用量是（注：约 50 毫升为 1 两）

□ 少于 50 毫升　　□ 50～100 毫升　　　□ 101～250 毫升

□ 251～500 毫升　　□ 超过 500 毫升　　　□ 几乎不喝

（3）一般情况下，每次您的 ×× 类饮品饮用量是

□ 少于 200 毫升　　□ 200～500 毫升　　　□ 501～1 000 毫升

□ 1 001～2 000 毫升　□ 超过 2 000 毫升　　□ 几乎不喝

（4）一般情况下，每次您的 ×× 类饮品饮用量是

□ 少于 100 毫升　　□ 100～250 毫升　　　□ 251～500 毫升

☐ 501～1 000 毫升　　☐ 超过 1 000 毫升　　☐ 几乎不喝

5. 您家里平均每周购买高端饮品（包括用于消费和送礼）的次数是

☐ 几乎不买　　　　　☐ 1～2 次　　　　　☐ 3～5 次

☐ 超过 5 次

6. 您通常购买的高端饮品是（可选 1～3 项）

☐ 纯果汁类　　　　　☐ 果蔬汁类　　　　　☐ 白酒类

☐ 红酒类　　　　　　☐ 乳制品类　　　　　☐ 饮用水类

☐ 营养保健类　　　　☐ 其他类别（例如提神类）：＿＿＿＿＿＿＿

7. 您家里平均每周用于购买高端饮品的费用大约是

☐ 几乎不花钱　　　　☐ 少于 100 元　　　　☐ 101～200 元

☐ 201～300 元　　　　☐ 301～400 元　　　　☐ 401～500 元

☐ 超过 500 元

8. 您一般在何处购得（获得）高端饮品？

☐ 大型商场　　　　　☐ 大型超市　　　　　☐ 小超市或连锁店

☐ 专业批发市场　　　☐ 饮品品牌专卖店　　☐ 附近小店

☐ 单位发放　　　　　☐ 亲友赠送

9. 对于新上市的高端饮品，您的态度是

☐ 一定去买　　　　　☐ 很可能会买　　　　☐ 说不准

☐ 可能不买　　　　　☐ 一定不买

10. 您一般在什么样的场合喝高端饮品？

☐ 家里　　　　　　　☐ 单位　　　　　　　☐ 宾馆饭店

☐ 娱乐场所　　　　　☐ 餐饮场所　　　　　☐ 其他场合

11. 您选择高端饮品品牌的习惯是

☐ 认准一个品牌　　　☐ 认准少数几个品牌　☐ 偶尔换换品牌

☐ 经常换品牌　　　　☐ 什么品牌都可以

12. 您认为高端饮品的包装与外观应突出

☐ 现代性　　　　　　☐ 传统性　　　　　　☐ 时尚性

☐ 豪华精美　　　　　☐ 平实朴素　　　　　☐ 其他

13. 您最在乎高端饮品的以下哪些特征？（多项选择，但不要超过 3 项）

☐ 醇香气味　　　　☐ 口感良好　　　　☐ 营养保健功能

☐ 包装设计精美　　☐ 防伪技术　　　　☐ 文化品位

☐ 身份地位象征　　☐ 其他：＿＿＿＿＿＿＿＿＿＿

14. 您认为一瓶××类高端饮品的容量多少最为合适？

☐ 少于 200 毫升　　☐ 200～500 毫升　　☐ 超过 500 毫升

15. 遇上重大的节日、事件，若需要给亲友送礼，您一般会如何选择？

（1）☐ 金钱　　　　☐ 实物　　　☐ 两者结合　　☐ 其他

原因：＿＿＿＿＿＿＿＿＿＿＿

（2）若选择送实物，首选的实物有哪些？（多项选择，但不要超过 3 项）

☐ 小家电　　　　　☐ 酒类　　　　　　☐ 高端饮品（非酒类）

☐ 烟草类　　　　　☐ 食品类　　　　　☐ 保健品类

☐ 化妆、保洁品类　☐ 少儿玩具、学习用品　☐ 图书类

☐ 服装饰品类　　　☐ 金银首饰类　　　☐ 其他

（3）若选择送××类高端饮品，您希望的形式是

☐ 6 瓶组合礼品装　　　　　　☐ 12 瓶组合礼品装

☐ 饮品和其他相关商品组合礼品装　☐ 饮品和其他当地特产组合装

☐ 其他要求：＿＿＿＿＿＿＿＿＿＿

16. 就以下几项而言，您认为喝高端饮品更应该是一种

☐ 习惯　　　　　　☐ 文化　　　　　　☐ 时尚

☐ 身份地位象征　　☐ 其他：＿＿＿＿＿＿＿＿＿＿

17. 就以下几项而言，您喝××类高端饮品主要是为了

☐ 满足个人饮用需要　　☐ 供家庭消费　　☐ 满足社交和应酬需要

☐ 其他：＿＿＿＿＿＿＿＿＿＿

18. 就以下几项而言，您认为哪个选项对您个人购买高端饮品的行为产生的影响更大？

　　☐ 以往的经验　☐ 做广告较多的高端饮品　☐ 品牌知名度高的高端饮品

19. 就以下三项而言，您认为哪个选项对您在餐桌选择高端饮品的行为产生的影响更大？

　　☐ 高端饮品的价格　　☐ 高端饮品的品牌知名度　☐ 高端饮品的品质

20. 您认为高端饮品的品牌知名度高低主要取决于

□ 广告　　　　　　　　□ 高端饮品的品质本身

二、产品及品牌的认知与评价（注：条件成熟时，调研现场可提供试饮）

1. 对××品牌高端饮品（或产品名称）的印象和评价

	非常不满意	不满意	一般	满意	非常满意
（1）口感	1	2	3	4	5
（2）甜度	1	2	3	4	5
（3）酸度	1	2	3	4	5
（4）营养价值（营养成分）	1	2	3	4	5
（5）色泽	1	2	3	4	5
（6）气味	1	2	3	4	5
（7）品质	1	2	3	4	5
（8）瓶子的设计	1	2	3	4	5
（9）外包装设计	1	2	3	4	5
（10）总的印象	1	2	3	4	5

您理想中××类高端饮品的口感是_____，色泽是_____，营养成分及其比例是_____。

2. ××品牌高端饮品让您联想到什么？

□ ××风景　　　　　□ ××地域文化　　　□ 爱情

□ 甜蜜幸福生活　　　□ 兄弟友情　　　　　□ 营养健康

□ 回归自然　　　　　□ 新鲜空气　　　　　□ 温文尔雅

□ 高大上　　　　　　□ 女性　　　　　　　□ 浓厚商业气息

□ 其他：_____

□ 有联想，但不清晰　□ 无联想

3. 您认为该高端饮品（200毫升）_____产品（具体的品牌系列）什么价位合适？

□ 21～40元　　　　　□ 41～60元　　　　　□ 61～80元

□ 81～100元　　　　 □ 100元以上　　　　 □ 难以评价

4. 与同类产品相比，您认为本产品的品牌形象地位（是否高端）属于

☐ 明显偏低　　　　　☐ 偏低　　　　　　☐ 居中

☐ 偏高　　　　　　　☐ 明显偏高　　　　偏低的原因：_____

5. 与同类产品相比较，您认为本产品的品牌知名度

☐ 明显偏低　　　　　☐ 偏低　　　　　　☐ 居中

☐ 偏高　　　　　　　☐ 明显偏高　　　　偏低的原因：_____

6. 您对当前产品的广告宣传及促销活动形式

☐ 非常不满意　　　　☐ 不满意　　　　　☐ 一般

☐ 满意　　　　　　　☐ 非常满意　　　　不满意的原因：_____

7. 您是否愿意再次购买××品牌高端饮用品？

☐ 愿意　　　　　　　☐ 不愿意，原因：_____

8. 您是否愿意将××品牌高端饮用品推荐给亲戚或者朋友？

☐ 愿意　　　　　　　☐ 不愿意，原因：_____

三、媒体接触及产品信息获知渠道

1. 您平时看电视吗？

☐ 每天看　　　　☐ 经常看　　　☐ 偶尔看　　　☐ 从来不看

2. 你平时常看的电视频道有：（可多选）

☐ 中央电视台_____频道

☐ 中国教育电视台_____频道

☐ 省级卫视台_____频道

☐ 地方电视台_____频道

☐ 其他电视台：_____

3. 看电视时，您比较喜欢哪类节目（可多选）

☐ 新闻类　　　　　　☐ 财经类　　　　　☐ 评论类

☐ 生活服务类　　　　☐ 体育类　　　　　☐ 综艺类

☐ 文化类　　　　　　☐ 戏曲类　　　　　☐ 经典音乐

☐ 流行音乐　　　　　☐ 娱乐选秀类　　　☐ TV 直销

☐ 广告　　　　　　　☐ 大陆电视连续剧　☐ 港台电视连续剧

☐ 外国电视连续剧　　☐ 其他

4. 您常看的报纸是（可多选）

时政类：□ 人民日报　　□ 光明日报……

财经类：□ ××财经报……

生活类：□ ××家庭报……

地方类：□ ××日报　　□ ××晚报　　　　□ ××都市报……

其他：_____

5. 您常阅读的杂志是（可多选）

□ 时政类　　　　　□ 财经类　　　　　□ 时尚类

□ 体育类　　　　　□ 社会类　　　　　□ 音乐/艺术类

□ 保健类　　　　　□ 新闻类　　　　　□ 其他

6. 您常听的电台是（可多选）

□ 中央人民广播电台_____频道

□ 地方广播电台（省级、市级）_____频道

□ 其他电台：_____

7. 听广播时，您比较喜欢哪类节目？（可多选）

□ 新闻类　　　　　□ 评论类　　　　　□ 财经类

□ 生活服务类　　　□ 体育类　　　　　□ 戏曲类

□ 文化类　　　　　□ 娱乐类　　　　　□ 经典音乐

□ 流行音乐　　　　□ 广告　　　　　　□ 其他

8. 您平时经常登录的网站有（可多选）

□ 腾讯　　　　　　□ 新浪　　　　　　□ 网易

□ 搜狐　　　　　　□ 其他：_____

9. 您平时经常使用的购物网站有（可多选）

□ 京东　　　　　　□ 当当　　　　　　□ 淘宝

□ 亚马逊　　　　　□ 1号店　　　　　□ 其他：_____

10. 您主要是通过以下哪些渠道得知本产品信息的？

□ 电视　　　　　　□ 广播　　　　　　□ 报纸

□ 杂志　　　　　　□ 网络　　　　　　□ 经销商

□ 商场　　　　　　□ 现场促销活动　　□ 户外广告

□ 其他：_____

四、个人信息

1. 您的性别是

☐ 男　　　　　　　　☐ 女

2. 您的年龄是

☐ 13～18 岁　　　　　☐ 19～30 岁　　　　　☐ 31～40 岁

☐ 41～55 岁　　　　　☐ 55 岁以上

3. 您的职业是

☐ 企业高层管理者　　☐ 企业中层管理者　　☐ 企业基层管理者

☐ 企业普通员工　　　☐ 专业技术人员　　　☐ 机关干部

☐ 科教文体卫职员　　☐ 个体经营者　　　　☐ 军警

☐ 学生　　　　　　　☐ 社会团体职员　　　☐ 无固定职业

☐ 其他

4. 您的文化程度是

☐ 初中及以下　　　　☐ 高中、中专　　　　☐ 大专

☐ 本科　　　　　　　☐ 硕士研究生及以上

5. 您的家庭状况是

☐ 未婚　　　　　　　☐ 已婚无子女　　　　☐ 子女不超过 6 周岁

☐ 子女超过 6 周岁　　☐ 丧偶或离异　　　　☐ 不愿透露

6. 您的月收入水平是

☐ 低于 3 000 元　　　☐ 3 001～5 000 元　　☐ 5 001～10 000 元

☐ 10 001～15 000 元　☐ 15 001～20 000 元　☐ 20 000 元以上

☐ 不愿透露

7. 您家庭的人口数是

☐ 1 人　　　　　　　☐ 2 人　　　　　　　☐ 3 人

☐ 4 人　　　　　　　☐ 4 人以上

8. 您家庭已拥有的物品有

☐ 彩电　　　　　　　☐ 冰箱　　　　　　　☐ 空调

☐ 照相机　　　　　　☐ 摄像机　　　　　　☐ DVD 机

☐ 音响　　　　　　　☐ 微波炉　　　　　　☐ 电烤箱

☐ 热水器　　　☐ 洗衣机　　　☐ 消毒柜

☐ 手机　　　　☐ 电脑　　　　☐ 笔记本

☐ 传真机　　　☐ 自行车　　　☐ 摩托车

☐ 汽车　　　　☐ 健身器　　　☐ 信用卡

再次感谢您的配合与支持！祝您身体健康、工作顺利！

寻找适合你的创业伙伴

组建创业团队

不管一个人多么有才能，但是集体常常比他更聪明和更有力。

——苏联作家奥斯特洛夫斯基

相对于个人创业，创业团队具备共担责任与目标、能力互补发展、决策更有效、工作绩效更高、应变能力更快等优势。本章分为创业团队基本概念与创建技巧、创业团队组建工具两大部分，可以帮助创业者在正确认知创业团队的内涵、特征、价值等常识的基础上，灵活、有效地运用创业团队组建工具，组建一个技能组合最优、齐心协力、共同推动企业快速成长的高效团队，为公司的启动与发展奠定坚实的基础。

01 认知创业团队

一、认识创业团队

（一）创业团队定义与特征

创业团队是指在新企业创建初期由两个或两个以上才能互补，责任共担，所有权共享，愿为共同的创业目标而奋斗，且处于新企业高层管理位置的人共同组成的有效工作群体。创业团队具有如下特点：

（1）一个创建新企业的特殊群体。

（2）一个具有新价值创造与创新能力的群体。

（3）树立共同的目标，其根本目标是为顾客创造价值。

（4）团队成员之间才能互补，团队绩效大于个人绩效之和。

（5）团队成员共同承担责任，且共同拥有企业的所有权以及一切成果的分享权。

（6）创业团队是高层管理团队的基础与雏形。

（二）创业团队的价值

有关调查发现：70%以上创业成功的企业，都有多名创始人。其中企业创始人为 2~3 人的占 44%，4 人的占 17%，5 人及以上的占 9%。尤其是在高科技领域，团队创业比个体创业多得多。我们可以从两个方面来进一步理解创业团队的价值。

一是相对个人创业而言，创业团队具有以下突出优势：

（1）对工作目标及责任共同承担。

（2）团队成员能力互补、认知共享。

（3）更有效的决策。

（4）更高的工作绩效。

（5）更加迅速地应对技术变革的能力。

（6）创业机会的识别、开发和利用能力大大提高。

二是相对于一般群体而言，创业团队同样具有明显的优势。团队本身是一个群体，但是又不完全等同于群体，二者的区别如下：

（1）所作的贡献不一样。团队中成员所作的贡献是互补性的，而群体中成员之间的工作在很大程度上是互换性的。

（2）所承担的责任不同。团队中成员共同承担团队目标成败的责任，同时承担个人责任，而群体成员一般只承担个人成败的责任。

（3）绩效评估标准存在差异。团队的绩效评估主要以团队的整体表现为依据，群体的绩效评估则是以个人表现为依据。

（4）目标实现方式完全不同。团队的目标实现需要成员间彼此协调且相互依存，群体的目标实现则不需要成员间的相互依存性。

除此之外，与群体相比，团队在信息共享方面更加充分，角色定位与任务更加清晰，成员参与决策的权力也更大。

二、创业团队是如何运作的

（一）从成员所起作用的角度来看——四种成员类型

狭义的创业团队是指追求共同目的、共享创业收益、共担创业风险的一群创建新企业的人。广义的创业团队则不仅包括狭义的创业团队，还包括与创业过程有关的各种利益相关者，如风险投资人、专家顾问等。

一般而言，按照其成员所起的作用，我们可以将广义的创业团队的成员分为以下四类：

（1）初始创建者：通常指企业的发起人。

（2）核心员工：通常指新企业成立后引进的骨干员工，主要来源包括招聘、熟人介绍等。

（3）董事会：主要指利益相关者，其主要作用是提供指导、增加资信等。

（4）专业顾问：主要指部分与新企业保持紧密联系的外围专家以及利益相关者，包括顾问委员会、投资人和贷款方、咨询师等。

（二）从成员的角色分工来看——成功团队中的九种角色

被誉为"团队角色理论之父"的英国团队管理专家梅雷迪思·贝尔宾（Meredith R. Belbin）在观察与分析成功团队时发现，一个结构合理的团队应该由三大类、九种不同的角色组成，依据成员所表现出来的个性及行为特征来划分，这九种角色分别是完成者、执行者、塑造者、协调者、资源调查者、协作者、创新者、专家、监控评估者，他们分别负责行动导向（执行团队任务）、人际导向（协调内外部人际关系）、谋略导向（发想创意）三类任务。这就是著名的贝尔宾团队角色理论。

世界上没有完美的个人，但是可以有完美的团队。该理论可以帮助创业者在建构团队时，确保每个职位的逻辑性与完整性，并帮助团队成员正确分析自我能力与特质，找准自己在团队中的定位，同时不断优化自己的能力，形成优势互补，实现"1＋1＞2"，从而塑造一个完美的创业团队。

九种角色分类及详细释义如表 3—1 所示。

表 3—1 贝尔宾团队角色理论之九种角色分类及详细释义

类型	角色	角色描述及个性特征
行动导向（负责执行团队任务活动）	完成者（completer/finisher）	为团队带来严谨和担当。勤勤恳恳，尽职尽责，积极投入，找出差错与遗漏，准时完成任务。
	执行者（implementer）	为团队带来稳健和信誉。执行力强，纪律性强，办事高效利索，值得信赖，保守稳健。
	塑造者（shaper）	为团队带来动力和韧性。极强的成就导向，充满活力，激发人心，有克服困难的动力和勇气。
人际导向（负责协调团队内外部人际关系）	协调者（co-ordinator）	为团队带来成熟、掌舵支柱。成熟和自信，能够阐明目标，促使决策，合理分工，成员信任与认同，典型的人际导向型团队领袖。
	资源调查者（resource investigator）	为团队带来热情和发展机会。外向，热情，健谈，善于发掘机会、谈判、构建关系网络、获取外部资源。
	协作者（team worker）	为团队带来高效合作和凝聚力。善于倾听，性格温和，感觉敏锐，能够防止摩擦、平息争端、趋利避害，促使团队融洽，保持振奋向上的团队精神。
谋略导向（负责提出创意与提供专家智慧）	创新者（plant）	为团队带来创新和变革力。高智商，富有创造力和想象力，不墨守成规，敢想敢干，能够解决难题。
	专家（specialist）	为团队带来特殊技能、专业性。目标专一，提供专业的知识与技能，同时表现为高度内向，自我鞭策，甘于奉献。
	监控评估者（monitor evaluator）	为团队带来客观评判、明智决策。明智、谨慎、聪明，遇事沉稳冷静，具有战略眼光与远见卓识，在重大决策上往往能够做出正确的评估与判断。

表 3—1 中所列为理论上成功团队中的九种角色，事实上，创业团队通常都不会有这么多人，何况一个完美团队的形成也不可能一蹴而就。但是，这个理论框架至少给我们提供了一个重要的信息，那就是角色之间的能力互补，我们仍然可以参考这种成功团队的组合结构，尽量按照这个标准去组建自己的团队、规划和寻找合适的成员。而在创业初期，完全可以一个人兼任不同的角色，成员之间也还可以轮换角色，这样依然会取得较好的团队成效。待队伍壮大、时机成熟，一个结构更合理、成员更多元、运行更高效的完美团队也就自然形成了。

02　组建你的创业团队

一、创业团队创建基本步骤

（一）制定战略目标与重点

明确自己事业的方向与工作重点，至关重要。这对于选择创业合作者以及后期整个团队章程的制定等，都起着决定性作用。

（二）创业者自我评估

主要指就创业者的各项能力、素质以及现有的资源进行自我测评，明确自己的优势与劣势，为后期寻找相似或者互补的团队成员（创业合作者）、寻找补充性的资源，提供重要参考依据。

（三）选择创业合作者

选择创业合作者，要注重两个核心问题：

一是注重互补性技能组合。在挑选团队成员时，要努力保证所找的对象有助于形成互补性的技能组合。值得注意的是，不仅要寻找那些目前拥有未来团队所需要技能的人员，也要寻找那些具备技能开发潜质的人员。通常的技能组合包括解决问题的能力、决策能力、人际关系能力、专业技能、团队技能等。

二是注重人员规模。创业团队的人数一般初期不宜过多，以便于股权的分配、内部统一集中管理、达成一致以及高效率的执行，当然，具体规模应该根据战略目标与重点确定。

（四）确定组织结构、职责与权利

进行初期内部的组织结构设计，简单、高效、便于沟通交流与操作执行即可。同时，明确各自的职责与权利，具体包括组织所赋予的职责与权利范围，以及团队成员的授权范围。

过程中应注意：职责的安排不应该是一成不变的。你可以在某一时间进行职责轮换，也可以指定几名成员在整个创业过程中共同承担某些职责。这是高效创业团队的具体体现。

（五）制定组织目标与章程

制定组织目标（尤其是要突出初期现实可行的目标）与章程，主要目的是统一创业团队的努力方向、价值取向以及行为规范，使得创业团队的方向、文化和行为达成一致，确保创业发展不偏离轨道。章程的具体内容主要包括：

（1）使命与目标。

（2）团队文化。

（3）决策原则。

（4）团队行动纲领。

（5）职责与分工。

（6）绩效考核方法。

（7）与利益相关者的沟通及关系处理。

（8）团队成功的度量标准。

二、创业团队创建技巧

（一）选择创业合作者的六大技巧

（1）彼此互补。这一点非常重要，贝尔宾团队角色理论的立足点就是九种角色的优势互补。因此，在选择创业团队成员时，首先要考虑的就是彼此之间是否具有各种不同的技能，以便形成互补性技能组合。

（2）彼此相似。彼此的相似性是指创业团队成员之间往往具有相似的价值观、兴趣爱好、背景等，这样有利于达成共识、促进彼此互补。因此，选择创业团队成员时，应该尽量找寻与自己具有"相似性"的成员对象。

（3）创造价值。创造价值是指找寻创业合作者时，应该重点考虑对方是否能够帮助你解决眼前的棘手问题，或者未来是否可以为实现团队目标创造巨大价值，这些人通常在某些专业领域具有特殊的才能。

（4）经验成熟。候选人是否具有团队工作经验也非常重要。如果你找寻的创业合作者具有类似领域、类似合作方式的团队工作经验，那么后期的团队磨合工作就会轻松很多，工作效率也会很高。

（5）身边找人。身边找人是指向你身边的朋友或者同事解释你的战略目标，要求他们推荐可靠的人选，这样可以增强彼此的信任感、认同度，并减少后期考察对方、彼此磨合的时间成本。

（6）取得共识。"道不同不相为谋"，取得共识是一个创业团队高效运作、快速成长、走向成功的根本前提。因此，如果候选人并不认同你的价值观、战略目标、商业计划等，你应该考虑立刻换人。

（二）提高创业团队绩效的十个关键行动

（1）选择创业团队成员时要特别强调彼此互补、相似并达成共识。

（2）明确团队目标与任务，遵循 SMART 原则。[①]

（3）制定团队章程，包括确立价值观、行为规范等。

（4）以绩效考核与评估来确保各阶段团队目标与任务的实现，具体包括团队绩效和个人绩效。

（5）多采用正向激励办法（例如正面的反馈意见以及奖励办法）。

（6）不断引入新的思想、事件、信息来创造挑战性、激发创新力。

（7）培养优秀的组织学习、反应、判断与决策能力，以应对不断变化的环境。

（8）对团队中可能出现的任何问题保持高度的警觉。

（9）合理解决团队问题并促使团队融洽，同时不断为团队注入精神动力。

（10）努力形成"集体精神、分享认知、共担责任、协作进取"四维结构的优秀企业文化。

---

① SMART 通常指目标的明确性（specific）、可衡量性（measurable）、可实现性（attainable）、相关性（relevant）、时限性（time-based）。

三、常见创业团队问题的解决方案

（一）个人与团队之间的冲突，怎么解决？

个人与团队之间的冲突实际上属于组织内部个人层面的问题。创业阶段个人与团队之间的冲突，通常是由于团队成员受到外部环境因素或者团队内部其他成员的影响，产生一些负面情绪，导致个人的行为偏离团队发展轨迹而形成的。具体表现为：个人的思维方式、表现行为与团队难以形成一致，甚至出现严重分歧或者激烈的冲突，给团队发展造成强大的阻力，例如失去了创业成功的信心、对自己的发展战略或者营销策略产生怀疑、缺乏做事的激情、工作效率降低等。

其解决方案有两种：

第一种是"直接式"，即采取团队公开讨论的方式。在这种方式下，每一位成员都可以开诚布公地就冲突行为发表评论并提出解决方案的建议，例如个人在团队活动中喜欢与不喜欢的行为、冲突行为的危害性或者负面影响、期望产生冲突问题的个人如何调整并重新融入团队。问题解决过程中需要注意把握以下几项原则：

一是团队成员之间的相互信任与帮助是解决一切问题的前提。

二是问题个人要对其行为改进做出承诺，同时需要有人监督其改进过程与实效。

三是在彼此信任的前提下，团队成员一定要有培养、等待的耐心。这就进一步要求团队成员必须充分意识到，一个完美创业团队的创建过程，其实也是创业团队成员之间不断磨合、相互帮助、共同改进的过程，出现问题是不可避免的。

第二种是"间接式"，即私下面谈。即由创业团队核心领导或者负责维护团队关系的成员（例如贝尔宾团队角色理论中九种角色之一的协作者）与表现出冲突行为的个人私下面谈，这种方式一般适用于问题并不是特别严重或者问题个人自尊心较强的情况。面谈过程中，负责面谈的成员需要把握以下几个关键问题：了解具体的问题行为及其背后的原因；说明问题行为对团队的"破坏力"及其问题的严重性；推荐一种可替代的行为方案，或者共同提出对方认可的个人改进方案。

（二）团队"卡壳"了，怎么办？

团队"卡壳"，实际上是整个组织层面的问题。团队"卡壳"是指团队因各种问题（往往是多种问题因素的组合，包括个人与团队之间的冲突问题）导致各项工作难以进展，整个团队表现为不积极、不凝聚、不信任、不作为、低效率，甚至濒临瓦解。其主要原因有：团队领导者管理不善、团队技能组合支撑力不够、创业项目遇到巨大困难、多人与团队形成冲突等，这些原因最终会导致团队多数甚至所有成员对总体方向感到迷茫、彼此不信任、低效能、不作为等严重问题的出现。

当团队"卡壳"时，首先要做到的就是沉着冷静、积极应对，并动员组织全体成员一起面对问题、共渡难关。一旦统一思想，"卡壳"问题便解决了一半。

接下来就是正确分析团队"卡壳"的各种原因，并在短期内抓住主要矛盾，即核心问题，然后采取相应的对策，做到有的放矢。

最后是针对其他问题"对症下药"，逐个击破，从而全面、成功地解决团队"卡壳"问题。

以下是一些常见"卡壳"的原因及对策，可供创业者参考。

（1）如果是团队成员认知方面的问题，不妨开展团队大讨论。一方面是再次强调创业的目标、实现目标的路径与具体的行动方案，尤其要强调统一的价值观、行为规范以及绩效目标，以便达成共识；另一方面是探究团队中潜在的个人与团队的冲突，例如一些具有隐藏性的意见分歧、观念差异、负面情绪等冲突现象，从而设法通过团队大讨论开诚布公地予以解决。

（2）如果是团队成员对未来长远目标感到渺茫的问题，一方面可以考虑通过团队大讨论的方式来统一认识；另一方面，也是更加重要的一方面，是制定切合实际、可行性强的近期目标与规划，并通过短期的实际行动予以实现，从而用事实说服团队成员，并增强大家的信心。

（3）如果是团队内部技能组合支撑力不够的问题，一方面要提升整体组织的能力，组织团队全体成员分析历史案例、学习行业标杆、参加外部考察、加强学习等，同时有针对性地重点培养个别成员，培养方式包括内部培训、外派学习等，其目的是弥补"短板"，即团队内部技能组合中的弱项；另一方面要在现有条件下优化团队结构，例如，依据贝尔宾团队角色理论调整某些角色的职责范围、进行角色轮换等，从而提高团队内部的技能组合支撑力。此外，还可以直接"除旧换新"，构建新的团队，不过一般只有在迫不得已的情况下才会采取这种方式。其主要原因是某些成员个人与团队存在严重冲突或者个人技能太弱，且已经"病入膏育"、"无可救药"，不仅会削弱团队内部的技能组合支撑力，还将成为团队成长、组织发展的巨大障碍。

03　如何塑造一个高效的创业团队

一、高效团队的 20 个特征

我们在对大量创业公司案例以及创业团队的研究过程中发现，大多数高效团队都拥有以下 20 个特征。创业者在创业过程中，可以对照这 20 个特征，来评估一下自己的创业团队是否符合这些特征，又存在哪些差距问题，以帮助创业者快速检测团队存在的不足之处并塑造一个高效的创业团队。

（1）拥有一致认同的价值观。

（2）有一位成熟自信、领导力强、不断带来精神动力且大家共同认可的领袖。

（3）拥有清晰、共同认同的目标，且团队目标与个人目标同等重要。

（4）为实现目标制定了行动计划，并按人员分工、时间进行了合理分解。

（5）按照共同约定的授权范围以及决策原则制定每一项决策。

（6）成员职责分明、权限清晰，且可以根据需要进行适当的角色轮换。

（7）成员之间形成了互补性极强的技能组合。

（8）呈现彼此信任、共同分享、自发性和敢于承担责任与风险的文化氛围。

（9）制定了合理的绩效考核制度并严格执行，定期完善。

（10）对内部竞争进行有效的管理与激励，并形成良好的竞争氛围。

（11）所有成员都有被授权的感觉。

（12）会议定期召开且效率高。

（13）拥有高效解决内部冲突问题的机制与方法。

（14）成员间沟通开放、坦诚、支持他人并容忍错误。

（15）根据培训需求制定并开展持续的培训计划。

（16）成员乐于接受新的思想、观念与信息，保持较强的创新力与变革力。

（17）敢于接受挑战，渴望取得成就。

（18）总是能够建设性地解决各种难题。

（19）与外部构建了良好的关系网络，拥有充裕的外部资源。

（20）始终致力于改进绩效、优化团队内部的技能组合支撑力。

二、高效创业团队塑造的七大策略

依据高效团队的运作原理、高效团队的主要特征以及创业团队常遇问题，我们提出高效创业团队塑造的七大策略，以帮助创业者在系统全面地考虑高效团队各项因素的同时，把握创业团队构建过程中的关键要点，从而塑造出一个高效的创业团队。具体策略如下。

（一）以明确界定的目标领导团队

明确界定的目标就好比一座灯塔，永远照亮团队前行的方向与道路，并激励着团队不畏艰难险阻地去实现预期目标。目标的制定，要求遵循 SMART原则。要有长远的战略目标与切实可行的短期目标，同时要制定具体的行动计划，并按人员分工、时间进度对目标进行合理的分解。

（二）建立优秀的创业团队文化

《基业长青》的作者詹姆斯·柯林斯（James Collins）曾在其书中总结道："高瞻远瞩的公司能够奋勇前进，根本因素在于指引、激励公司上下的核心理念，亦即核心价值观和超越利润的目的感。"因此，在创业阶段能否树立共同的价值观、建立优秀的创业团队文化，通常会决定一个创业企业能够走多远。优秀的创业团队文化理念包括凝聚力、合作精神、完美主义、绩效导向、追求价值创造、平等中的不平等、公正性、共同分享、共同担当等元素。具体可以通过团队讨论、章程制定、文化手册等形式确定下来，文化理念及文化践行内容包括愿景、使命、价值观、管理理念、行动纲领等。当然，更重要的是一以贯之地执行大家所认同的文化，并努力形成"集体精神、分享认知、共担责任、协作进取"的优秀创业团队文化。

（三）时刻在创业团队内部形成高度一致

无论是明确界定的目标还是优秀的企业文化，只有在团队内部形成高度一致，才能够发挥其无穷的力量。因此，在创业过程中，核心领导对此必须保持高度的警觉，时刻"掌好舵"，以确保团队朝"总体一致"的方向前进。例如，在团队内部要形成沟通坦诚开放、相互批评与支持的氛围，鼓励分享不同的观念与意见，促使团队成员在思想观念、行动方式等方面形成高度一致；一旦出现内部矛盾，核心领导应该及时有效地协助团队成员解决冲突，促使其达成一致；作为团队的掌舵手，核心领导还应该带领大家努力，使创业的进程与目标保持高度一致。

（四）注重学习与创新

无创新，毋宁死。学习与创新，是创业团队实现自我成长、适应不确定性环境并最终达成未来目标的唯一途径。一方面，团队内部应该提倡学习型组织建设，加强内部学习、认知共享，同时注重向外界汲取新的知识，不断提升组织的学习能力；另一方面，团队应重视创新氛围的营造，鼓励通过学习来促进创新能力的提升，鼓励团队成员的创新意见与创新思维。

（五）实施有效的激励机制

有效的激励机制，可以提高团队成员的积极性、优化组织结构，并形成良好的竞争氛围，同时为后期建立科学的公司治理机制奠定基础。激励机制的设计应该坚持注重团队整体、业绩导向、差异化以及灵活性等四项原则，具体内容包括股权激励、薪酬激励、授权激励、精神激励等。建议创业初期就明确提出合理的股权激励方式，不可模棱两可或者存在潜在的"不公平性"，避免后期出现"扯皮"现象，而且最好不要选择均等股份的形式（尤其是两人团队，更加不合适）。

（六）开展创业团队绩效评估

有效的团队绩效评估，可以帮助团队领导者从结果、过程两方面全面评估团队建设的绩效以及个人的绩效，同时查找问题出现的原因，并提出相应的改进方案。同时，绩效评估结果也是实施激励机制的重要依据之一。

针对个人绩效的评估，主要评估指标包括创业思维、商业计划准备、敬业精神和风貌、工作技能和关系、岗位职责等；评估方式以团队内部成员互相评议、用户满意度、管理层评估三种方式为主。

针对团队绩效的评估，详见后面的团队建设绩效评估表。

（七）有效解决创业团队问题

高效创业团队的塑造过程，本身就是创业团队成员之间不断磨合、相互帮助、共同改进的过程。因此，创业过程中会受到主观或者客观因素的影响，出现一些问题与障碍，例如个人与团队的冲突、团队"卡壳"等问题。如何有效解决这些关键问题，对于创业团队走向成熟、实现创业目标也是极其重要的。

04　创业团队组建工具

（一）团队组建工作表

本表格（见表 3—2）主要列出了团队创建过程中的关键工作项目以及具体内容要求，可以帮助团队管理者快速、高效地进行团队组建工作。

表 3—2 　　　　　　　　　　**团队组建工作表**

公司：_____　　填表人：_____
部门：_____　　填表日期：_____

工作项目	工作内容	
目标确立 （遵循 SMART 原则）	长期：团队愿景，长远战略 目标。	
	短期：近期可实现的目标。	
职权明晰	团队所赋予的职责与权利范围（包括明确授权范围）。[a]	
期限明确	目标实现的时间期限，根据阶段目标合理分解。	
计划制定	为实现目标的具体行动计划与实施方案。	
结果预期	期望获得的成果，包括业绩以及团队建设方面的成果。	
资源分析	对能够支撑团队目标实现的人力、技术、资金、硬件等资源进行分析，是否已经具备，还缺什么资源。	
风险分析	目标实现存在的障碍或者困难，尤指发展受限的因素以及潜在的风险问题。	
能力分析	团队完成目标所需的知识、经验和技能。具体包括专业知识、个人综合素质、解决问题的能力与决策能力、人际关系能力、团队技能等。	
人员规划	团队所需人员规模、人员素质与能力要求以及具体的职责分工。侧重于满足"技能组合"需求。	
章程制定	（1）使命与目标。 （2）团队文化。 （3）决策原则。[b] （4）团队行动纲领。 （5）职责与分工。 （6）绩效考核方法。 （7）与利益相关者的关系处理。 （8）团队成功的度量标准。[c]	

续前表

工作项目	工作内容
任务分解	团队讨论，对团队共同目标与任务按人员分工、时间进度分别进行分解，且明确责任人、具体的时间期限。
个人计划	团队成员根据团队目标与任务分解要求，拟定个人计划并付诸实施。

注：a. 这里主要指组织赋予某部门或者项目团队的职责与权利。

b. 具体可分为多数原则、一致原则、小组决策、领导者参考他人意见做出决策几种类型。

c. 针对团队成功与否的常用绩效考核指标有目标达成度、顾客满意度、成本控制、产品或服务质量、利润、市场反应速度、团队凝聚力、团队执行力。

（二）团队角色分工讨论表

本表格（见表 3—3）主要列出了团队角色分工讨论，要求每一位团队成员填写本表，然后对各成员的回答进行比较、分析，并将其作为团队对角色分工讨论的重要内容。它可以帮助团队管理者快速、高效地进行角色分工。

表 3—3　　　　　　　　　　团队角色分工讨论表

公司：＿＿＿＿＿＿＿　　填表人：＿＿＿＿＿＿＿

部门：＿＿＿＿＿＿＿　　填表日期：＿＿＿＿＿＿＿

团队成员角色分工拟定（讨论之前由团队领导者填写）		
团队成员姓名	职务	工作职责

角色分工模糊部分	
本人角色分工中的模糊内容	
他人角色分工中的模糊内容	

重叠或冲突的角色及说明：

团队成员需共同承担的责任：

团队需承担的其他责任：

（三）团队是否成型评估表

本表格（见表3—4）主要用于评估和检查所建立团队是否已经成型，即是否为一个真正的团队。通过评估，可以帮助团队管理者找出关键问题，并提出相应的改进方案。

表3—4　　　　　　　　　　**团队是否成型评估表**

公司：＿＿＿＿＿＿＿＿　填表人：＿＿＿＿＿＿＿＿＿＿
部门：＿＿＿＿＿＿＿＿　填表日期：＿＿＿＿＿＿＿＿＿

评估内容	是	否	存在问题
（1）目标是否明确、有激励性并得到团队成员的共同认同？			
（2）目标与任务是否在团队内部得到合理的分解？			
（3）团队各自角色的职责分工是否明确、合理？			
（4）在决策制定、知识技能、问题解决、人际关系、团队经验等能力方面，团队成员之间是否形成了互补性的技能组合？			
（5）是否经常组织召开会议或者沟通交流会，共同分享认知，并进行坦诚、开放的互动讨论？			
（6）团队成员是否彼此高度信任、相互支持？			
（7）团队是否能够高效完成近期布置的工作任务？			
（8）团队成员是否愿意共同承担责任，并保持振奋向上、协作进取的精神？			

续前表

评估内容	是	否	存在问题
（9）是否形成了大家共同认同的内部文化、行动纲领？			
（10）是否有清晰一致的工作方式并充分发挥了各成员的能力？			

改进方案：

（四）团队目标评价表

本表格（见表3—5）主要用于评估团队目标的科学性与可行性，通过对成功目标特征的评价，帮助团队管理者准确判断团队目标是否科学合理、现实可行。同时，通过评估发现问题，并提出相应的改进方案。

表 3—5　　　　　　　　　　　团队目标评价表

评估人：_____　评估日期：_____
部门：_____　　职务：_____

评估指标	分数	达成度					得分
		100%	80%	60%	40%	20%	
（1）团队目标与公司战略目标匹配，并能够促进公司战略目标的实现。	10						
（2）团队目标由团队共同建立且一致认同。	10						
（3）团队目标清晰、简明。	10						
（4）团队目标分为长期的远大目标与近期可实现的目标。	10						
（5）团队目标已经转化为具体的、可衡量的绩效目标。	10						
（6）团队目标已经按时间进度、人员分工进行了目标分解，大家一致认同。	10						
（7）团队目标按轻重缓急排列，且大家认同。	10						
（8）分解目标或者关键里程碑充分反映了团队目标实现过程中的关键点。	10						

续前表

评估指标	分数	达成度					得分
		100％	80％	60％	40％	20％	
（9）团队目标需要每一位成员都做出努力，且能够充分发挥各成员的能力优势。	10						
（10）每位成员能够正确理解团队共同目标以及个人的分解目标。	10						
合计	100						

评估意见	
存在问题	
改进方案	

（五）团队建设绩效评估表

本表格（见表3—6）主要用于评估团队绩效并检查团队建设过程中存在的问题，具体考核指标包括结果导向类与过程控制类两类指标，可以帮助团队管理者从结果、过程两方面全面评估团队建设的绩效，同时查找问题原因，并提出相应的改进方案。其中各项评估指标权重，企业可根据团队实际情况进行调整，例如服务行业性质的企业，对顾客满意度的权重分数设计应该相对较高。（说明：高效团队评分应在90分以上。）

表3—6　　　　　　　　　　团队建设绩效评估表

评估人：＿＿＿＿＿＿＿＿　评估日期：＿＿＿＿＿＿＿＿

部门：＿＿＿＿＿＿＿＿　　职务：＿＿＿＿＿＿＿＿

评估指标	分数	达成度					得分
		100％	80％	60％	40％	20％	
结果导向类指标	60						
（1）完成业绩目标。	20						
（2）如期完成工作数量。	10						
（3）工作质量达标。	10						
（4）顾客满意。	10						

续前表

评估指标	分数	达成度					得分
		100%	80%	60%	40%	20%	
(5) 团队整体素质和能力水平提高。	10						
过程控制类指标	40						
(1) 团队对愿景、使命、价值观、组织结构、组织章程以及规章制度有书面说明。	2						
(2) 团队拥有清晰、共同认可的目标。	2						
(3) 团队章程符合实际,且大家认同。	2						
(4) 团队拥有一致认同的价值观。	2						
(5) 团队为实现目标制定了行动计划。	2						
(6) 团队对目标及任务按照成员分工、时间进度进行了合理分解。	2						
(7) 团队成员权限清晰、职责分明。	2						
(8) 团队成员清楚地知道加入团队的益处。	2						
(9) 团队成员职能角色实现了定期轮换。	2						
(10) 团队按照共同约定的授权范围以及决策原则制定每一项决策。	2						
(11) 团队制定的决策得到成员的一致同意。	2						
(12) 团队制定了科学完善的规章制度、工作流程,并及时检查遵守情况、持续改进。	2						
(13) 团队始终致力于改进绩效、优化团队内部技能组合的支撑力。	2						
(14) 团队会议定期召开且效率高。	2						
(15) 团队成员间沟通开放、坦诚、相互促进,协同性强。	2						
(16) 团队拥有高效解决内部冲突问题的机制与方法。	2						
(17) 团队成员乐于接受新的思想、观念与信息,保持较强的创新力与变革力。	2						
(18) 团队能够建设性地解决各种难题。	2						
(19) 团队根据培训需求制定并开展持续的培训计划。	2						

续前表

评估指标	分数	达成度					得分
		100%	80%	60%	40%	20%	
（20）团队成员参与性强，凝聚力高，追求卓越，渴望取得成就。	2						
合计	100						

评估意见	
存在问题	
改进方案	

描绘创业愿景和行动路线

拟定商业计划

虽然计划不能完全准确地预测将来，但如果没有计划，
组织的工作往往陷入盲目，或者碰运气。

——美国管理专家哈罗德·孔茨

商业计划书是企业成功融资的重要工具之一，同时可以帮助管理者有计划地开展商业活动，增加成功的概率。如何打造一份既吸引人又很实用的商业计划书？我们需要通过认识商业计划书的内涵、了解读者对象的需求、掌握撰写方法与技巧、熟练运用商业计划书模板及有关分析工具、常用附件等，来完成一份完美的商业计划书。

01　商业计划书的内涵

一、商业计划书的定义、功能及主要内容

商业计划书是公司或项目单位为达到招商融资或其他发展目标之目的，在前期对项目进行科学调研分析的基础上，从企业内部的人员、制度、管理、财务以及企业的产品、营销、市场、风险等各个方面对即将展开的商业项目进行可行性分析，全面展示公司和项目的背景、现状与规划、未来发展前景，进而形成的实现计划的策略文件。

商业计划书是一份全方位的项目计划，既可以成为创业者成功获取融资的"利器"，又可以帮助创业者有计划、有步骤地开展创业活动。其主要功能体现在以下三个方面：

（1）沟通功能。对于创业者而言，商业计划书是创业者与投资人之间必要的，也是最佳的沟通工具，你的项目价值、创业前景、实现计划等重要信息，都可以通过商业计划书向融资对象全面展示出来。

（2）管理功能。商业计划书可以引导创业者走过企业发展的各个阶段，尤其是在创业过程中，还可以依据商业计划书来跟踪监督企业的业务流程、分析实际成果与预期目标的差距等，及时调整自己的策略与方法。

（3）承诺功能。一方面，商业计划书通常会作为创业者与投资人所签署的合同的附件，因此，从法律意义上讲，商业计划书将成为创业者对投资人的承诺书；另一方面，商业计划书也体现了核心领导对团队成员或者上级对下级的承诺，尤其是战略目标的定位、未来发展的规划、行动方案的提出都是一种书面的承诺，从而避免出现朝令夕改的问题。

大部分商业计划书由以下几部分内容构成：

（1）封面与内容目录。

（2）内容摘要。

（3）项目描述（包括公司概况、项目背景或者资源情况、产品与服务说明等）。

（4）行业及市场分析。

（5）竞争性分析。

（6）项目执行计划（包括总体战略目标与规划、研发与生产计划、营销计划、经营管理计划等）。

（7）财务预测与融资计划（包括历史财务状况、财务预测、投资分析、盈亏平衡点分析、融资计划说明等）。

（8）风险与机遇。

（9）管理团队概述。

（10）附件（有关工作进度说明、团队详细介绍、数据、表格等）。

需要注意的是：以上所列内容为商业计划书必备的一般要素，不能完全作为商业计划书的目录使用。在具体的撰写过程中，创业者应根据自己项目的特色、内容侧重点以及实际需求灵活安排章节和目录标题，例如产品与服务、营销计划、经营管理计划、财务预测分析等。

二、成功商业计划书的六大特征

通过对大量成功商业计划书案例的分析，我们发现，它们基本上都具备以下六个特征：

1. 内容完整

包括全部的或者核心的构成要素，例如内容摘要、项目描述、行业及市场分析、竞争性分析、项目执行计划、财务计划、风险分析、管理团队介绍等。

2. 亮点突出

主要突出自己项目的特色、商业模式的特色、项目的价值、成熟的团队与超强的运营能力等，尤其是面对投资人这类读者对象时，能够快速吸引投资人的目光。

3. 逻辑清晰

思路清晰、文笔流畅。有一些商业计划书，内容的构成要素十分齐全，但是缺乏一根主线将其串起来，各要素几乎都处于"散落"的状态，甚至让读者读完之后觉得不知所云，这是典型的逻辑不清晰。

4. 依据充分

所有的分析结论都有充分的依据，包括客观的调研分析数据、科学的分析工具应用等，例如重要的财务预测、营销预测，都有充分的财务数据、市场调研数据予以支撑。

5. 主次分明

根据不同的读者对象，能够做到内容主次分明，尤其是针对相应的读者对象，突出体现对方所关注的内容，对投资人、上级领导、董事会等，在内容方面的设计与重点安排都有所区别。例如，针对投资人，往往侧重于关注产品、竞争实力、发展潜力、营销计划、切实可行的行动方案、出色的管理团队、突出的内容摘要、满意的投资回报、周详的退出方案等。

6. 可行性强

一方面是指商业模式本身的可行性；另一方面是指具体行动方案的可行

性，包括合理的预算、易实现的销售目标、可实施的营销计划、清晰的工作进度安排、明确的工作成果等。

三、与商业计划书相关的重要文件

1. 战略规划书

企业战略规划是指依据企业外部环境和自身条件的状况及其变化，来制定组织的长期发展目标、规划与具体的实施战略。战略规划是一个动态的过程，在特定的时期，企业往往会根据之前战略规划的实施情况来调整战略，并制定新的战略规划。战略规划书是反映企业战略规划的文件。

清晰的战略规划决定着商业项目的发展方向、市场定位以及重大经营策略，是商业计划最终获得成功的重要基石。因此，战略规划书也可以单独列出来，为后期撰写商业计划书提供充分的依据，由于战略规划书的内容与商业计划书的内容有重叠部分，因此，其核心内容通常在商业计划书中突出体现即可。

2. 项目可行性分析报告

项目可行性分析通常是指在投资决策之前，对与拟实施项目相关的自然、社会、经济、技术等条件进行调研、分析、比较，预测项目完成后的社会经济效益，并在此基础上科学性地综合论证项目实施的必要性、财务的盈利性、经济上的合理性、技术上的先进性和适应性以及实施的可能性和可行性，从而为投资决策提供科学依据。编制项目可行性分析报告是确定启动和实施项目前具有决定性意义的工作。

项目可行性分析也是商业计划书撰写的前提，商业计划书的定义中明确指出，商业计划书是基于项目科学调研分析形成的。因此，项目可行性分析报告是商业计划书衍生的重要内容之一。

3. 年度经营计划

年度经营计划是指企业为达到战略目标、实现企业长远发展而制定的下一年度的一系列目标、计划及行动方案。

由于年度经营计划是商业计划书中初期工作计划落地实施的有力保障，因此，它也是商业计划书的重要补充内容之一。

4. 项目管理规划

项目管理规划是对项目管理的各项工作进行的综合性的、完整的、全面的总体计划。

我们可以将创业项目理解为一个整体项目，将创业过程中产生的一些项目理解为独立的子项目。这里主要指后期的一些子项目管理规划。项目管理规划是确保商业计划书中各个子项目得以有效实施的重要方案，也是商业计划书的重要补充内容之一。

02 商业计划书的十个关键点

商业计划书的读者是谁？他们关注什么？这恐怕是你在撰写商业计划书之前必须了如指掌的。做到有的放矢，必然会事半功倍。由于商业计划书的主要功能是用于融资，因此，我们根据国内外投资机构或者投资人在融资过程中发表的一些观点，并结合商业计划书的内容规范，梳理出十个关键点，并对每一个关键点以及注意事项进行了详细说明。处理好这十个关键点，既可以帮助创业者制作一份"高效搞定投资人"的商业计划书，又可以帮助创业者在与投资人沟通的过程中，把握内容重点以及有关沟通技巧。

需要提醒的是，这十个关键点并非商业计划书的内容模板，也不完全是沟通过程中的陈述逻辑与顺序，只是罗列出了沟通过程中需要把握的核心内容，具体撰写或者沟通过程中，使用者应该根据个人的习惯以及项目的实际情况，重新组织撰写或者陈述的逻辑。

（一）内容摘要

摘要是对商业计划书的概述，也是对其基本框架（每个部分重要内容）及特点的描述。这是吸引投资人进一步了解项目的唯一机会。内容摘要需要注意以下两个要点：

（1）合理控制内容摘要的篇幅。在硅谷，比较标准的商业计划书一般不会超过 20 页，内容摘要不超过 300 字，如果用 PPT 演示的话，最好不要超过 10 张。

（2）内容言简意赅、突出亮点。即用最简洁的语言表达最具价值的精华。内容应着重展现：产品或服务（特殊和独有的商业机会）、创造的客户价值、行业与市场分析（包括竞争者分析）、获得成功的关键战略、管理团队的出色技能、融资要求以及投资回报前景。

（二）战略定位与商业模式

一个与众不同的战略定位与商业模式，常常会引起市场的变革并给投资人带来巨大的商业回报，也一定会从众多的商业计划书中脱颖而出，并吸引无数投资人的眼球。与此同时，投资人还期望你能够给出一个令人充满期待、看得见够得着的愿景与近期发展规划。

具体内容包括明确的产品或者服务定位、清晰的经营战略以及可实现的企业发展目标、特色的商业模式等。同时，要说明你选择这个战略定位与商业模式的理由，包括细分市场的选择、时机的选择、关键策略的制定等。

（三）产品或服务的价值

产品或者服务的价值，是一个企业生存的根本。投资人必然会关心你的企业是否具备很强的生命力，即你的产品或服务是否具有创新性，又是否能够为顾客可以带来独特的价值，或者可以解决市场上的什么问题。因此，这一部分不一定要展现你的核心技术或者商业机密，不过只需要突出产品或者服务的创意之处即可，尤其是要适当保护自己的专有技术。

（四）营销计划与市场预测

营销计划与市场预测主要指你的顾客定位以及开发客户、维护客户、拓展市场的有效策略，这实际上就是将你的产品或者服务销售出去的过程，是创业项目成功的关键步骤。投资人会关心的问题是：你的顾客在哪里？有多大的量？你能否将产品或者服务成功销售出去？你能否留住这些客户并不断扩大市场规模？你的市场占有率将会怎样？如何实现你的市场占有率目标？

（五）竞争情况

投资人关注商业计划书中竞争方面的信息，主要目的有两个。一是期望了解你拥有什么样的核心竞争力，你的竞争优势在哪里，以及你将如何弥补自己的短板，如何突破行业壁垒。二是预测目前的竞争对手以及潜在的竞争对手是否会给他的投资带来一些潜在的风险。

（六）创业团队

私募股权投资界有一句十分流行的话："投资只有三个标准：第一是人，第二是人，第三还是人。"投资人会非常关注你的创业团队的技能组合能否支撑你的创业梦想，这将直接关乎创业的成败。技能组合具体包括团队的知识、技能、经验与品质等。当然，在陈述团队优势的同时，不要担心暴露自己团队的一些弱点，可以提出弥补团队劣势且具有说服力的方案。而且，通过坦诚的沟通，你还有可能获得投资人的帮助，例如提供团队能力提升的经验或者直接推荐优秀的合作伙伴给你。当然，这也要视不同的对象采取不同的沟通策略。一定要让投资人对你的创业团队充满信心与信任。

（七）盈亏平衡点与投资回报

获得较好的投资回报，对于任何投资人都应该是件值得鼓舞与高兴的事。因此，一般而言，投资人会关注盈亏平衡点大致出现在什么位置，什么时候开始有较好的回报，是否还有可持续的、更大回报的潜力。在商业计划书中，这些内容主要在财务计划、融资说明部分得以详细的阐述。

（八）投资风险

回报与风险是相伴相随的。对于投资人来说，对项目投资收益与风险概率的比较分析，是一项重要的投资分析工作。因此，除了了解竞争者可能带来的投资风险，投资人还需要综合考虑资源风险、市场不确定性风险、研发风险、生产不确定性风险、成本控制风险、竞争风险、政策风险、财务风险、管理风险、破产风险等，从而明确整体项目投资的风险系数及风险概率，为投资决策提供重要依据。

（九）你的投入

作为创业团队的核心领导者，你的投入热情与创业决心，将在很大程度上影响团队的创业热情、项目发展的稳定性与公司持续成长的动力，也就直接决定着投资人对你的信任以及投资的决心。具体而言，投资人期望了解你为这个创业项目投入了多少时间、多少金钱、多少资源，甚至牺牲了哪些资源与机会，长期专注于一个项目或者一项事业的创业者往往更受投资人的青睐。

（十）易懂的项目

易懂是从整体商业计划书最终展示效果的角度来说的，你给投资人呈现的应该是一个对方容易看懂或者听懂、且乐于接受的项目，而不是一个令人费解的项目。因此，面对投资人，除了必要的沟通能力与逻辑能力（即要求能够清晰、连贯地讲清楚以上各个要点），在沟通过程中还有必要将项目涉及的专业词汇或者专业知识转化为对方能听懂的内容，从而让一些即使对你所处专业领域不熟悉甚至过去不感兴趣的投资人，也对你的项目给予较多的关注。

03　商业计划书撰写方法与技巧

一、商业计划书撰写步骤

（一）步骤一：确定商业计划书编撰目的

一般而言，根据商业计划书的功能定位，其编撰目的主要有两种：

一种是广泛应用于融资工具，以吸引投资人并成功获取资金资源。在这种情况下，通常是创业者处于资源匮乏的环境，或者需要更多的资金来实现自己的创业计划。如果是为了实现融资的目的，商业计划书就应该侧重于商业环境分析、竞争性分析、营销计划、管理团队介绍以及财务计划等内容。

　　另一种是用于公司内部，主要是便于组织内部沟通并认同项目的价值，并明确项目的战略规划与行动方案，便于项目的实施管理。在这种情况下，通常是企业本身的资源还比较丰富，重点在于如何高效地执行这个项目。因此，该类商业计划书对于管理团队、经营管理计划方面的内容（通常情况下，公司内部已经很熟悉）无须过多描述，而应该强调项目的重要性、项目的实施进度等偏实务方面的内容。

（二）步骤二：确定商业计划书的读者对象

　　不同的读者对象，所关注的商业计划书内容侧重点会有较大的差别，这当然与你编撰商业计划书的目的，即你的个人需求存在密切的关系。如果你对个人的需求非常明确，对读者对象了如指掌，一定能够将重点信息提供给目标读者。因此，明确你个人的需求，了解读者对象的需求，是成功撰写商业计划书的必要准备，也是你成功实现个人目的的前提。

　　1. 明确自己的需求

　　（1）获取资金支持还是与其他投资人、商业伙伴建立战略联盟关系？

　　（2）借款、贷款还是与投资人分享所有权和利润？

　　（3）获得投资人的青睐还是获取公司高层的更多支持？

　　2. 了解你的读者以及他们的需求

　　如果你的商业计划书是为了获取资金等资源支持，那么读者就是投资人或者贷款方。投资人最关注的是盈亏平衡点、投资回报、项目的长期发展潜力以及管理团队的能力，贷款方则更多地关注项目的风险。

　　如果你的商业计划书仅仅用于企业内部的沟通交流，或者说是内部创业的商业计划书，那么读者对象就应该主要是负责投资决策的董事会或者利益相关者。他们最关注的是项目的可行性分析、投资回报以及具体的行动方案。

（三）步骤三：收集你所需要的信息资料

　　充足的信息资料将有助于你完成一份分析透彻、论据充分、内容丰富的商业计划书。因为商业计划书涵盖面很广，你可能需要就各个构成要素准备所需信息资料；而且，你的商业环境分析、竞争性分析、目标市场定位以及项目的可行性等关键内容都需要充分的数据、信息来支撑。因此，信息资料的收集与准备也是商业计划书撰写过程中的关键环节。具体的实施步骤及相关要点如下：

1. 设计商业计划书的主要结构

依据一般商业计划书的主要构成要素，针对你的创业项目的性质与特点，用全局的眼光来设计商业计划书的主要结构。这个主要结构便是你的商业计划书所需信息资料的总体指导性纲领。例如商业环境、市场、竞争者等主要构成要素。

2. 确定你所需的重要信息资料以及详细分类

由于商业计划书的主要结构会涵盖一般商业计划书的各个要素，因此，在确保各个部分内容有充足的信息资料支撑的前提下，应该依据你的创业项目的关键成功要素，锁定所需的重要信息资料，例如能突出宏观经济政策优势、商机优势、竞争优势、管理团队优势的信息等。同时，要求就每一项重点内容，明确细分的信息资料类别，并列出准备收集的信息资料清单，不可盲目地去收集繁杂的信息资料。例如针对竞争者分析，应该按照竞争对手分析的理论框架或者关键要素，明确更加细分的数据、资料与信息类别。

3. 找出已有的关键信息与缺乏的信息资料

这个步骤也非常重要。大多数创业者平时都有收集一些商业信息的习惯，身边的朋友或者合作伙伴也会向他们提供一些商业数据与信息，这些数据信息中，可能有一些正是本次商业计划书中所要收集的信息资料，这样就避免了重复劳动，不会造成时间浪费、资源浪费。

与此同时，对照你的信息资料清单，明确你缺乏的信息资料，因为这些信息资料需要你花费大量精力与时间去寻找与收集，甚至需要借助他人的帮助来完成。

4. 开始收集信息资料

信息资料的收集是一个比较复杂的工程，通常需要你的创业团队来共同完成。当然，你也可以聘请一些兼职的学生甚至一些专业人士来帮助你，例如开展系列市场调研活动、获取竞争对手的信息、监测有关商业数据等。以下是常见的信息渠道来源：

（1）通过公开媒介查询，例如各类媒体（包括网络媒体）、出版物、与创业项目相关的各类网站、信息开放平台。

（2）通过与顾客、供应商访谈等获取一手资料。

（3）通过问卷调查获取有关数据与信息。

（4）通过现场考察、评估获取直接的数据与信息。

（5）通过专业公司或者专业人士的参与分析，获取有关数据和信息，例如情报公司、专业咨询公司等。

5. 对信息资料进行重新编码

在原有信息资料清单的基础上，将收集完善的信息资料进行重新分类编码，便于在后期撰写商业计划书的过程中查询、使用。

（四）步骤四：设计商业计划书框架

这里所称的商业计划书框架，并非通用的商业计划书内容结构框架，而是一个充分体现你的创业项目特色、各部分子标题更加细分明确的商业计划书框架。具体设计原则如下：

1. 五个依据

一是依据你的撰写目的；二是依据你的读者对象；三是依据一般商业计划书的主要构成要素；四是依据你的创业项目的性质与特征；五是根据你所收集的信息资料。

2. 两个便于

一是便于撰写者后期的撰写，这就要求各部分的子标题越详细越好，当然，整体逻辑应当非常清晰，让人读起来很连贯；二是便于读者找到自己关注的重点内容（一般通过子标题来体现）。

3. 一大特色

充分体现创业项目的特色，在设计的总体框架中，一是整体的思路与逻辑要体现出创业项目的优势，二是一些子标题要体现出创业项目的亮点。

（五）步骤五：开始撰写商业计划书

这是完成商业计划书的关键步骤，由于本章其他部分已经对该部分内容提供了详细的阐述以及明确的示范，这里不再详述。

但是，在这里，我们仍然要强调一下有关撰写的基本要求：

（1）把握商业计划书的各个要素，且内容完整。

（2）创业项目的特色得以充分体现。

（3）整体逻辑清晰，行文流畅。

（4）分析透彻，论据充分、客观。

（5）针对性强，根据不同的读者对象能够突出自己要表达的重点信息，而一些相对不重要的内容不必用过多的笔墨。

（6）令人信服。无论是你的论证，还是你的团队能力与具体行动方案，都要让人觉得可以信服。

二、商业计划书内容结构及撰写技巧

具体内容如表 4—1 所示。

表 4—1　　　　　　　　　商业计划书内容结构及撰写技巧

项目	二级目录	内容要点	撰写技巧
封面		项目名称、公司名称、联系方式、版权声明或者保密须知。	（1）页面整洁、规范。 （2）封面最好选用较硬、质量较好的纸张或者塑料材质，但是颜色不宜过于艳丽。 （3）突出公司或者项目的名称。 （4）写上你的姓名和联系方式。 （5）印上公司的 LOGO。 （6）列出版权保护声明或者保密须知（尤其是一些专利发明项目需要具备）。

续前表

项目	二级目录	内容要点	撰写技巧
目录		突出商业计划书内容的各项核心要素，例如内容摘要、项目描述、行业及市场分析、营销计划、财务分析等。	（1）便捷性：方便读者迅速了解后面的主题内容，还可以提示读者根据目录很快找到他所关注的章节内容。 （2）完整性：即包含所有重要内容的标题。 （3）逻辑性：注意前后章节内容以及各级目录之间的逻辑性，思路清晰且结构严谨，切忌随意罗列内容项目。 （4）突出亮点：即突出特色内容的一些标题，以吸引读者。 （5）标注页码：即每个子标题都应该有相应的页码，便于查询。
摘要		行业与市场分析结论、产品或服务及其客户价值（特殊或独有商业机会）、获取成功的关键战略、管理团队、融资要求以及投资回报前景。	（1）切忌太长，不宜超过两页。 （2）切忌追求多而全，应该突出项目亮点。不能简单地将其理解为浓缩的章节摘要，而应该既能让读者对整体内容有一个大概的了解，又有吸引读者的亮点，从而有效激发读者继续阅读你的商业计划书的兴趣。例如，突出你的创新能力、你的产品和服务为客户所创造的新价值、项目的盈利能力等。 （3）文字字体、字号可适当突出一些，便于从视觉上吸引读者，方便读者阅读（尤其是对重点内容可用彩色文字、颜色加重文字或其他突出表达方式予以提示）。 （4）本部分可以在商业计划书主体内容完成后再撰写。
公司概况与项目描述	2.1　公司概况	公司基本信息、价值观与战略规划、组织结构、历史经营状况、各项资源情况。	（1）简明扼要，重点是体现与项目紧密相关的信息，尽量控制在两页以内。 （2）一些重要但无法简单陈述清楚的内容，可以采用附件形式予以补充。例如公司组织结构图、知识产权清单、历史经营业绩（需要财务数据支撑）、公司相关成果图片等。 （3）注意与后面内容的衔接，例如团队成员、技术创新能力等方面的重要内容介绍，在本部分可简要描述，后面章节中再突出描述即可。

续前表

项目	二级目录	内容要点	撰写技巧
公司概况与项目描述	2.1 公司概况	公司基本信息、价值观与战略规划、组织结构、历史经营状况、各项资源情况。	（4）关于公司发展历程，需要列出关键发展期，即公司是如何实现转折、跨越式发展的。其目的是让投资人了解公司的韧性以及成长力。 （5）关于历史经营业绩，主要描述公司过去的经营业绩状况、所建立的营销基础（相关历史财务数据、营销渠道数据可以以附件形式体现）。 （6）关于公司的战略规划，要求尽可能突出公司未来可完成的目标（关键阶段）的信息，让投资人能够清楚看到你是如何完成计划书所规划的关键指标的（公司战略规划内容，也可以在后面再详细描述，即作为项目其他计划的统领性内容，并分阶段详细阐述）。
	2.2 项目背景	项目基本性质、项目的历史及现状、产品或服务及其所创造的价值、市场前景、发展目标。	（1）让读者快速了解项目的性质及其背景情况、项目的商业模式及其商业理念、创业者对项目的热情以及创业者获取成功的承诺与能力，并让投资人树立对你的信心。 （2）注意与摘要部分内容的衔接以及协调安排，避免过多的重复。 （3）发展目标描述简明扼要，不要与战略规划内容重复。
	2.3 产品和服务	产品和服务的基本信息、特征、优势及其独特的客户价值以及影响产品和服务的关键成功要素（获取成功的承诺与能力）。	（1）应该对商业计划项目中产品和服务的内容及其创造的客户价值进行详细的阐述（一些技术含量高或者需要特别说明的产品和服务，可根据需要设立独立的章节进行描述）。 （2）多使用图表展示，例如产品和服务介绍中展示主要产品的分类、名称、规格、型号、产量、价格等信息。 （3）部分重要内容，尤其是体现产品和服务的关键成功要素，可以以附件形式体现，例如与产品和服务特色有关的质量管理体系、售后服务体系、成本控制体系等。

续前表

项目	二级目录	内容要点	撰写技巧
行业及市场分析	3.1 行业分析	行业发展历史、现状与趋势,行业准入与政策环境分析,对产品利润、利润率影响较大的行业发展因素分析。	(1) 撰写前要做好充分的准备,具体包括三个方面:一是明确行业及市场分析的内容要点;二是掌握必备的行业及市场分析工具,例如 PEST 分析工具、五力模型分析工具、竞争对手分析工具、SWOT 分析工具等;三是收集充分的数据与信息,甚至开展深入的市场调研活动,并撰写相关分析报告,例如行业发展现状及趋势相关数据报告、市场细分领域调研报告、项目可行性调研报告、竞争对手调研分析报告等。
	3.2 市场分析	目标市场定位说明(细分市场定位)、细分市场现状及需求预测、选择该目标市场的理由。	(2) 明确你的主要目的,并紧紧围绕这根主线来撰写相关内容。 (3) 多用数字、图表展示,例如行业发展相关数据、细分市场潜在客户量数据、五力模型分析图、SWOT 分析图、竞争对手比较分析表等。
	3.3 竞争分析	行业垄断态势分析、主要竞争对手对比分析、竞争策略。	(4) 注意与"内容摘要"、"项目背景"中相关内容的协调,在前面的"内容摘要"及"项目背景"中可能会涉及行业及市场分析内容,但前面主要是摘取行业及市场
	3.4 SWOT 分析	分析项目优势、劣势、机会、威胁分析并给出结论。	分析的主要结论及内容精华,本部分内容则是详细剖析整个分析过程。
项目执行计划	4.1 总体战略目标与规划	公司愿景与使命、近期总体战略目标及规划。	(1) 列出远期及近期明确的发展方向及目标。例如远期目标,通常是指公司的愿景与使命;近期目标,通常是指近 3~5 年的财务目标或者业绩目标,关键指标包括销售额、利润增长率、产品创新、市场占有率、行业地位、品牌影响力、上市计划等。 (2) 注意内容的逻辑性,切忌随意罗列各类职能性的战略目标。例如,首先提出公司的愿景与使命,然后提出明确的阶段性财务目标(业绩目标),再阐述支撑愿景与使命、业绩目标的关键职能(能力)战略目标,例如研发、生产、财务(资本市场)、营销、品牌、人才、企业文化、社会责任等方面的战略目标,最后提出具体的实施进度计划。 (3) 在战略规划描述中,突出项目的关键

续前表

项目	二级目录	内容要点	撰写技巧
项目 执行计划	4.1 总体战略目标与规划	公司愿景与使命、近期总体战略目标及规划。	成功要素，例如研发方面的技术创新、生产能力的保障、产品质量的保障、市场占有率的发展、营销渠道的拓展、组织能力的提升等。 （4）值得特别说明的是，详细的财务计划、研发与生产计划、营销计划、经营管理计划（包括盈亏平衡点控制、组织结构管理、人才规划、知识产权管理、企业文化管理、生产质量管理、成本控制管理等），通常以独立篇章的形式出现在商业计划书中。
	4.2 研发及生产计划	目前的研发能力和技术资源优势以及未来研发计划与管理；目前的生产条件和生产能力优势以及未来生产制造计划与管理。	（1）文中位置安排及内容篇幅控制的原则是：是不是项目成功的关键因素。 （2）重点阐述研发实力以及拥有的生产条件及生产制造能力。 （3）若研发成果较多，可以用表格形式将其与项目相关的突出成果进行陈列。 （4）注意与"知识产权、专利发明"部分相关内容的协调，避免过多的重复。 （5）注意与"经营管理计划"部分的协调，因为研发管理、生产管理有可能涉及研发投入计划、生产计划、管理策略等内容，也可以列入经营管理计划范畴。 （6）注意与"产品竞争优势"部分的协调，由于研发内容所强调的技术、团队等优势有可能是项目的核心竞争力，因此应避免过多的重复，可以在本部分详细阐述其研发优势。 （7）选择影响项目成功的关键因素内容、突出项目的优势或者吸引读者的亮点内容，切忌面面俱到。
	4.3 营销计划	营销目标、营销策略（产品、价格、渠道、促销策略）、客户服务、营销管理、公共关系等内容。	（1）在撰写之前开展营销调研分析工作，例如细分市场分析与预测、消费者分析、竞争者分析、产品分析、价格分析、渠道分析、促销分析等，其中部分调研分析工作，可结合行业与市场分析以及竞争分析同时进行。 （2）根据目前所掌握的最精准、最客观、最新的信息资料来制定营销计划，例如，

续前表

项目	二级目录	内容要点	撰写技巧
项目 执行计划	4.3　营销 计划	营销目标、营销策略（产品、价格、渠道、促销策略）、客户服务、营销管理、公共关系等内容。	最新获取的一手调研资料。 （3）聚焦顾客。详细说明：你的营销计划是如何满足顾客需求的，是如何为顾客创造价值的，你又是如何让顾客接受你的产品或者服务的？ （4）突出策略组合。详细阐述你的产品策略、价格策略、渠道策略与促销策略，并明确执行进度表。 （5）说明营销计划的灵活性。你需要表明自己的方案并非一成不变，可以对它进行审核和调整，而且可能会因为环境的变化、竞争对手的变化而及时调整，甚至作出根本的改变。 （6）注意与文中其他部分内容的协调。例如在"行业与市场分析"、"竞争分析"、"战略规划"等部分都可能涉及营销计划与营销策略的相关内容，尤其是营销规划本身，也是战略规划的重要组成部分。这里强调的是营销战略实施内容，因此，在这部分应着重就营销策略、客户服务、营销管理等计划工作展开描述。 （7）注意与前面行业与市场分析内容的衔接，例如，本部分中的营销策略是基于行业与市场分析、竞争分析、SWOT 分析提出的。
	4.4　经营 管理计划	组织结构及公司治理、管理团队介绍、人力资源管理、企业文化管理、知识产权管理、研发与生产管理（略作说明）、盈亏平衡点控制、资本运作计划、其他必要资源的整合与发展、阶段目标与工作计划、项目实施进度。	（1）正确理解经营管理计划的内涵，即项目运营的日常工作以及指导这些工作的战略。（项目的日常工作就是经营，这个过程把构思或原材料转化为将要出售给客户的产品或服务。） （2）突出描述那些支撑项目获取成功的关键因素，即影响为利益相关方创造经济价值回报的重要因素。例如，盈亏平衡点控制，原材料采购优势以及成本控制管理，生产或者营销过程中的技术革新，质量的管控，人力资源获取的便利性；有效的定价策略，优越的地理位置，优秀的管理团队。 （3）注意与"公司概况"部分的经营管理

续前表

项目	二级目录	内容要点	撰写技巧
项目 执行计划	4.4　经营 管理计划	组织结构及公司治理、管理团队介绍、人力资源管理、企业文化管理、知识产权管理、研发与生产管理（略作说明）、盈亏平衡点控制、资本运作计划、其他必要资源的整合与发展、阶段目标与工作计划、项目实施进度。	内容区分开来。"公司概况"中的内容是公司当前或者近期的状态，这里所列的则是未来支撑商业计划所需要的管理团队、组织结构以及配套的人力资源制度、薪酬方案、股权激励机制等。 （4）注意与其他相关章节内容的协调，切忌过多重复。例如，战略规划、营销计划、研发与生产、财务计划、管理团队介绍等，都可能设立了独立的篇章或者小节，在这种情况下，与其相关的内容应"点到为止"突出项目获取成功的关键因素，更多地描述配套的人才引进计划、薪酬方案、股权激励机制等其他篇章没有谈到的内容。 （5）关于工作计划或者项目实施进度描述，需要注意以下几个问题： 1）只需涉及关键事件或者关键成果，不必叙述每一具体步骤及其相关细节。 2）关键成果应该是能够明确定义以及便于计量的结果。例如，产品试制模型完成、设备安装完成、市场测试完成、第一笔销售业务完成、市场占有率突破10%等。 3）切忌使用具体日期，以免使自己陷入被动。建议使用非特指日期，例如第三年第一季度或者第几个月。 4）注意防患于未然，即对存在潜在风险的工作成果、重要事件或者难以预料的问题，一定要有所准备，并给自己留有一定的余地。包括制定危机应对方案，便于及时采取补救措施，以免影响正常的工作进程。 5）最好制定一个具有一定挑战性，同时你又非常肯定能够实现的工作成果里程碑计划。这样的计划会让读者对你的创业计划充满信心，并留下深刻印象，同时也能够提高你的声誉。

续前表

项目	二级目录	内容要点	撰写技巧
财务预测与融资计划	5.1　历史财务状况	公司过去的经营财务状况，并突出经营成果。	（1）列出你的所有数据，并注明数据的来源。例如，你的数据是来自行业统计、经济预测、调查研究，还是根据自己的理性判断得来的。 （2）特别注意有关现金的计划方案。尽管大多数读者首先考虑的问题一般都是利润如何、投资回报怎样，但是对于一个创业公司而言，现金流往往显得更为重要。 （3）亲自完成与财务相关的数字工作，对财务数据做到"心中有数"。即使你在财务方面不专业并且可能还有专家给你提供指导，也不能不闻不问或者对专家形成依赖，必须亲自动手去编制利润表、现金流量表、资产负债表等，并完成有关财务计划方面的枯燥工作，当然也可以向有关专家请教，了解一些基本的财务知识，学会读懂有关财务数据。 （4）切忌选择过度负债经营的方式，即债务负担不宜过重。因为一旦负债累累、经营不善，将会给公司造成致命的打击，这也是投资人最不愿意看到的。 （5）作出详细的结论性财务分析说明，包括假设的条件、损益预估、现金流预估、资产负债预测、盈亏平衡分析、资产价值分析、资产折现力规划、融资需求、投资回报说明（融资说明也可以单独设立章节描述）等内容，其中以损益预估为重点。同时，应该给出未来 3～5 年的财务数据预测（可以用图表在附件中呈现）。 （6）注意整个商业计划书中数据的一致性。例如战略目标与规划、营销计划中涉及的财务目标数据，应与财务计划中相关数据保持一致；同时要注意附件中不同类别财务数据表格中相同项目数据的一致性。
	5.2　财务预测	假设说明、财务预测与分析（利润表、资产负债表、现金流量表分析，财务报表综合分析及结论，即关键财务指标实现情况）。	
	5.3　投资分析	投资效益评价（含投资净现值、内含报酬率、获利指数分析评价）及主要结论。	
	5.4　盈亏平衡点分析	项目在何时并且在什么销售状况条件下，才能达到盈亏平衡点。	

续前表

项目	二级目录	内容要点	撰写技巧
财务预测与融资计划	5.5 融资计划	融资需求、资本结构、投资回报与偿还计划、投资人监督与管理权限、投资者人出说明。	（1）明确你的读者对象所关注的关键点：资金需求与使用计划、融资前后资本结构情况、投资回报与投资退出说明、投资人管理参与权限等。 （2）在融资需求中明确你的需求数量、需求时限、贷款方式以及资金用途，而且，在资金使用计划说明中，最好明确近一年的使用规划，即这一年项目要达成什么目标，达成这个目标需要多少资金，如何合理分配你的资金。 （3）在资本结构设计方面，把握好股份稀释的比例（最好不要超过 30%），追求公司与投资人的"双赢"，并兼顾后期融资及可持续成长。 （4）在投资回报说明中，明确投资回报的方式、投资回报期，让投资人清楚自己投入的价值回报。 （5）投资退出说明中，明确投资退出的方式与时机，并就相关利益做出说明，便于投资人清楚自己退出的时机以及退出时的利益保障。 （6）关于投资人管理参与权限的说明，要明确投资人拥有的重要决策权、管理监督与参与权，让投资人清楚自己作为股东的管理角色职责与权利。 （7）注意与财务计划中相关内容的协调，尤其在融资需求、投资回报等说明中，一些财务数据、财务预测、投资分析结论，都应该来自财务计划中的"财务预测"与"投资分析"部分。
风险与机遇	6.1 风险分析	资源风险、市场不确定性风险、研发风险、生产不确定性风险、成本控制风险、竞争风险、政策风险、财务风险、管理风险、破产风险等分析。	（1）如实描述项目可能存在的风险以及你的风险控制策略，让读者对项目发展树立信心。 （2）项目的风险描述最好选择可控的风险内容，除非是众所周知无法控制的风险内容。 （3）风险通常是与机遇并存的，因此，在描述风险的同时，也有必要描述项目将迎来的良好发展机遇，例如行业与市场增长

续前表

项目	二级目录	内容要点	撰写技巧
风险与机遇	6.2 机遇分析	项目面临的行业及市场发展机遇与良好前景；项目为投资人带来的财务收益与其他回报。	空间、有利政策等。 (4) 努力让读者感觉到，项目所面临的机遇以及稳定获取高额投资回报的概率，远远大于项目风险系数。 (5) 注意与商业计划书中其他部分内容的协调。例如风险分析中可能涉及财务计划中的财务风险分析，机遇描述可能与行业及市场分析中相关内容是一致的。
	6.3 风险与机遇综合分析	项目面临的机遇以及为投资人带来的收益与回报，相对风险概率的投资价值分析。	
管理团队概述		突出团队核心成员的个人特长、相互弥补的整体优势以及已经取得的合作成就。	(1) 关于管理团队内容的位置安排，虽然可以在"公司概况"、"经营管理计划"部分描述，但是为了吸引读者，尤其是如果你的管理团队非常优秀，更有必要安排独立篇章予以重点描述，并设置一级标题突出展示。 (2) 关于个人介绍，应该突出个人成员的工作经历、知识与技能、历程成就、业界影响力、创业态度及动机。 (3) 关于团队整体介绍，应该突出表达团队的组合力量（知识、技能组合，相互弥补）、管理团队的文化管理机制、团队历史合作业绩。 (4) 关于成员介绍，有必要附上简历，便于读者深入了解你的团队。 (5) 注意与整个商业计划书中相关内容的协调，例如在"内容摘要"、"公司概况"、"经营管理计划"、"竞争优势"等部分，即使没有展开描述，也有必要突出管理团队的优势。
附录	（列出附件分类标题或者重要附件的标题）	专业术语说明、管理团队简历、财务历史数据表、预测分析表、营销、研发与生产、经营管理计划、公司介绍。	(1) 将重要的内容靠前放置，予以突出。 (2) 应该对附录内容进行分类，切忌随意堆放，例如财务数据分析表的集中体现、公司介绍相关内容的集中展示。 (3) 尽量使用图表，让读者轻松、快速掌握相关信息，切忌长篇大论，否则只会让读者觉得拖沓冗长，也没有时间关注太多文字描述内容。 (4) 不要过多地让主文中的内容在附录中重复出现，除非是个别特别重要的内容。 (5) 必要时对部分专业术语进行说明。

需要注意的是：（1）以上所列内容要点并非该对应项目的完整内容，详细内容请参照商业计划书模板。

（2）以上内容结构仅供参考，创业者可根据实际需求尤其是针对项目的关键成功要素，灵活安排其内容篇幅及位置，原则就是突出项目亮点、吸引投资人，但前提是逻辑性强。例如产品或服务、竞争分析、营销计划、经营管理计划等关键内容，完全可以作为一级标题列示并重点进行阐述。

（3）整体内容安排应注重前后逻辑性。即次序安排合理得当，能够自圆其说。例如，可大致按照以下逻辑主线安排：WHAT（你的项目是什么，即项目描述，包括公司概况、项目背景、产品或服务）—WHY（你为何选择该项目，即行业及市场分析）—HOW（你如何做这个项目，即研发、生产、营销、经营管理策略）—WHO（谁来做，即你的管理团队介绍）—HOW MUCH（未来能达到什么财务目标，需要多少资金，如何分配你的资金，即项目财务预测以及你的融资计划）。

（4）注重内容的协调性。即注意各部分内容之间的关联性，具体涉及前后内容的衔接、相同内容在不同结构部分中的篇幅安排，避免出现过多重复、不同结构中侧重点不突出等问题。

04 商业计划书模板

本商业计划书模板的制定参照了多份国内外经典的成功实现融资的商业计划书内容、国内外权威投资人士总结的有关商业计划书的撰写要求（含中英文版），同时紧密结合中国中小企业发展的实际需求，不仅列出了商业计划书的主要框架及各章节内容明细与要求，还指出了投资人最为关注的内容元素。因此，这个商业计划书模板具有科学、严谨、完善、实用、重点突出的特点，适合一般创业者、中小企业管理者使用，可以帮助使用者高效融到资金或者高效运营该商业项目。其中章节中个别项目内容不一定适合每一家企业，可适当予以增减。

需要注意的是：内页封面含标题以及有关公司、项目或个人的基本信息。有必要再加上一个封面，材质可采用彩色的、耐磨的纸张，或者透明塑料材料，这样可以使计划书外观更具吸引力，但颜色切忌过于艳丽。

商业计划书编号：

［公司或项目名称］

商业计划书

［时间：　　年　　月］

　　　　　　　　　　　［联系人］

　　　　　　　　　　　［职务］

　　　　　　　　　　　［电话号码］

　　　　　　　　　　　［传真号码］

　　　　　　　　　　　［电子邮箱］

　　　　　　　　　　　［地址］

　　　　　　　　　　　［邮政编码］

　　　　　　　　　　　［网址］

保密须知

本商业计划书及其附件属商业机密，所有权归［公司或项目名称］所有。其所涉及的内容和资料只限于已签署或者初步达成投资意向的投资人使用。收到本计划书后，收件人应即刻确认，并遵守以下约定：

（1）若收件人不希望涉足本计划书所述项目，请按上述地址尽快将本计划书完整退回。

（2）未获得［公司或项目名称］的书面同意，收件人不得将本计划书全部或部分地予以复制、影印、通过各种传播渠道传递给他人、泄露或散布给他人。

授权方（公司名称）：

负责人签字：

日期：

目　　录

第一部分　摘　要

摘要是对本商业计划书的概述，也是对本计划书基本框架（每个部分重要内容）及特点的描述。其基本功能是用来在短时间内吸引投资人的注意力，所以摘要不要过长，不要超过两页的篇幅，越短越好。

应着重突出行业与市场分析、产品或服务及其客户价值（特殊或独有商业机会）、获取成功的关键战略、管理团队、融资要求以及投资回报前景。

用最简洁、最能打动人的语言描述以下内容：

（1）你公司的宗旨及概况。

（2）你的商业模式，即你的产品或服务。

（3）你的创新及时解决了用户的问题，甚至填补了市场的空缺，即为客户带来了新价值。

（4）巨大的行业或市场规模以及潜在的远景。

（5）你的竞争优势（主要与竞争对手比较）。

（6）你的行动计划（实现计划的具体步骤、方案，获取成功的关键战略）。

（7）你的管理团队状况，即能够支撑计划的管理团队。

（8）你的资金需求以及筹措方法说明。

（9）你能够为投资人短期内带来的回报以及能够看到的未来前景。

第二部分　公司概况

一、基本信息

（1）项目公司与关联公司的关系以及基本信息。

（2）成立日期、发展历程、所属行业、业务范围、法定名称、所有制形式、办公地址、特许经营权、人员规模、硬件资源、技术力量、公共关系资源、生产能力、历史经营业绩等。

二、组织结构

（1）董事会：董事会背景及治理机制介绍（董事会成员资料可以以附件形式体现）。

（2）管理层构成：管理队伍构成、相关背景介绍，突出成员的技术、经验等优势（详细内容可在后面管理团队介绍部分重点阐述）。

（3）股权结构：主要描述目前的股权分配情况。

（4）各部门职能及经营目标：主要指公司组织结构的说明、重要岗位设置情况以及经营目标分解情况。

三、公司价值观及战略规划

主要指公司追求的愿景（长远目标）以及近期（至少是近两年的）战略规划，包括研发、生产、市场等方面的战略目标、规划。

四、专利技术与知识产权

（1）公司所拥有的专利技术与知识产权。

（2）专利技术的应用情况（主要指在具体产品或服务方面的应用以及表现出来的独有优势、创造的价值，尤其是对本商业计划书所涉及产品或服务的支撑作用）。

（3）知识产权的保护策略。

五、场地资源与设施设备

主要指公司拥有的土地资源、设施设备等硬件方面的状况，包括设备的先进性、生产能力等情况介绍（如果需要进一步融资扩建、加大投入可做相关说明）。

六、协作与公共关系资源

（1）供应链合作：主要指公司在供应链方面的一些战略合作关系，如合作研发、委托加工、供应商战略合作、联合营销、售后服务支持等合作关系说明。

（2）外部智力支持：主要指公司与外部智力机构的合作关系等，如会计师事务所、律师事务所、顾问或咨询公司等。

（3）政府、媒体及社会资源：描述所获得或积累的行业政策支持、政府支持、媒体支持等资源。

第三部分　项目描述（含产品和服务）

项目描述属于概述性内容，尽量言简意赅，其目的是让读者快速了解项目的性质及其背景、项目的商业模式及其商业理念、创业者对项目的热情以及创业者获取成功的承诺与能力，让投资人树立对你的信心。

具体描述内容包括项目的历史（发展阶段）、基本性质、项目（产品和服务）所创造的价值、市场前景、发展目标、获取成功的承诺与能力、目前财务状况以及经营主体（公司或者创业团队）概况。

需要注意的是：项目描述内容与整个商业计划书的摘要内容要有所区分，且侧重点不一样。前者侧重于项目背景、商业模式及其产品或者服务介绍，后者则侧重于整体商业计划的亮点阐述。

一、项目背景

（1）项目基本性质。

（2）项目的历史（发展阶段）及现状。

（3）项目产品和服务及其所创造的价值（详细内容见产品和服务）。

（4）市场前景。

（5）发展目标。

（6）获取成功的承诺与能力。

（7）目前财务状况。

二、产品和服务

需要注意的是：（1）以下所列为内容清单，具体描述过程中可将其中重复的内容予以整合，如产品和服务介绍中的无形资产相关内容与研发及生产中的研发成果相关内容。

（2）整体突出产品和服务的基本信息、特征、优势及其独特的客户价值。

（3）以下研发及生产、储运、包装、服务与支持相关内容，是对产品和服务介绍的补充说明，仅供参考，撰写过程中应根据实际需求进行内容项目的选择，不要追求面面俱到。选择原则是：突出产品和服务的优势及独特价值，突出影响产品和服务的关键成功要素，如研发能力、原材料供应、质量控制、售后服务体系等。

（4）研发及生产相关内容应该注意与后面研发与生产计划内容的协调，这里只需描述现状、突出亮点即可；包装相关内容，在后面营销计划中的产品策略部分可能会提到，这里不必展开描述；服务与支持相关内容在后面的营销计划中也会提到，若这里着重阐述，后面就不宜赘述。

（5）聚焦于现状（目前能够做到的），而不是未来。部分涉及未来计划、项目发展所需资源及资金、经营管理（关键成功要素相关）等方面的内容，可在商业计划书中后面的营销计划或者经营管理计划中再进行重点描述，这里只需要根据个人需求简单陈述或者不用陈述。

产品和服务的具体内容如下：

（一）产品和服务介绍

（1）产品和服务目录：主要指产品的种类、名称、规格、型号、产量、价格等（可以以表格形式体现）。

（2）产品特性、功能及提供的客户价值。

（3）产品生命周期。

（4）无形资产（商标、知识产权、专利等）。

（5）知识产权策略（与公司概况部分相关内容有重叠，这里仅指产品相关知识产权）。

（二）研发及生产

（1）正在开发/待开发产品的简介（或者未来服务规划）。要求描述新产品或者服务的详细介绍并突出为客户提供的新价值。

（2）公司以往的研发成果及其技术先进性。

（3）公司现有技术开发资源以及技术储备情况。

（4）资源及原材料供应。

（5）现有生产条件和生产能力。

（6）扩建设施、添加设备、要求及成本，扩增后生产能力。与公司概况部分相关内容有重叠，注意前后内容的一致性以及不同的侧重点。

（7）产品标准、加工工艺、质检（质量控制）和生产成本控制。

（8）健康、安全与环境（HSE）管理策略。

（9）研发计划（含资金、人员投入计划）、产量计划及时间表。

（三）包装

包装工作需要使储运方和客户都相信你的产品会安全离开货架，且包装的设计与风格最好具有一定的差异化特征，这样可以快速对外树立良好的品牌形象，并博得客户的认同。

（四）储运

包括现有的库存、储运条件，以及需要改善的要求、所需资源与成本。

（五）服务与支持

详细介绍产品的售前、售中服务相关要求以及售后服务网络和用户技术支持。包括提倡的服务理念、服务标准、服务流程、服务质量体系、服务考核机制等相关内容（有关文件可以以附件形式体现）。

需要注意的是：关于公司概况内容（公司经营主体介绍），若已在第二部分中详细阐述，这里无须重复描述，但是可以结合项目背景内容强调公司的一些能力与资源优势。

第四部分　行业及市场分析

这里所称的行业及市场分析是广义的行业及市场分析，包括整个行业的发展现状及趋势分析、企业所在市场细分领域的发展现状及发展前景分析、竞争分析、项目发展 SWOT 分析四部分内容。

内容重点为：行业大环境发展机会；细分市场发展前景；目标市场定位（包括选择目标市场的理由，以及为什么目标市场中的客户将购买你公司的产品或服务）；竞争者对比分析（突出竞争优势）；结合 SWOT 分析得出的总体结论：进入行业及市场的机会如何，具备哪些优势，存在哪些劣势与威胁，采取哪些策略来确保项目发挥最大优势、抓住机会并获取成功。

一、行业分析

行业是指为市场生产和销售产品或者提供服务的一群公司，行业决定着你的同行与竞争者。这里所称的行业分析，是指企业所处行业大环境分析，而并非细分市场或者细分行业的分析。当然，分析过程中，我们应该尽量选择对企业所处细分市场或者产品和服务定位的目标市场影响较大的因素进行分析，而不要摘取一些大的行业分析报告内容，甚至安排一些与项目"不相干"的行业分析内容。

（1）行业发展历史、现状与趋势（包括行业市场前景分析与预测）。相关图表包括行业产值增长趋势图、行业近年投资热度分析表。

（2）行业准入与政策环境分析（包括进入该行业的技术壁垒、贸易壁垒、政策限制等分析）。相关分析工具为 PEST 分析法、五力模型等。

（3）对产品利润、利润率影响较大的行业发展因素，如行业的变化、政策的变化、技术的变革、竞争者的数量规模及成长速度等。

二、市场分析

市场是指产品或服务出售的地方，市场决定着你的机会和客户。这里的市场，实质上就是指你的产品或服务所定位的目标细分市场。市场细分是指营销者通过市场调研，依据消费者的需要和欲望、购买行为和购买习惯等方面的差异，把某一产品的市场整体划分为若干消费者群的市场分类过程。因此，这部分内容一定要让读者清楚了解你所选择的目标市场、选择该目标市场的理由，以及为什么目标市场中的客户将会购买你公司的产品和服务。

（一）目标市场定位说明（细分市场定位）

主要描述细分市场的特点：消费者结构特征（年龄、性别、学历、职业等）、分布区域、购买动机、购买习惯、购买需求、购买能力等。

相关的分析工具为目标市场特征调查分析及策略制定、消费者分析工具。

（二）细分市场现状及需求预测

（1）**市场发展现状**：目前的消费者数量、销售额（含单位销售额与总销售额）、增长速度、目标市场供给情况以及竞争者分析（主要竞争者以及所占市场份额，详细的竞争分析内容另见竞争分析章节）。

（2）**市场增长空间**：潜在消费者数量、预计销售额（含单位销售额与总销售额，根据市场的增长速度进行判断）、预计市场供给情况（竞争性）。

（3）**影响市场需求的主要因素**（尤指良好的发展机遇）：例如行业变化、

技术变革、竞争性、政策变化等。相关分析工具为有关细分市场消费者数量及产品销售额数据统计表、细分市场可行性分析。

（三）选择该目标市场的理由

（1）市场增长空间以及市场机会如何？

（2）你的产品和服务是如何满足市场需求的？是否创造了新的客户价值？

（3）你具备哪些竞争优势？（可结合五力模型分析、竞争分析、SWOT 分析的内容，简要阐述。）

（4）如果存在劣势或者面临新进入者威胁、替代品威胁等，你将采取哪些策略获取成功？（可结合五力模型分析、竞争分析、SWOT 分析的内容，简要阐述。）

（5）未来 3~5 年的预计销售额多少？预计市场占有率多少？预计利润率多少？（可以用表格形式呈现。）

三、竞争分析

竞争分析，即行业垄断性以及主要竞争对手对比分析，其核心内容为竞争对手分析。竞争对手主要指那些在同一行业里生产相似产品或提供类似服务的公司，它们将对你创业项目的成功构成威胁。全面了解你的竞争者，可以减少遭受失败的风险，同时还可以帮助你采取有效的竞争策略获取竞争优势。

读者通常需要了解的是：

（1）谁是你直接和潜在的竞争者？

（2）你的产品和服务与竞争对手的有什么区别？

（3）你的竞争对手对你的项目构成多大的威胁？

（4）你的竞争策略是什么？

（一）行业垄断态势分析

根据需要安排，大部分都不涉及行业垄断态势分析。行业垄断态势分析，要注意判断行业垄断的可持续性，因为随着政策或者行业市场的变化，垄断地位可能会发生变化。

（二）主要竞争对手分析（要求选取 5 家以上）

（1）竞争对手概况（名单、所占市场份额、特征、基本信息）。

（2）行业内主要竞争对手比较分析。主要从细分市场的市场份额、增长速度、公司实力、研发能力、产品价格、产品质量、成本、营销渠道、客户群、服务支持、管理水平等方面进行比较（可以以表格的形式进行比较分析）。

（3）竞争分析结论：公司产品竞争优劣势，并指出公司的竞争优势能够持续多久。主要分析工具为竞争者分析相关分析工具。

需要注意的是：主要突出公司的竞争优势，因此在上述比较分析过程中，不要介绍太多的细节，应该抓住关键的竞争要素（例如技术创新的高水平、产品质量的优越性、成本控制的优势、营销渠道的资源优势等）进行对比分析，从而得出公司具备较大竞争优势的结论。

（三）竞争策略或突破壁垒

针对竞争对手，尤其是针对竞争分析中存在的劣势，采取哪些策略，如何扬长避短、如何攻克薄弱点；面对进入目标市场过程中可能遇到的壁垒，如何突破这些壁垒。

四、SWOT 分析

这里采用的 SWOT 分析，通常是将上述分析过程的内容或者部分分析结论，采用 SWOT 分析工具，对项目的优势、劣势、机会、威胁进行总结性分析，从而得出总体结论：进入行业及市场的机会如何，具备哪些优势，存在哪些劣势与威胁，采取哪些策略来确保项目发挥最大优势、抓住机会并获取成功。

（一）项目优势分析

例如，研发、团队、技术、产品质量、营销渠道等方面与竞争者比较，具备较大优势。

（二）项目弱势分析

例如，新创立公司品牌影响力弱、产品更新速度相对较慢、融资前生产硬件条件有待改善等。

（三）项目机会分析

例如，行业发展前景巨大、细分市场增长空间大、政策支持行业发展等。

（四）项目威胁分析

例如，行业新进入者威胁、替代品威胁、行业进入技术壁垒、贸易壁垒、资质要求壁垒、政策限制等。

SWOT 分析的结论如下：

目前，你的项目（产品或服务）进入行业及市场的机会如何；与竞争对手相比，你的项目具备哪些得天独厚的优势，又存在哪些劣势；你的项目发展可能会面临哪些威胁，你将采取什么样的策略来消除竞争劣势与发展威胁，从而构建竞争优势、抓住最佳机会并获取成功。

第五部分　项目执行计划

这里所指的项目执行计划，实际上是公司的战略规划，具体包括公司总体战略规划、各项细分职能战略规划（研发与生产计划、营销计划、经营管理计划等）。实际上，本部分内容是在描述完公司概况、项目基本情况、产品及服务、行业及市场分析（包括竞争分析）之后，提出项目将要实现的总体战略目标以及达到预期目标的具体实施方案。

需要注意的是：第一，部分内容可能与商业计划书中的相关内容存在一些重复，需要重点协调，例如在公司概况中可能会涉及公司战略规划内容，但在公司概况中只需简明扼要地描述，又如研发与生产计划中涉及研发与生产现状的一些内容，在产品和服务中可能会突出描述，用以突出研发与生产能力，这里着重描述未来计划部分内容即可。第二，关于具体的阶段目标、计划及实施进度，既可以在总体战略目标与规划中描述，也可以在经营管理计划中描述。第三，关于财务计划内容，严格意义上也是属于执行计划部分的内容，但考虑其重要性，一般都安排独立章节予以阐述，不过在本部分中可以强调一些财务目标、大概的财务计划工作。第四，在各项战略规划描述过程中，一定要突出支撑项目获取成功的关键因素，切忌面面俱到。

一、总体战略目标与规划

（一）公司愿景与使命

公司愿景是企业为之奋斗的蓝图，是组织成员发自内心的对组织未来的一种远期追求，必须向读者明确公司存在的理由、价值观以及战略目标。

公司使命是指企业在社会进步和社会经济发展中所应担当的角色和责任，

是企业的根本性质和存在的理由，说明企业的经营领域、经营思想，为企业目标的确立与战略的制定提供依据。

（二）近期战略目标与规划（近 3～5 年）

在战略规划描述中，应突出项目的关键成功要素，不一定要按照以下所列项目内容撰写，而且不同企业关键成功要素（尤其是职能战略目标与规划）不尽相同。

1. 财务目标/业绩目标

（1）销售额。

（2）利润。

（3）市场占有率。

（4）盈亏平衡点。

（5）资本周转能力。

2. 职能/能力战略目标与规划

以下所列内容主要强调目标与总体规划，具体实施方案分别另见研发及生产计划、营销计划、经营管理计划以及财务预测与融资计划。

（1）研发及生产战略目标与规划。

（2）财务（资本）战略目标与规划（包括公司自己的资金投入、使用计划以及融资计划）。

（3）营销（含品牌）战略目标与规划。

（4）人才（组织能力）战略目标与规划。

（5）公共关系（资源整合）战略目标与规划。

（6）企业文化战略目标与规划。

（7）社会责任战略目标与规划。

（三）阶段目标与工作计划

本部分主要描述各阶段发展目标以及具体的工作重点内容，即如何分阶段、分步骤实现上述战略规划。

可以按照项目发展的关键时期拟定阶段目标及工作计划，也可以按照年度拟定目标与计划。尽量用表格形式清晰阐述，如表 4—2 所示。

表 4—2　　　　　　　　　　　　阶段目标及工作计划表

年度/时间段	阶段目标	阶段工作重点	备注

（四）项目实施进度

本部分主要描述项目当前的进展状态（见表 4—3），强调近期（尤指项目初期）阶段性工作（或者里程碑交付成果名称）的完成情况。一般针对某些已经启动或者初步投入运营的项目，便于读者掌握项目发展状态。

表 4—3　　　　　　　　　　　　项目实施进度表

阶段性工作	计划完成时间	完成情况	备注

一些网络平台项目，需要重点描述网络平台筹备、建设及上线阶段的工作完成情况。

需要注意的是：（1）本部分内容也可以与阶段目标与工作计划内容融合，作为长期发展目标与工作计划的一部分，作为一个整体来阐述。

（2）注意与项目描述中项目背景内容的协调，因为项目描述中包括项目历史阶段及现状的介绍。可根据需要从不同角度重点阐述，或者只在某一章节中强调该内容。

二、研发及生产计划

（一）研发

1. 研发能力方面

（1）已有研发成果、新开发产品以及关键技术的先进性（包括技术专利、知识产权、获得奖励等）。

（2）公司参与制定产品或技术的行业标准和质量检测标准情况。

（3）国内外技术与产品开发竞争优势（与竞争对手比较）。

2. 研发资源及研发管理方面

（1）目前研发投入情况（可列表说明每年购置开发设备、开发人员工资、试验检测费用、专利申请或技术资格认证费用以及与开发有关的其他费用）。

（2）现有技术团队以及技术专利储备情况。

（3）现有研发设备情况。

（4）现有研发合作资源情况（例如高校、研究机构等，包括合作方式说明）。

（5）如何确保技术队伍稳定，例如技术开发以及创新激励机制与措施。

3. 研发计划方面

为保证未来研发产品的质量、产品的升级换代以及保持技术领先地位，需要说明公司的技术研发方向、未来重点开发的产品、研发投入计划及管理措施。

（1）未来技术研发方向说明，如重点领域、关键技术突破，要求说明具体的时间进度安排。

（2）未来重点开发的产品说明，如即将上市的产品、未来投放市场的创新产品，要求说明具体的时间进度安排。

（3）公司未来 3～5 年研发资金、设备与人才投入计划。

（4）管理措施：主要指合作资源的继续拓展、技术队伍的激励、质量与成本的控制等相关说明。

（二）生产制造

1. 生产制造能力方面

（1）产品生产制造方式：企业自建厂生产产品，还是委托生产，或其他方式，并说明原因。

（2）生产条件情况：地理位置、厂房及库房面积、环境及设施条件、交通、仓储、物流等。

（3）生产设备情况：设备性质，是专用设备还是通用设备；设备先进程度如何；设备价值多少，是否投保；设备生产能力如何，能否满足公司产品销售增长的要求等。

（4）生产管理团队情况：生产管理人员、设备操作特殊技能人才储备情况；生产一线操作人员稳定情况。

2. 生产管理方面

（1）生产制造过程、工艺流程说明（简述，并附加图表予以呈现）。

（2）主要原材料、元器件、配件以及关键零部件的供应情况（进货渠道的稳定性、可靠性、质量、价格及周期，必要情况下可列出主要供应商的名单及其合作历史、优势）。

（3）质量控制：描述生产过程中产品的质量管理体系，例如供应质量控制、生产全程质量检测标准、生产制造及工艺流程规范与管理、质量改进等。如何确保生产效率与产品质量，成品率、返修率、废品率等的控制目标范围。

（4）成本控制：描述产品成本与生产成本的控制措施，如何形成成本优势。

3. 生产计划方面

一般要明确生产战略规划，并主要描述产量计划、未来 3～5 年的生产投入计划，以下所列其他内容仅供参考。其中的质量管理、供应商管理、成本控制、HSE 管理等策略，应注意与上述"生产管理"部分内容的衔接，避免重复。

（1）产量计划及时间进度安排。

（2）未来 3～5 年生产投入计划，例如厂房扩建、生产线扩容、设备添加、设备更新升级、人才引进等。

（3）生产制造流程、工艺流程进一步优化。

（4）供应商管理策略。

（5）质量加强策略。

（6）成本控制策略。

（7）HSE 管理策略。

三、营销计划

将你的产品或者服务销售出去，是创业项目成功的关键步骤。制定营销计划有两个重要意义：一是为团队明确行之有效的营销战略，并实现产品或者服务的成功销售，是商业计划书中不可分割的一部分；二是成功的营销策略以及优秀的营销能力可以大大增加读者的信任。

通常情况下，营销计划内容需要特别设立一个篇章进行重点展开描述。商业计划书中的营销计划主要突出描述营销目标、营销策略、客户服务、营销管理、公共关系等内容，完善的营销计划书还包括营销状况分析、SWOT 分析、营销预算、营销控制等内容，这里不展开描述。

（一）营销目标与规划（预计市场渗透与销量）

明确近 3～5 年销售需要达到的目标以及具体的市场开发计划，可按阶段分解总体目标。总体目标也可以用一些关键指标来衡量，以下为示例：

（1）市场份额（％）。

（2）有效销售率（％）。

（3）实际完成率（％）。

（4）潜在的购买者/用户（每年数量）。

（5）总销售量/销售额。

（6）每个购买者的购买量。

（7）平均购买价格。

（8）广告宣传/出版物上宣传的目标数量。

（9）渠道商发展数量。

（10）品牌地位/品牌价值。

需要注意的是：

（1）部分内容可能与战略规划中涉及的战略目标相同，但这里强调的是营销战略目标。

（2）可以用图表形式表达，并列出近 3～5 年每年的预期目标。

（二）营销策略

营销策略主要包括产品策略、价格策略、分销策略、促销策略四个部分。

1. 产品策略

产品策略常用的有产品的差异化定位、产品包装设计、产品组合策略等（如果在"产品和服务"部分已经有相关阐述，这里可以简略一些）。

2. 价格策略

产品销售成本的构成及销售价格制定的依据；影响价格变化的因素和对策。

3. 分销策略

主要指建立销售渠道的策略与实施。具体分销策略可以从以下两方面阐述：

（1）直销。直销是指在固定零售店铺以外的地方（例如个人住所、工作地点或者其他场所），由独立的营销人员以面对面的方式，通过讲解和示范方式将产品和服务直接介绍给消费者，进行消费品的营销。

这里要求描述详细的销售体系、销售队伍的运行机制、实施计划以及达成的任务额。具体销售方式包括面对面销售、直销店、电话销售、网络销售等。

（2）渠道商。渠道商主要是指介于制造商和消费者之间的众多中间企业，包括批发商、经销商、零售商、代理商和经纪商等。

这里要求描述所选择不同渠道的功能、特点及其优势（其中包括已有的销售渠道），渠道网络的区域布局，不同渠道的发展目标与规划，渠道管理机制，渠道商服务支持以及达成的任务额。

其中，为渠道商提供的服务支持，主要从以下几方面介绍：

1）竞争优势：具有独特的产品竞争优势，且保持稳定的利润和市场地位。

2）产品或服务价格：制定合理且有很强吸引力（盈利空间大）的价格。

3）广告宣传与公共关系：适当的广告投入、开展市场公关活动、提供有效的销售（宣传）资料，最大限度地提高顾客的理解度和需求，促使销售过程加快和简易化。

4）技术/专业服务：准确有效、反应迅速。

5）人员培训：必要时为渠道商提供销售人员培训支持。

6）保障性服务：在设计、制造、包装、储运等方面提供服务支撑，例如，当需要产品时可立刻发货。

4. 促销策略（促销与市场渗透）

（1）主要促销方式。主要促销方式包括折扣优惠、礼品派赠、产品展示会、直投、与渠道商联合促销、活动促销等。要求对所采用促销方式的特点、具体内容、时间安排、作用以及预计产生的效果进行说明。

（2）广告宣传与公关活动。

1）广告宣传：广告投放规划（包括投放媒介对象、投放周期安排、广告宣传内容）、宣传对象、预计效果。

2）资料宣传：广告宣传资料、品牌形象手册等。

3）自媒体宣传：企业内刊、官方网站、企业微博等自媒体的宣传计划。

4）公关活动：包括新闻发布会、年会、学术研讨会等。

5）品牌活动：主要指推广产品品牌、企业形象的系列品牌活动。

（三）客户服务

客户服务主要包括售后服务以及日常客户关系维护两个方面的内容。

1. 售后服务

描述产品售后服务方面的策略与实施方案。例如服务理念、服务标准、服务流程、服务管理体系。注意相关内容不要与"产品或服务"部分的服务与支持内容有太多重复，如果完全一致，可略作说明。

2. 客户关系维护

描述客户关系维护的主要策略，如客户满意度调查、客户需求调研、客户数据分析、客户开发与维护管理制度、客户关系拓展及维护活动。

（四）营销管理

营销管理主要包括营销队伍建设以及日常销售业务管理两个方面的工作内容。

1. 营销队伍建设

包括营销队伍现状、营销队伍建设计划、培训计划、配套的销售管理机制（如销售人员管理办法、销售业绩奖励制度、相关绩效考核制度）。

对于相关管理办法或者制度，可以简单说明，也可以根据融资进展需要以附件形式体现。另外，需要注意与经营管理计划中人才招聘与培养计划、薪酬激励机制、绩效考核机制等内容的协调，这里重点突出的是针对营销队伍建设的内容，如果存在重复的内容，此处略作说明即可。

2. 销售业务管理

这里主要指日常销售业务管理、销售资料统计、客户数据信息化、客户数据统计与分析、销售周期计算等（部分内容与客户关系维护内容相关）。

（五）公共关系

主要指通过公共关系的维护，在社会与公众心目中树立企业的良好形象。具体措施包括：

（1）通过公关活动，与社会公众形成良好互动，树立品牌形象。

（2）定期与政府、媒体、研究机构等机构进行关系维护，借助第三方的力量将企业的声音传递出去。

（3）积极承担社会责任，构建利益共同体（与利益相关者各方保持和谐关系，并努力实现共赢）。

需要注意的是，这部分内容与促销策略中广告宣传、公关活动等内容比较类似，但这里强调的是公共关系维护以及品牌形象的树立，而促销强调的是如何促进销售、如何渗透市场；当然，如果这部分内容不多，也可以整合到促销策略部分予以描述。

四、经营管理计划

经营管理计划是指项目运营的日常工作计划以及指导这些工作的战略，是确保营销计划和整体商业计划获取成功的基础。（项目的日常工作就是经营，这个过程是把构思或原材料转化为将要出售给客户的产品或服务。）因此，经营管理计划也是公司战略规划内容的重要组成部分，是实现公司战略目标的具体实施计划内容之一。

经营管理计划部分，应该突出描述其中那些支撑项目获取成功的关键因素，即影响为利益相关方创造经济价值回报的重要因素。例如，盈亏平衡点控制，原材料采购优势以及成本控制管理，生产或者营销过程中的技术革新，质量的管控，人力资源获取的便利性，有效的定价策略，优越的地理位置，优秀的管理团队。

（一）组织结构及公司治理

（1）组织结构设计：设立哪些机构或部门、配备哪些人员、各部门职能与经营目标。要求体现能够支撑未来公司战略与商业计划的组织结构。可用图表形式展示。

（2）企业决策机制/程序说明。

（3）其他需说明的问题：公司是否存在关联经营和家族管理问题；公司与董事会、董事、主要管理者、关键员工之间是否有实际存在或潜在的利益冲突，有什么解决办法。

（二）管理团队介绍

若在其他部分或者独立的章节中已经详细介绍了管理团队，这里只需要简单强调团队优势即可。

（三）薪酬、福利与员工激励机制以及员工利益保障

（1）高管激励：主要指对公司管理层及关键人员将采取的激励机制，具体包括股权分配及认股计划、薪资及福利激励方案。

（2）员工激励：薪资、福利以及激励措施，例如，员工持股计划、与员工签订劳动合同（包括竞业禁止协议）、为员工办理社保、为员工提供福利方案、员工利益保障机制。

（3）重要的制度或者方案可以以附件形式体现。

（四）人员招聘、培养与绩效管理计划

描述支撑整体商业计划的人力资源规划，具体包括人员招聘、培养以及绩效管理（考核机制说明）三个方面的内容。

组织机构设置及人员配备在"组织结构"部分已经进行了详细说明，这里主要突出描述人员招聘以及培养计划，从而确保项目发展的人才供给。

（五）企业文化建设规划

简单描述公司倡导的核心价值观、员工行为规范以及企业文化建设规划。（这里主要指初期的企业文化管理机制，简单描述即可，切忌描述庞大、完善的企业文化建设规划内容，毕竟企业文化管理属于相对"虚"的管理方式，只要能够突出公司的远大目标、凝聚力以及可持续成长的生命力即可。）

（六）知识产权管理

描述企业对知识产权、技术秘密和商业秘密的保护措施。例如，保密协议签订、竞业禁止协议签订、知识产权及专利管理制度等。（尤其是针对关键技术人员、掌握重要信息的人员，要求签订保密协议、竞业禁止协议等。）

（七）研发与生产管理计划

突出描述为保证未来研发产品的质量、产品的升级换代以及保持技术领先地位，公司未来的技术研发方向、重点开发的产品以及具体的研发投入计划及管理措施。（此处无须展开描述，突出关键要素即可。详细内容见研发与生产计划部分。）

（八）阶段目标、工作计划及项目实施进度

若在战略规划中已经描述该内容，这里无须重复介绍，提示"详见总体战略目标与规划"即可。

（九）其他需要重要说明的内容

本部分内容可以灵活穿插描述，有必要时，再重点描述。

（1）盈亏平衡点控制分析（也可以在财务计划中重点描述）。

（2）企业是否通过国内外管理体系认证。

（3）项目实施过程中还需要哪些资源与能力支持，如何获取这些资源与能力。

第六部分　财务预测与融资计划

财务预测与融资计划，可以理解为广义的财务计划，包括财务预测、投资分析、融资说明等内容。财务计划的核心是经营的最终目标——获得财务收益。一个项目必须有健康的现金流以及获利的长期潜力，否则，项目的存在就失去了意义。因此，财务计划是商业计划书内容的关键组成部分，因为它将项目的所有其他部分，包括商业环境分析（商业机会）、竞争性分析（竞争优势）、营销计划、经营管理计划和管理团队，都转换成了预期的财务成果。

本部分要求描述财务预测分析过程及其结论，具体包括财务假设、财务预测与分析（依据财务报表，着重进行损益预估、现金流预估、资产负债预测、盈亏平衡分析、资产价值分析、资产折现力规划，其中包括项目盈利能力分析、偿债能力分析、成长能力分析、营运能力分析等关键财务指标的分析）、项目投资效益分析、融资计划等内容。

一、历史财务状况

简单描述公司过去的财务状况，并突出经营成果，要求提供过去至少三年的现金流量表、资产负债表、利润表以及每年度的财务总结报告书。

需要注意的是，财务现状也是后面财务预测假设的基础，可以提高风险投资人对你后面财务预测内容的信任度。

二、财务预测

（一）假设说明（财务预测前提）

你所做出的财务数据假设是商业计划书的基础，它们必须是现实的，不能超出行业经验的范围。在附件中可以考虑加入更为详细的假设资料。

而且，一定要在计划书中写明你的假设，并且给出它的来源、证据、专家意见以及你选择某一增长率或分销成本的理由。

必要时可以对你的盈利模式加以说明，作为财务预测的前提内容之一。

假设说明示例如下（仅供参考）：

（1）项目期初投资为投资年度年初一次性投入。

（2）收入在年末取得，成本、费用、税金等均在年末发生。

（3）产品经研发已成熟，具备技术上的可行性，可以批量生产投放市场。

（4）与项目分析有关的成本，价格等指标均为确定值。

（5）以五年为限对项目进行评价。

（6）在确定项目的现金流量时，只考虑全部投资的运动情况，而不区分自己资金和借入资金等具体形式的现金流量。所有资金都视为自有资金。

（7）在盈亏平衡分析中，将销售费用和管理费用都看做固定成本。

（8）固定资产按平均年限法折旧，假设无净残值。

（9）假设公司当年现金收入为总收入的__％，剩余__％下年收回。

（10）按税后利润__％提取盈余公积，__％分配红利。

（11）银行借款利率为__％。

（12）行业折现率为__％。

（13）行业及市场增长率为__％。

（14）主要盈利模式说明（如果盈利模式已经在之前的项目描述中进行了详细介绍，这里只需概述一下并做说明即可）。

需要注意的是：有关详细的财务数据，也可以在附件中相应的每张财务预测表中的前面给出假设说明。具体包括：市场增长率，客户及数量假设，销售增长率假设，产品定价假设，销售成本假设，生产成本假设，收入构成假设，员工工资及经营管理成本支出（包括年增长率），现金、应收账款、固定资产（含折旧方式）说明，公积金、利润分配比例，其他重要数据说明。

（二）财务预测与分析

1. 利润表分析（重点阐述）

提供附件内容：未来 3～5 年预计利润表。分析过程中，可以编制一个简要的表格，如表 4—4 所示。

表 4—4　　　　　　　　　　　未来 3～5 年预计利润表

项目	基期	1 年	2 年	3 年	4 年	5 年
营业收入（元）						
营业利润（元）						
营业利润率						
净利润（元）						
净利润率						

分析要点：强调和解释预测利润表中主要数字的重要性，这些数字是该项目 3～5 年内的收入、营业利润、营业利润率、净利润和净利润率。说明你预计该项目何时开始盈利以及未来的盈利能力。

2. 现金流量表分析

提供附件内容：未来 3～5 年预计现金流量表。分析过程中，可以编制一个简要的表格，如表 4—5 所示。

表 4—5　　　　　　　　　　　未来 3～5 年预计现金流量表

项目	基期	1 年	2 年	3 年	4 年	5 年
经营活动净现金流量						
投资活动净现金流量						
筹资活动净现金流量						
总现金流入量						
总现金流出量						
总净现金流量						

分析要点：描述公司现金流入流出的结构、真实的收益能力、净现金流的趋势和公司的成长性，并指出现金流出现峰值需要和峰值供应的时间，证明你的商业计划书已经考虑了现金流动的各种可能性。

3. 资产负债表分析

提供附件内容：未来 3～5 年预计资产负债表。分析过程中，可以编制一个简要的表格，如表 4—6 所示。

表 4—6　　　　　　　　　　　未来 3～5 年预计资产负债表

项目	基期	2015 年	2016 年	2017 年	2018 年	2019 年
总资产						

续前表

项目	基期	2015 年	2016 年	2017 年	2018 年	2019 年
流动资产						
非流动资产						
总负债						
流动负债						
非流动负债						
所有者权益（或股东权益）合计						

分析要点：说明公司的资金来源、去向；公司的财务结构状况；公司的偿债能力以及营运能力。

4. 财务报表综合分析

（1）比率分析。如表 4—7 和表 4—8 所示。

表 4—7　　　　　　　　　　　　重要会计数据表

项目	基期	2015 年	2016 年	2017 年	2018 年	2019 年
营业收入						
净利润						
流动资产						
存货						
流动负债						
资产总额						
净资产额						

可根据需要添加必要的数据项目，此表数据主要用于比率计算，便于读者一目了然地掌握你计算的依据。

表 4—8　　　　　　　　　　比率分析表（财务指标分析）

项目	基期	2015 年	2016 年	2017 年	2018 年	2019 年
流动比率						
速动比率						
总资产报酬率						
净资产报酬率						
销售利润率						

可根据需要添加必要的数据项目。

（2）销售趋势分析。如表 4—9 所示。

表 4—9　　　　　　　　　　　　销售趋势分析表

项目	基期	2015 年	2016 年	2017 年	2018 年	2019 年
销售量						
销售收入						

可制作曲线图予以清晰呈现。

综合分析结论：突出项目具有较强的盈利能力、成长能力、偿债能力以及营运能力。

示例：从各项预测财务指标结果以及销售趋势分析来看，该项目具有较高的速动比率，总资产报酬率和净资产报酬率从第二年到第五年呈稳步增长趋势，销售利润率在同期也保持较高水平；而且，项目在前五年的销售收入及销量呈高速递增态势。综合来看，该项目具有相当强的持续盈利能力、成长能力与经营能力。（可根据需要，增加一些项目具有优势的财务指标进行描述，从而突出项目的综合能力与前景。）

三、投资分析

（一）投资项目现金流量的估计（见表 4—10）

表 4—10　　　　　　　　　　投资项目净现金流量预计表

项目	基期	第一年	第二年	第三年	第四年	第五年
原始投入						
净利润						
加：折旧						
净现金流量（NCF）						

表中相关数据来自利润表与生产成本费用预算表。

（二）投资效益评价

1. 投资净现值

净现值（NPN）是反映投资项目在建设和生产服务年限内获利能力的动态指标，其计算公式为：

$$NPV = \sum NCF_t(1+k)^t$$

式中，NPV 为净现值；NCF 为在 t 期末现金净流量；k 为折现率。

分析示例：根据上述公式得出 NPV＝（　），所以该项目是（可行）（不可行）的。

2. 内含报酬率

内部收益率（IRR）是项目净现值为零时的贴现率，内部收益率大于资本成本率寿命则该项目可行；反之，则不可行。内部收益率满足以下公式：

$$NPV = \sum NCF_t(1+IRR)^{-t}$$

分析示例：

令 NPV＝0，计算得 IRR＝＿＿＿％，远（高）（低）于项目资本成本，投资方案（可以）（不可以）接受。

3. 获利指数

获利指数（PI）是指投产后按基准收益率或设定折现率折算的各年现金流入量的现值合计与原始投资的现值合计之比。只有获利指数大于1或等于1的投资项目才具有财务可行性。其计算公式是：

$$PI = NPV/C$$

分析示例：

根据获利指数计算公式计算得到 PI＝（　），获利指数（大于）（小于）1，投资方案（可行）（不可行）。

4. 投资回收期（见表4—11）

表 4—11　　　　　投资回收期计算依据表（投资净现金流量）

项目	基期	第一年	第二年	第三年	第四年	第五年
NCF						
累计 NCF						
贴现 NCF						
贴现累计 NCF						

表格中数据来自投资现金流量表。

投资回收期是指从项目的投建之日起，用项目所得的净收益偿还原始投资所需要的年限。投资回收期分为静态投资回收期与动态投资回收期两种。

静态投资回收期（P_t）＝（累计净现金流量开始出现正值的年份数－1）

$$+ \frac{上一年累计净现金流量的绝对值}{出现正值年份的净现金流量}$$

动态投资回收期 (P'_t) ＝（累计净现金流量现值出现正值的年数－1）

$$+\frac{上一年累计净现金流量现值的绝对值}{出现正值年份净现金流量的现值}$$

计算结果评估方法为：求出的投资回收期要与行业标准投资回收期或行业平均投资回收期进行比较，低于相应的标准认为项目可行。

分析示例：

静态回收期：2＋（12 772.68/20 080.02）≈2.6（年）

动态回收期：2＋（13 677.07/21 675.27）≈2.65（年）

投资回收期＝2.6年，而同行业投资回收期平均水平一般为5年，低于同行业平均水平，值得投资。

投资分析结论：

通过以上各项指标分析，项目满足以下条件：

NPV≥0；IRR≥资本成本（＿＿＿%）；PI≥1；回收期为2.6年，低于同行业平均水平5年。综上可知，该项目可行。

四、盈亏平衡点分析

要明确地告诉读者，你的项目在何时并且在什么销售水平条件下，才能达到盈亏平衡点。可用图表形式予以呈现，略作说明即可。图4—1为示意图。

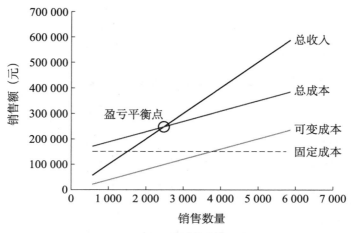

图4—1 盈亏平衡点分析示意图

盈亏平衡点（break even point，BEP）又称零利润点、保本点、盈亏临界点、损益分歧点、收益转折点，通常是指全部销售收入等于全部成本时（销售总收入线与总成本线的交点）的产量。以盈亏平衡点的界限，当销售收入高于盈亏平衡点时企业盈利；反之，企业就亏损。盈亏平衡点可以用销售量来表示，即盈亏平衡点的销售量；也可以用销售额来表示，即盈亏平衡点的销售额。

按实物单位计算：

盈亏平衡点＝固定成本/（单位产品销售收入－单位产品变动成本）

按金额计算：

盈亏平衡点＝固定成本/（1－变动成本/销售收入）

＝固定成本/贡献毛率

其他常用投资分析工具还有投资回报率（ROI）分析、风险概率与投资收益分析等。可根据需要选择性使用。

五、融资计划

通过你的融资计划说明，投资人想知道你对这个项目所预测的"底线"。他们通常希望从这里得到以下信息。

（一）融资需求

主要指项目的资金需求与使用计划，融资需求包括需求量、需求时间、资金用途、贷款方式等；使用计划是指你如何使用这些资金。具体使用计划除了简单文字陈述，还可用表格形式呈现（见表4—12）。（本部分内容也可以在财务计划中开门见山地提出）。

表 4—12　　　　　　　　融资资金需求与使用计划表（年度）

项目	金额（万元）
生产设备	
厂房仓库建设/租赁	
办公设备	
人员工资	
制造费用	
购买原材料	
销售与管理费用	
总计	

需要注意的是：资金需求一般做一年的使用规划，即这一年项目要达成什

么目标，达成这个目标需要多少资金，主要投入在哪些方面，具体如何分配使用。

（二）资本结构

要求对原资本结构进行说明，包括原负债结构说明，并说明吸纳投资后的股权结构、股权成本（包括融资后你将稀释多少比例的股份）（见表 4—13）。

表 4—13　　　　　　　　　　　　资本结构说明表

股本来源、股本规模	某公司			投资人
	货币入股	技术入股	设备入股	
金额				
比例				
合计				

需要注意的是：（1）股份稀释的比例最好不要超过 30％，追求公司与投资人的"双赢"，并兼顾后期融资及可持续成长。

（2）出资要符合相关法律的规定。

（3）注册资本不包含银行借款。

（三）回报与偿还计划

该内容已经在投资分析的投资回报期分析中进行了详细阐述，略作说明即可。但是，如果项目有贷款，需要就贷款偿还计划作出特别说明。

（四）投资人监督与管理权限

主要对投资人介入公司管理程度及界限的相关说明。

（五）投资回报与退出

主要指对股票上市、股权转让、股权回购、股利等形式的说明。

（1）股票上市：对公司上市的可能性作出分析，对上市退出的条件做出说明。

（2）利润分红：对利润分红做出说明，投资人可以通过公司利润分红达到收回投资的目的。

（3）股权回购：依照规定，公司实施股权回购计划应向投资人说明。

（4）股权转让：投资人可以通过股权转让的方式收回投资。公司对投资人进行股权转让的说明。

（六）其他说明

例如，针对投资人的投资抵押、担保等相关说明。

第七部分　项目风险与机遇

项目风险分析主要包括资源风险、市场不确定性风险、研发风险、生产不确定性风险、成本控制风险、竞争风险、政策风险、财务风险、管理风险、破产风险等内容，通过描述风险控制的策略与方法，让读者对你充满信心。机遇分析主要指项目面临的行业及市场发展机遇与良好前景，一旦战胜风险，项目所带来的机遇与无限的发展前景，将让投资人为之所动。

一、项目风险分析

描述项目可能存在的风险以及每项风险的控制策略，如常见的技术风险、市场风险、财务风险、生产风险、管理风险、政策影响风险等。

二、项目机遇

描述项目本身的发展机遇以及为投资人带来的高价值回报，如项目所在行业市场增长空间巨大、项目盈利能力强、政策环境利好等。同时，本项目如果能为投资人带来财务收益与其他回报，考虑项目存在的风险系数，更加值得投资人进行投资。

如果行业及市场分析、财务计划中对相关市场机遇、投资收益与回报内容已经进行了详细阐述，这里只需概述即可。

必要时可以就风险概率与投资收益进行详细分析，并用图表呈现，让读者清楚地了解项目带来的机遇与回报远胜于项目存在的风险。

第八部分　管理团队概述

管理层在创业初期一般就是你的创业团队，而创业团队的情况正是众多投资人最为关注的内容之一，也是很多读者通常会首先阅读的那一部分。因此，应该突出进行描述，并强调管理团队的整体优势。既可以在公司概况中突出介绍，也可以在经营管理计划中进行描述，本模板将其设立为独立篇章。

内容应突出团队核心成员的个人特长、相互弥补的整体优势以及已经取得的合作成就。关于管理团队成员的个人简历最好以附件形式体现。

一、管理团队介绍

对整个管理团队的综合性描述，可以让读者了解一个高效的创业团队是如何形成的，从而让这些极其在乎"投人、投团队"的读者对你的创业项目获得盈利、取得成功充满信心。为了突出整个管理团队的优势，一般需要从以下几个方面进行描述：

（1）证实管理团队的力量。描述团队中每位成员的知识、技能与经验是如何在整体上相辅相成的，是如何形成强大的技能组合的。

（2）表达管理团队的文化与管理机制。描述团队共同认可的价值观、团队章程（管理规范），如何确保团队力量得以充分发挥。

（3）强调管理团队的历史合作成果。这证明你的团队已经拥有成熟的团队合作经验，并且相对于一个新组成的管理团队，具有更大的竞争优势以及更高的成功概率。

（4）必要时可以诚实地描述团队的弱点，并说明未来如何弥补团队弱点、提升团队整体能力的方案。

二、管理团队组成人员介绍

个人资料信息主要包括姓名、职务、性别、年龄、所持公司的股份或选择权、毕业院校、受教育程度、个人工作经历、专业水平、知识与技能、历史成果、业界影响力、创业态度与动机等。

可以附上核心成员的个人简历。即使读者可能已经对你的团队有所了解，但为了方便读者深入了解你的团队，你也应该在商业计划书的附件中加入团队核心成员的个人简历。

描述管理团队成员或者个人简历，要求能够充分回答投资人关注的如下问题：

（1）每位成员的工作经历。尤其是团队成员在本行业或者相关行业的经验情况，以及与本项目直接相关的经验。他们取得这些经验的证明人或者相关资质证书。

（2）每位成员的知识与技能。尤其是拥有特殊技能的成员所带来的优势，从简历中能清晰地看到成员之间的知识与技能是否具有很强的互补性，同时也可以表明团队还需要补充哪些知识与技能的人才。

（3）每位成员的历史成就。通过历史成就，再结合团队成员的知识、技能与经验，可以判断团队能否达成项目目标。

（4）每位成员的业界声望（主要指个人的品质）。通过个人的业界声望，可以知道团队成员是否正直诚实、是否勤奋、是否专注于事业、是否拥有坚韧不拔的毅力等。

（5）每位成员的创业态度。通过创业态度，可以判断团队成员能否坚信自己的理念、能否保持战胜困难的信心、能否认识到风险并且对不可避免的问题采取正确的行动。

（6）每位成员的创业动机。了解每一位团队成员的创业动机及其相似性，可以判断团队的凝聚力以及未来持续发展的潜力。

第九部分　附　录

商业计划书的附录虽然不是商业计划书的主体内容，但是其功能与作用不可小觑。附录是对商业计划书主体内容的有益补充，也是商业计划书中所陈述观点或者分析结论的重要依据，可以证明商业计划的可行性以及你制作商业计划书的严谨性，帮助读者深入了解你想表达的观点并提高读者对你商业计划书的信任度与认同度。

最好对附录的内容进行分类，并突出重点（靠前放置），例如管理团队成员简历、财务预测报表、行业及市场分析数据、商业计划书主文中需要补充说明的重要观点或者分析结论。同时，尽量使用图表，让读者轻松、快速掌握相关信息。

以下所列内容清单仅供参考，撰写过程中应根据实际需求予以安排。

一、专业术语说明

对于一些特殊项目的商业计划书，可能会涉及一些陌生的专业术语，有必要进行说明，以帮助读者更好地理解你的商业计划。

二、管理团队介绍

管理团队成员简历，包括管理团队所取得的历史成果或者突出业绩。

三、财务历史数据表、预测分析表

（1）历史财务数据表：包括资产负债表、利润表、现金流量表、固定资产明细表等。

（2）一般财务预测分析表：包括未来 3～5 年的资产负债表、利润表、现金流量表、销售收入明细表、成本费用明细表、薪资水平明细表、固定资产明细表等。

（3）财务指标分析表：财务盈利能力分析、项目偿债能力分析、项目成长能力分析、项目营运能力分析等。

（4）财务分析报告或者报告摘要内容。

四、营销方面

（1）企业客户名单。

（2）产品或服务有关信息。

（3）行业及市场分析数据及详细材料。

（4）产品、定价、渠道、促销分析资料。

（5）竞争分析数据及详细材料。

五、研发与生产方面

（1）知识产权、专利发明清单。

（2）研发所获认证、奖励证明。

（3）生产能力分析表或者相关补充说明。

（4）供应商名单及相关说明。

（5）生产作业指导书。

（6）工艺流程。

（7）研发与生产费用投入表。

六、经营管理计划方面

（1）部分重要的管理制度。

（2）部分重要经营策略说明。

（3）组织结构图。

（4）项目里程碑。

（5）项目实施进度表。

七、公司介绍方面

（1）产品样本及说明。

（2）公司现场图片（如生产现场、办公现场）。

（3）公司突出成果与荣誉。

（4）品牌活动图片。

（5）新闻报道、媒体采访剪报。

（6）公司企业文化说明。

（7）公司战略合作机构名单（具有竞争优势的）。

八、其他

其他对商业计划书中主文内容进行补充说明的内容。例如，项目风险分析、部分重要的分析工具说明等。

拓宽你的资金来源

融　资

创业的"魔鬼三角"是团队、融资、商业模式。

——百度首席执行官李彦宏

资金是企业的"血液"，无论是公司的创建，还是后期公司的持续运营、业务扩张等，都离不开充足的资金储备与保障，而且，企业的发展本身就是一个"融资——发展——再融资——再发展"的螺旋式提升过程。尤其是当你与竞争对手势均力敌时，最终的胜负往往取决于企业融资的速度与规模。很多创业企业在技术、团队、市场份额等方面都处于弱势的情况下，就是凭借资金优势，在短时间内弥补不足、突破竞争壁垒，最终赶超竞争对手的。因此，融资是创业者必须高度重视的一件事，要求创业者掌握相关的基础知识与融资技巧，从而不断提升自己的融资能力并拓宽自己的资金来源。

要想成功获得融资，除了准备好一份完美的商业计划书，还有必要深刻理解创业融资的内涵，了解各种融资渠道的特点，熟练掌握融资攻略与技巧，并熟悉有关融资行为的法律法规及常用的投资协议条款。

01 创业融资概述

一、融资内涵

《新帕尔格雷夫经济学大辞典》对融资的解释是：融资是指为支付超过现金的购货款而采取的货币交易手段，或为取得资产而集资所采取的货币手段。

通俗地说，融资实际上就是一个企业筹集资金的行为与过程，即公司根据自身的资金状况、生产经营状况以及未来经营发展的需要，通过科学的预测和决策，采用一定的方式，从一定的渠道向公司的投资者和债权人筹集资金，组织资金的供应，以保证公司正常生产需要和经营管理活动需要的理财行为。

从更广义的角度来理解，融资又相当于金融，即公司以企业为主体融通资金，通过各种方式到金融市场上筹措或贷放企业融资资金，使企业及其内部各环节之间资金供求由不平衡到平衡的行为与过程。具体地说，当资金短缺时，公司以最小的代价筹措到适当期限、适当额度的资金，用来解决资金紧张问题；当资金盈余时，又以适当的期限、最低的风险投放出去，以取得最大的收益，从而实现资金供求的平衡。

一般而言，融资行为通常是出于以下几种原因产生的，这也是融资的核心价值所在。

1. 创建新的企业

任何公司的设立与创建都是以充足的资金准备为基本前提的。一方面，是为了满足公司设立的注册资金要求。例如，过去我国的《公司法》对不同类型公司设立必须具备的资本金最低限额有严格规定；另外，可能创业合作伙伴或者投资人对你个人的资金投入提出较高的要求，迫使你去借款或者贷款。另一方面，许多创业项目，前期的人员、技术、设备或者市场推广投入相当高，单靠创业团队自有的资金是无法正常运转的，这时就必须考虑融资。

2. 满足发展需求

无论是创业初期，还是成长期、成熟期，企业一般都需要借助融资来维持生存，并实现自己的跨越式发展。例如，创业初期，你需要足够的资金开拓新市场、弥补竞争弱势，否则只能是昙花一现；即使已经步入成长期或者成熟期，要想保持领先的市场地位，你仍然需要加大研发投入、扩大生产经营规模、更新设备和进行技术改造、合理调整生产经营结构、提高人员素质等，这一切都需要资金的保障。

3. 偿还到期债务

企业债务的产生通常基于两种因素，一种是"被动"因素，即由于资金紧张无法支撑公司的正常运营，不得不对外发生债务；另一种是"主动"因素，即企业自身本来能够正常运营，也并不缺乏资金，但是为了加快发展进程，为了获得杠杆收益，选择存在一定风险的负债经营模式。无论哪种因素产生的债务，"如期还款"都是任何企业皆必须承担的义务。因此，公司一旦发现自己的偿还能力出现问题，就有必要考虑通过各种渠道筹集资金，来满足偿还到期债务的需要，而且要尽量提前考虑这种资金风险问题，避免留下不良的银行信用记录或者业界名声。

4. 调整资本结构

资本结构是指企业各种资本的构成及其比例关系，它是由于企业采用各种不同的筹资方式形成的，不同筹资方式的组合决定了企业的资本结构及其变化。可见，融资是企业调整资本结构的重要手段，而客观上资本结构的调整又是企业融资行为带来的自然结果，也是融资"金融"功能的体现。例如，当企业发现自己的负债率偏高时，可以考虑用发行股票的方式筹集资金来偿还债务；而当权益资本比重过小时，企业又可以采取适当举债、加大分红的方式，来取得最大收益，其最终目的是实现资金供求平衡，促使企业资本结构达到理想目标。

5. 适应环境变化

适应环境变化，其本质也是为了满足公司生存和发展的需要。在这里，我们主要强调的是企业外部环境的变化，它对公司的融资行为会产生重要的影响。例如，如果企业所在区域的社会经济生活出现通货膨胀，原材料价格上涨会致使企业成本上升，与此同时，企业利润的虚增会导致公司资金流失，这些问题会导致企业生存举步维艰，而不得不选择通过融资来自救。另外，如果你的竞争对手正在积极筹集资金，准备扩张市场，对你造成巨大威胁，那么你也得立即行动、四处筹资。尤其是当你与竞争对手都已经经历"产品经营"、"品牌经营"而步入"资本运营"阶段时，你们之间的竞争更是一场资本力量的较量。

二、常见创业融资渠道

创业初期，融资渠道多种多样，因此，我们需要对各类融资渠道的具体方式及其优缺点进行深入的了解，从而灵活掌握各种不同的融资渠道，结合自身项目特点以及个人资源优势，选择合适的融资渠道。

我们可以将创业融资渠道大致分为两类，即股权融资与债权融资。其中股权融资的主要途径有引入风险投资、私募融资、上市融资，债权融资的主要途径则是民间借贷、银行贷款、融资租赁、资本市场债权融资等。

接下来，我们就重点探讨创业者最为常见的六种融资渠道：自筹资金、银行贷款、引入风险投资、小额贷款、P2P融资、典当融资。

（一）自筹资金

世界银行所属的国际金融公司（IFC）对北京、成都、顺德、温州四地的私营企业关于中小企业资金来源结构状况的调查结果显示：我国私营中小企业在创业初始阶段几乎完全依靠自筹资金，90％以上的初始资金都是由内部积累、创业团队成员及其家庭提供的，银行和其他金融机构融资所占比重很小。不过，随着国家对创业企业的政策扶持、中小企业融资渠道与相关金融机制的不断完善，银行及金融机构向创业企业提供的资金所占比重将会有所上升，但是即便如此，融资难恐怕依旧是所有中小企业都无法回避的一个普遍难题，因此，对于创业者来说，自筹资金依然是其最主要的融资途径。

自筹资金的原则是"求人不如求己"。因此，自筹资金的第一件事，就是充分挖掘自己的内部积累资金及资产，例如动用股东的资金、催收应收款、降低成本、变现闲置资产、对代理商应付款或票据办理贴现①、出售返租等；其次就是考虑民间借贷，这也是初创者采用最多的融资渠道。

民间借贷是指公民之间、公民与法人之间、公民与其他组织之间的借贷。只要双方当事人意思表示真实即可认定有效，因借贷产生的抵押相应有效，但利率不得超过中国人民银行规定的相关利率。与其他融资方式相比，民间借贷可获取的资金资源更为丰富，操作方式更加便捷灵活，可以为创业者解决燃眉之急，甚至帮助企业在市场竞争中赢得时间与速度。而且，民间借贷在一定程度上缓解了银行信贷资金不足的矛盾，促进了经济的发展。

但是，民间借贷由于操作手续相对简单、资料提供不太完备、缺乏硬性的

---

① 票据贴现是指票据持有人将商业票据转让给银行，取得扣除贴现利息后的资金。

担保要求、主要以彼此的信誉来维持等特点，存在潜在的法律风险，很容易造成民事纠纷、刑事犯罪以及各种社会问题。尤其是一些创业者因为一时冲动，误入歧途，陷入高利贷的恶性循环，最终导致企业关闭、倾家荡产，还有可能涉及严重的法律问题。

（二）银行贷款（担保贷款）

当自筹资金遇到困难时，对于创业者来说，首选的应该是向银行贷款或者通过信用担保体系融资。其原因在于：

一方面，银行以及信用担保机构对创业群体以及创业型经济发展的支持，已是全球性的发展趋势。不只是我国在放宽金融政策、完善金融体系、支持创业型经济发展，其他国家也都在为此而努力。例如，全世界已有 48% 的国家和地区建立了中小企业信用担保体系，解决企业贷款难的问题。2006 年，孟加拉国格莱珉银行的创立者穆罕默德·尤纳斯，因为长期用银行贷款的方式帮助穷人创业而获得诺贝尔和平奖。

另一方面，从银行贷款方式的利弊来看，只要你符合贷款条件与贷款程序要求，通过银行贷款基本上都能获得令人满意的资金，而且一般无须担心法律风险问题，其缺点就是资质要求相对较高、手续比较烦琐、周期相对较长。因此，只要你做好充分的准备并满足其程序要求，资金的问题就能迎刃而解。

目前，银行贷款的主要方式是担保贷款，即由借款人或第三方依法提供担保而发放的贷款。按照担保方式不同，担保贷款可分为保证贷款、抵押贷款和质押贷款。

1. 保证贷款

保证贷款是指按《担保法》规定的保证方式，由第三人承诺在借款人不能偿还贷款时按约定承担连带责任而发放的贷款。保证贷款对借款人以及保证人都有一定的要求。例如个人保证贷款，要求个人具有固定且稳定的职业收入、信用良好、有按期偿还贷款本息额的能力、无不良历史记录，保证人的担保也必须经银行的严格审核通过后方可生效。因此，为顺利取得银行贷款，创业者应该选择那些实力雄厚、信誉好的法人或公民作为贷款保证人，例如专业的中小企业信用担保机构等，若银行等金融机构能作为企业的保证人，则效果更为理想，借款企业取得银行贷款更为容易。

2. 抵押贷款

抵押是指按《担保法》规定的抵押方式，以借款人或第三人的财产作为抵押物而发放的贷款。当无法获得银行信用贷款，或者银行提供的信用贷款难以满足需要时，中小企业可以向银行提供抵押物以获得贷款。而且，对于银行来说，因为拥有抵押物，其承担的风险大大降低，往往乐意向企业提供贷款。因此，创业者也可以将个人消费抵押贷款用于创业，具体包括拟购的商业房产、汽车等。其风险在于，如果你无法履行债务，债权人有权以该财产折价或者以拍卖、变卖该财产的价款优先受偿。

3. 质押贷款

质押是指债务人或者第三人将其动产（或财产权利）移交债权人占有，将该动产（或财产权利）作为债权的担保。质押贷款是指按《担保法》规定的质押方式，以借款人或第三人的动产或权利作为质押物发放的贷款。质押贷款也是中小企业获得银行贷款的重要形式，是企业在不具备信用贷款优势条件下的重要补充，而且一旦向银行提供质物，从银行获取贷款的难度将大大降低。例如，对于个人而言，凡持有本人或他人名下的有价权利凭证，具有完全民事行为能力且符合贷款条件的自然人，都可以向银行申请个人质押贷款，可质押物包括存款单、国库券、银行本票、银行汇票、保险单；对于企业而言，可质押物的范围更广，包括产成品、原材料、无形资产（商标专用权、专利权、著作权中的财产权）等。其风险在于，当你不偿还债务时，债权人有权以该动产（或财产权利）折价或者以拍卖、变卖该动产（或财产权力）的价款优先受偿。

除了以上几种传统的银行贷款方式，还有一些与创业扶持政策相关的银行贷款途径，例如创业专项贷款、重点扶持项目贷款等，这也许是你获取资金的一个较好的途径。

1. 创业专项贷款

主要指银行或者金融机构针对创业或者再创业设立的专项贷款项目，通常与当地政府的创业扶持政策有关。主要由具备生产经营能力或者从事经营活动的个人向银行提交资金需求申请，经银行认可有效担保后发放贷款。例如，有些地区推出针对下岗人员，专门出台了创业贷款扶持政策。

2. 重点扶持项目贷款

重点扶持项目贷款一般与当地政府创业扶持政策或者产业发展政策密切相关，主要发放对象为一些高科技、创新型企业，如果企业拥有重大价值的科技成果转化项目或者具有极高商业价值的创新项目，都可以向银行申请重点扶持项目贷款，以解决创业启动期资金需求量大的难题。

（三）引入风险投资

风险投资（venture capital，VC）源于 20 世纪 40 年代的美国硅谷，在我国也已经过较长时间的引进和成长期，从政策制度和操作的角度看，应该说是一种较为成熟的中小企业融资方式。广义的风险投资泛指一切具有高风险、高潜在收益的投资；狭义的风险投资是指以高新技术为基础，对生产与经营技术密集型产品的投资。根据美国风险投资协会的定义，风险投资是由职业金融家投入到新兴的、迅速发展的、具有巨大竞争潜力的企业中的一种权益资本。

风险投资作为股权融资的主要方式之一，其突出特点是：无须任何财产作抵押，以公司股权与投资人的资金相交换。具有资金使用期限长，没有定期偿付的财务压力，可以获得投资人提供的资金以外的资源支持等优势。因此，风险投资是最受创业者欢迎的股权融资方式之一。不过，风险投资本身就属于高回报与高风险同时并存的投资行为，对于创业者而言，其主要风险在于：企业将面临分散乃至失去控制权的风险、融资成本较高（主要指股权稀释）。除了风险，风险投资设置的门槛也比较高，即对创业项目的商业模式以及创业者个人能力的要求都比较高。因此，风险投资尤其适合于产品或项目技术含量高、具有广阔发展空间和市场前景的中小型高科技或者创新型企业，如 IT、半导体、生物工程、互联网等行业的企业。

我国的风险投资人主要分为以下几类：

（1）政府背景的创业投资公司，以支持高新技术产业为主，例如生物、医药、新材料、新能源等。

（2）国内大企业战略资本，例如联想投资、四通投资等。

（3）国内外知名风险投资公司，例如 Sequoia，IDG，Steamboat Ventures，红杉资本，软银中国，凯雷资本，高盛等。

（4）大中华经济圈的创业资金，例如李嘉诚的和记黄埔。

（5）天使投资人，例如沈南鹏、雷军等。

（四）小额贷款

国际上对小额贷款的定义是：向低收入群体和微型企业提供的额度较小的持续信贷服务。其基本特征是额度较小、无担保、无抵押、服务于贫困人群。小额信贷服务一般由正规金融机构及专门的小额信贷机构或组织提供。

在我国，小额贷款公司是由自然人、企业法人与其他社会组织投资设立，不吸收公众存款，经营小额贷款业务的有限责任公司或股份有限公司，主要服务于三农企业和中小企业。小额贷款公司的设立，其目的是合理地将一些民间资金集中起来，规范民间借贷市场，同时有效地解决三农企业和中小企业融资难的问题，它们通常被认定为"重点支持中小企业和三农经济发展的地方金融机构"。

与银行相比，小额贷款申请门槛低且更为便捷，能够快速满足中小企业、个体工商户的小额资金需求；与民间借贷相比，小额贷款模式更加规范、贷款利息相对较低且可双方协商。因此，如果你的条件达不到银行借贷的要求，或者无法忍受银行借贷所要求的烦琐程序、相对较慢的融资速度，又觉得民间借贷的利率偏高且对其规范性心存疑虑，不妨试一下小额贷款模式，当然其前提一定是"小额"。

在小额贷款过程中，创业者需要关注以下两个问题：一是贷款利率。双方协商过程中，贷款方可能会提出很高的利率要求，你要控制好自己能够承受的贷款利率，以免还款压力过大。二是贷款机构选择。要尽量选择规模大、知名度高、信誉好、服务专业的小额贷款公司，避免自己的权益被一些非法的"地下"小额贷款机构侵害。

（五）P2P 融资

P2P 是 peer-to-peer 或 person-to-person 的缩写，意思是个人对个人。P2P 金融指个人与个人间的小额借贷交易，一般需要借助电子商务专业网络平台，借贷双方确立借贷关系并完成相关交易手续。借款者可自行发布借款信息，包括金额、利息、还款方式和时间，实现自助式借款；投资人根据借款人发布的信息，自行决定投资金额，实现自助式出借。

新兴的 P2P 融资模式，以其在线交易、方便、快捷、多数无须抵押的优势，正在受到越来越多小微企业主的青睐，也改变着小微企业的融资生态。但是由于 P2P 融资模式刚刚兴起，因其身份模糊、监管缺位，存在业务不规范、服务不专业、利率过高，甚至无法完全保证资金安全等风险。不过，不管怎么说，P2P 融资这一新模式的发展已经势不可挡。

（六）典当融资

典当融资在中国近代银行业诞生之前就已经出现，也是当时民间融资的重要渠道之一，例如当铺、票号等。典当是以实物为抵押，以实物所有权转移的形式取得临时性贷款的一种特殊融资方式，其本质是以物换钱。典当融资具有对借款人资信条件要求低、手续简便灵活、典当物品起点低（物品价值不限，千元、百元物品皆可）、典当质押范围广（动产与不动产都可以）、资金使用用途不受限制、可以解决资金急需、可以盘活闲置资产等优势。

不过，典当融资也有其突出的劣势，即成本相对较高。例如，与银行贷款相比，除了支付贷款月利息，典当贷款还需要缴纳较高的综合费用，具体包括保险费、保管费、典当交易成本支出等，因此，其融资成本通常比银行贷款要高。

需要注意的是，对于用于长期资产投资（买土地、建厂房、购设备、技术研发）的资金需求，不宜选择典当融资方式，以免造成过大的赎回压力。切记一个原则：无论是民间借贷还是典当融资，一般都只能解决应急所需，而不能寄希望于靠它们来满足生产和技术研发的需要。

以上六种融资渠道主要是针对初始创业者而言的。对于二次创业者或者具有一定基础条件的中小企业来说，还有更多的融资渠道，这里就不具体介绍了。例如银行贷款方面，随着金融体制的不断完善，我国的很多银行正在推出不同的创新性金融产品，具体包括应收账款质押贷款、应收账款信托贷款、联保协议贷款、动产质押担保贷款、无形资产质押贷款、出口创汇贷款等；股权融资方面，还有私募融资、上市融资（发行股票）、资本市场债权融资（发行债券）等方式；另外，还有很多中小企业都比较愿意接受的融资租赁方式。不过，以上所列的补充性融资渠道，对中小企业自身的经营状况及综合实力都有较高的要求。

02　创业融资的攻略与技巧

一、是选择股权融资，还是选择债权融资

股权融资与债权融资是创业企业常用的两种融资方式，而融资方式的选择是否恰当，将直接决定融资行为的成败乃至于企业未来发展的命运。因此，我们有必要了解这两种融资方式类别的内涵及其区别，从而结合自身企业实际，正确选择融资方式，提高融资成功率。下面，我们就通过一张表格（见表5—1）来对比分析股权融资与债权融资的区别。

表 5—1　　　　　　　　　股权融资与债权融资对比分析表

	股权融资	债权融资
定义	股权融资是指企业的股东愿意让出部分企业所有权，通过企业增资的方式引进新股东的融资方式。股权融资所获得的资金，企业无须还本付息，但新股东将与老股东同样分享企业的盈利与增长。	债权融资是指企业通过借款的方式进行融资，债权融资所获得的资金，企业首先要偿还资金的利息，另外在借款到期后要向债权人偿还资金的本金。
主要途径	（1）吸收风险投资。 （2）私募融资。 （3）上市融资。	（1）银行贷款。 （2）融资租赁。 （3）资本市场债权融资。 （4）民间融资。

续前表

	股权融资	债权融资
特征	(1) 股权融资所得资金是永久性的，没有时间的限制，也不涉及归还的问题，即使投资人想收回本金，也必须借助流通市场来实现。 (2) 资金既可以用来充实企业的营运资金，又可以用于企业的投资活动等。 (3) 股权融资不存在固定的股利负担，股利的支付与否和支付多少，完全根据公司的经营需要而定。 (4) 股权融资形成的所有权资金的分布特点及股本额的大小和股东分散程度，决定了企业的控制权、监督权和剩余价值索取权的分配结构，反映的是一种产权关系。	(1) 债权融资获得的只是资金的使用权而并非所有权，而且负债资金的使用是有成本与归还期限的，因此，企业必须支付利息并按期归还本金。 (2) 资金主要用于解决企业营运资金短缺的问题，用途相对比较窄。 (3) 债权融资能够提高企业所有权资金的资金回报率，具有财务杠杆效应。 (4) 债权融资一般不会产生对企业的控制权问题。
优点	(1) 资金使用期限长。 (2) 没有定期偿付的财务压力，财务风险比较小。 (3) 股权融资可以增强企业的资信和实力（尤其是引入"优秀"的投资人，股权的稀释也可能带来更好的资源与能力增长机会）。	(1) 企业的控制权不受影响，企业能够按照既定的方向发展。 (2) 融资成本相对较低。 (3) 可以获得财务杠杆效应。
缺点	(1) 企业将面临控制权分散和失去控制权的风险。 (2) 融资成本较高。	(1) 需要按期偿还负债资金利息，财务压力大，财务风险系数相对较高。 (2) 资金用途相对比较窄。

　　由此可见，股权融资和债权融资各有利弊。因此，我们在选择融资方式时，一定要根据自身企业或者项目的特点、资源现状以及个人管理理念来权衡并选择。需要重点考虑的因素有融资的目的与用途、目前财务状况及可承受的财务压力、企业控制权的重要性、融资成本投入与权益回报的权衡等，这些问题必须在融资之前就要考虑清楚，必要时可以邀请专业人士予以指导和帮助。

二、如何有效进行股权融资

（一）选择股权融资，你确定了吗

　　你可以从企业、个人两个角度综合分析与评价，来确定你的项目是否选择股权融资。

1. 企业角度

需要着重考虑以下两个方面：

（1）如果只是资金紧张，你是否有途径来尽量解决资金问题，例如压缩成本、催收应收账款、延缓供应商应付款……原则是，尽量自己解决资金困难问题，只有在迫不得已的情况下才考虑融资，而且债权融资方式往往是首选。你必须考虑自己在规定期限内能否承受债权融资带来的财务风险，否则，就只能考虑股权融资方式了。

（2）如果是企业进一步发展需要融资，例如扩大市场规模、提高研发能力等，就需要综合考虑资金需求量、财务压力承受能力、资源获取等因素了。例如，在财务风险可承受的条件下，如果能够获取相应的资源与能力增长机会，完全可以采取债权融资方式。但是，如果资金需求量大，同时想借助投资人带来经营管理、资源等方面的支持，不妨考虑股权融资方式。现在，有越来越多的企业为实现跨越式发展而选择股权融资，因为很多优秀的投资人往往在其擅长或者熟悉的行业拥有丰富的指导经验以及管理人才、技术等资源，可以为创业者带来资金以外的大力支持，从而帮助创业者个人以及企业同时快速成长，这是债权融资无法替代的。

2. 个人角度

需要认真反思自己是否乐意接受新的投资人的加入，主要思考以下几个问题：

（1）你是否乐意放弃企业的部分控制权？

（2）你是否愿意有新的投资人或管理人员加入核心团队？

（3）你是否愿意与他人分享秘密（签署保密协议后）？

（4）你是否愿意对股东负责？

（5）你是否能够在企业经营中从谏如流？

如果你发现自己并不是很乐意接受新的投资人，那么就得综合考虑：从企业角度能否通过其他途径解决项目面临的资金问题？如果不能解决，又怎么办？这需要你进一步权衡融资成本投入与融资回报。你不妨邀请专业人士提供指导，在股权融资过程中尽量减少成本投入（包括股权稀释、控制权分散等）。

如果你属于乐意尝新的人群，则需要慎重考虑股权融资所带来的风险问题，确保自己的企业能够朝既定方向发展。

（二）选择投资方

股权融资的主要形式是引入风险投资，这也是创业者采用的主要融资方式。关于投资人的选择，这里主要指的是风险投资人的选择。你可以将投资人信息用表 5—2 的形式列示出来，便于比较分析，为后期商业计划书的撰写以及投资陈述提供依据。

表 5—2　　　　　　　　　潜在投资人信息统计及比较分析表

潜在投资人	背景	优势	劣势	对方的投资方式与流程	曾经进行的投资（投资对象、领域、金额、期限、口碑等）

一般而言，最适合你的投资人至少需要满足以下三个条件：

（1）资金实力雄厚或者能够满足你的资金需求，且拥有良好的品牌形象。

（2）对你的项目感兴趣（例如，已经投资过类似项目，且还在努力找寻同类项目）。

（3）在你的项目所属行业，具有丰富的行业经验、企业管理经验以及管理人才、技术、供应链相关支撑等资源。

融资是一个双向选择的过程，在考虑以上三个重要因素的同时，你还得考虑自己的项目是否符合投资人的基本要求，通常对方都会对外公开相关要求与信息，这也就要求你要想进入对方的"视线"范围，必须通过其提出的"门槛"要求。

最好的办法就是，与对方曾经成功投资且发展良好的对象进行比较，例如融资前项目产品或者服务的优势、营销情况、财务状况、管理团队情况、市场发展潜力等。如果明显优于这些对象，你成功的概率将会很高，如果存在差距，就需要尽量在商业计划书中或者见面陈述过程中予以弥补。

（三）准备一份完美的商业计划书

关于如何完成一份完美的商业计划书，我们在第 4 章中已经有过详细阐述，这里不再赘述。但是，有必要再次强调成功商业计划书的六个特征以及十个关键点：

（1）成功商业计划书的六个特征：内容完整、亮点突出、逻辑清晰、依据充分、主次分明、可行性强。

（2）商业计划书的十个关键点：内容摘要、战略定位与商业模式、产品或服务的价值、营销计划与市场预测、竞争情况、创业团队、盈亏平衡点与投资回报、投资风险、你的投入、易懂的项目。

（四）打动你的投资人

一份完美的商业计划书可以成为你与投资人之间沟通的重要"桥梁"，但只是起着搭建通道、进入投资人视线的功能，并不能起决定性作用。最终要想打动投资人、成功获得投资，往往还需要经过面对面的陈述环节。通过清晰明了、富有感染力的陈述打动投资人，对成功吸引投资至关重要，甚至具有决定性的意义。为此，我们总结了一下投资陈述必须把握的要点，共 12 项，值得注意的是，这 12 项内容也是投资人关注的事项，创业者在进行面对面陈述时则容易忽略这些问题或者易犯这些错误。

（1）陈述前做足"功课"，收集你要陈述的对象的资料，对他们进行详细的了解、研究，包括职业经历、曾经投资的企业、个性、处事方式、兴趣爱好等。

（2）视野要开阔，把陈述重点放在企业的未来愿景和商业机会，而不是具体的产品或服务上。

（3）尽可能在三分钟内说明企业的本质，也就是进行"电梯演讲"（在很短的时间内成功地推销自己）。

（4）告诉投资人他们想要了解的情况，对他们已经知道的则不再赘述。

（5）陈述报告简洁明了，避免使用过多的技术术语，多使用直观的图表。

（6）如果你的口才不够好，那就把陈述的任务交给口才更好的团队成员，或者之前进行相关培训，提高自己的演讲水平。

（7）介绍你的管理团队情况。很多情况下，缺乏有效的管理团队是投资人拒绝投资的根本原因。

（8）避免出现投资人关心的其他常见问题：弄错投资人关心的焦点；市场太小，战略糟糕；行业进入壁垒太低；没有竞争优势；想要的资金太多；时机不好，比如所在行业或领域正在萎缩。

（9）用一页纸简要地总结你的报告，最好是列举要点，让投资人一目了然。

（10）对所要做的陈述报告烂熟于心，并在之前进行几次模拟演讲。

（11）告诉投资人他们三五年后将能够以什么样的方式退出企业，以及退出时可能获得的投资回报。

（12）真诚地表达希望与投资人合作的意愿。

正所谓"知己知彼，百战不殆"，在把握上述 12 个要点的同时，在面谈陈述之前，你有必要设想投资人想要了解的方面和可能提出的刁钻问题，进行充分的演练准备。具体如下：

（1）简短概述你的个人从业背景、技能和经验。一般两三分钟。

（2）概述企业的能力，包括拥有的关键员工、系统和流程。

（3）列出企业关键员工的名字以及他们的相关技能和成绩。

（4）详细列出你个人对企业进行的投资（包括未来计划投资）。

（5）说明你融资的目的或原因。

（6）列出资金预算。

（7）列出资金使用计划。

（8）列出你的关键竞争优势，比如完善的销售渠道、较强的竞争优势、居领导地位的品牌、技术专利等。

（9）说明你为产品或服务构筑的进入壁垒。

（10）说明影响项目竞争优势的因素有哪些，打算如何改善。

（11）说明是什么激励你放弃部分企业控制权。

（12）列出你在目标市场（本地、全国、全球）上的五大竞争对手，明确你的产品或服务与它们的差异。

（13）提出你对于未来的产品或服务的想法。

（14）说明投资人将如何退出企业。（向投资人描绘他们获得投资回报、

"功成身退"的美好图景。）

（15）说明企业当前采用的技术以及未来的投资或升级计划。

（16）概述企业可能面临的政策风险以及你的解决办法。

（17）说明你打算由哪些人组成董事会。

（18）介绍你熟识的人中的那些你所在行业或领域的专家以及常来往的顾问，列出他们的姓名、所在机构和专长。

（19）简短总结你想陈述的关键点。

（20）提出你期望投资人能向你提供哪些支持。

三、如何成功获得贷款

（一）获得贷款的条件

一般来说，小企业需具备以下三个基本条件才可能获取银行贷款：

（1）具有良好的信用。

（2）具备偿还贷款本息的能力。

（3）符合银行贷款要求，如有健全的财务制度、抵押或担保等。

具体包括：在贷款银行开立了基本账户或一般存款账户；信用记录良好；有按期偿还本息的能力；资产负债率符合银行的要求；有限责任公司和股份有限公司对外股本权益性投资不超过净资产的 50%；申请中长期贷款时，企业法人所有者权益与所需总投资的比例不低于国家规定的投资项目的资本金比例；申请项目贷款，符合国家产业政策、信贷政策和银行的贷款投向，有项目立项文件；能够提供合法、有效的担保。

那么，如何检测自己的企业是否符合贷款（或授信）需具备的基本条件？你可以使用表 5—3 进行评估，从而判断自己是否具备银行贷款的基本条件。

表 5—3　　　　　　　　贷款（或授信）条件自我评估表

序号	基本条件	是否具备
1	持有县级以上工商行政管理部门颁发的合法有效的企业法人营业执照或经主管机关核准登记，外商投资企业应出具外商投资企业批准证书。	

续前表

序号	基本条件	是否具备
2	经工商部门年检合格。	
3	持有贷款卡。	
4	拥有法定资本金和固定的生产经营场所。	
5	实行独立核算。	
6	申请中、长期贷款的，新建项目的企业法人所有者权益与项目所需总投资的比例不低于国家规定的投资项目的资本金比例，并提供证明资本金到位情况的相关材料复印件（与原件核对一致）。	
7	生产、经营或投资的产品或项目不是国家明令禁止的。	
8	项目建设或生产经营已经取得环保部门的许可。	
9	在承包、租赁、联营、合并（兼并）、合作、分立、产权有偿转让、股份制改造等体制变更过程中，已经清偿、落实原有贷款债务或提供相应担保。	
10	没有列入中国人民银行征信系统的"黑名单"。	
11	符合国家节能减排、产业结构调整等政策性规定，不属于《产业结构调整指导目录》中的淘汰类项目，符合贷款银行的信贷政策。	
12	在银行没有不良信贷记录。	
13	最近三年没有连续亏损，经营净现金流量也没有连续为负。	
14	在贷款行已开立基本账户或一般存款账户。	

对以下用途的申请，银行一般不提供贷款或授信：

（1）国家明令禁止的产品或项目。

（2）违反国家有关规定从事股本权益性投资，以授信作为注册资本金、注册验资和增资扩股。

（3）违反国家有关规定从事股票、期货、金融衍生产品等投资。

（4）企业未按国家规定取得项目批准文件、环保批准文件、土地批准文件和其他按国家规定须具备的批准文件的，或虽然取得，但属于化整为零、越权或变相越权、超授权批准的。

（5）已被国务院《促进产业结构调整暂行规定》和国家发展和改革委员会《产业结构调整指导目录》列为淘汰类的项目，以及限制类的新建项目。

（6）其他违反国家法律法规和政策的项目。

需要说明的是：（1）票据融资、开立信用证等其他授信业务也可照此评估；不同银行需要的贷款申请条件不尽相同，具体应以拟贷款银行的要求为准。

（2）以上条件通常也是企业授信需具备的基本条件。所谓授信，是指商业银行向非金融机构客户直接提供的资金，或者对客户在有关经济活动中可能产生的赔偿、支付责任做出的保证，包括贷款、贸易融资、票据融资、融资租赁、透支、各项垫款等表内业务，以及票据承兑、开立信用证、保函、备用信用证、信用证保兑、债券发行担保、借款担保、有追索权的资产销售、未使用的不可撤销的贷款承诺等表外业务。简单地说，授信是指银行向客户直接提供资金支持，或对客户在有关经济活动中的信用向第三方做出保证的行为。贷款是授信的一种。

（3）低风险业务须满足第1～3项条件。低风险业务通常指缴纳100％保证金作为付款保证、贷款行存单足额质押、贷款行承销的国债足额质押、足额银行承兑汇票质押的贷款和银行承兑汇票业务。

（4）一般授信业务原则上需满足所有14项条件，若不能满足第12～14项条件，需做出合理解释。

（二）银行贷款申请技巧

1. 未雨绸缪，在选择开户结算行时就将贷款作为一个重要考虑因素

企业在选择开户行时就应考虑将来的贷款需要，选择小企业容易贷款的银行，把主要贷款行作为主要的业务结算行。这样做有几个好处：

（1）贷款行一般都要求企业在本行开立账户。

（2）便于贷款行通过企业的业务往来、存贷款情况了解企业的信用状况。

（3）经常与同一个银行打交道，进行投资、理财等业务往来，一方面避免资金分散，提高对该银行的贡献率，另一方面密切与该银行的关系。该银行会因为企业平常对银行业绩有较多贡献，且知根知底，从而更乐于在企业需要时提供帮助。

2. 选择重视小企业信贷、贷款发放效率高的银行

目前为中小企业提供贷款的银行机构有许多，企业主应在贷款前通过银行官方网站、网上评论、有过贷款经验的朋友等多个渠道对各银行进行了解、比较，可以从对小企业的重视程度、贷款审批效率等方面考察。

（1）地方性金融机构，如农村信用社、城市商业银行。我国几乎每一个镇都有一个农村信用社，每一个城市也都有城市商业银行（前身是城市信用社），中小企业是它们的主要客户，因此一般会积极、快捷地为中小企业办理贷款业务。如果成为这些银行的 VIP 客户，还能享受到一些额外的贷款优惠或其他方面的支持。

（2）新兴的股份制商业银行，如招商银行、民生银行、中信银行、交通银行、华夏银行、兴业银行、北京银行、平安银行等。新兴的股份制商业银行一般比较重视中小企业业务，创新能力也比较强，有较多的创新融资方式。中小企业可根据自己的特点、能力选择适合自己的信贷方式。另外，这些银行通常贷款发放效率较高、服务态度较好，能够在中小企业急需资金时及时放款。

（3）国有商业银行，如中国工商银行、中国建设银行、中国农业银行、中国银行。在国家的政策倾斜下，国有商业银行加强和改进了对中小企业的融资服务，但一般来讲，它们还是更重视大企业、大项目，倾向于将资金投向大型企业或项目，给予大企业的优惠也更多。另外，它们的贷款审查、审批手续烦琐，效率较低，中小企业可能难以及时获得贷款。

（4）同一家金融机构的不同分支机构，业务办理、贷款审批效率也不同，企业主应事先了解清楚。

3. 勤学多问，及时了解贷款或融资的政策、方式和渠道

国家不断出台政策鼓励银行针对小企业融资进行创新，所以现在很多银行专门成立了中小企业服务部门，除了保证贷款、抵押贷款、质押贷款等传统的基础性信贷方式，还推出了许多其他信贷方式，如应收账款融资、票据融资、货权融资、供应链金融等。抵押物也多种多样，如专利知识产权、厂房设备、自然人财产、出口退税税单、标准仓单等。小企业要多向银行咨询，了解是否有适合自己的创新贷款方式。另外，进出口企业还可灵活运用票据贴现、信用证融资、买方信贷、保函融资等多种融资方式。

融资渠道也多种多样。比如，科技型企业可以争取国家创新基金资助和贴息，也可吸收合作伙伴参股。企业若需添置大型设备，可以办理融资租赁；若短期资金紧缺，可以通过典当方式来救急。总之，条条大路通罗马，企业需要多学习相关金融知识，了解贷款或融资政策、渠道、方式等，并根据自身特点和当前状况加以灵活运用。对于初始创业者来说，重点了解本章中详细剖析的常见创业融资渠道即可。

4. 详细了解申请贷款和担保的有关规定、必备条件、程序，正确进行自我评价

根据相关规定与条件要求，正确评价本企业的贷款条件，如资金状况、资产质量、财务管理水平等（具体可参照并结合使用相关工具——贷款（或授信）条件自我评估表）。

5. 及时了解并充分利用国家对中小企业的扶持政策

国家对中小企业发展的扶持力度不断加大，出台了许多扶持政策，企业应及时了解这些信息，结合自身特点充分利用。比如，为鼓励科技创新，国家有创新基金资助和贴息政策。企业可以通过相关媒体、行业网站、当地中小企业管理局、企业界的朋友、银行等多种途径了解。

6. 平常多"用功"，主动与银行建立良好的银企关系

罗马不是一日建成的，良好的银企关系也非一日之功，而需要日常点点滴滴的积累。

（1）经常与银行联系、沟通，比如主动向银行汇报企业的经营情况、就企业近期发展计划与银行交流、询问银行近期的信贷政策等。这样做的好处是：

1）增进与银行的关系，与银行建立起情感联系。

2）展示自己的业绩和发展前景，让银行更多地了解自己，提高银行对自己的信任度。

3）第一时间获知银行信贷政策，包括银行新推出的创新融资方式。

（2）某种意义上说，经常与银行打交道的财会人员充当着企业的银行"公关人员"。因此，选用常与银行打交道的财会人员时不仅要注重其专业能力，还要注重其人际交流能力、亲和力、耐心等综合素质。

（3）支持是相互的，小企业应尽量避免将资金分散于多家银行的多个账

户，而应在资金充裕时多与想要获取贷款的银行开展理财、投资等业务往来，提高对该银行业绩的贡献率。

7. 善于展示企业实力

出于降低贷款风险的考虑，银行更愿意向有实力的企业提供贷款。所以，小企业应善于向贷款银行展示自己的实力：

（1）平常与贷款银行多开展存贷款、投资、理财等业务往来，并就企业经营状况、未来发展计划主动与贷款银行沟通，从而让贷款银行更多地了解企业的实力和发展前景。

（2）在向银行提出贷款申请时，多角度地展示企业的实力和前景，重点向银行表明企业有充足的第一还款来源（第一还款来源是银行授信调查的首要内容，尤其重要）、第二还款来源、第三还款来源，增加银行对企业能按时偿还贷款本息的信心。如果企业描绘的实力和前景能打动银行，那么获取贷款就成功了一半，银行甚至会主动向企业提供多项优惠，加快贷款审批速度。

（3）在向银行提出贷款申请时，应由企业主亲自出面而不是委托下属或中介机构。这样一方面显示了对该笔贷款的重视和诚意，另一方面也使银行通过与企业主的沟通交流，获取企业领导人素质、能力等方面的信息，而这些信息是银行对企业进行信用评估、决定是否放贷的重要考虑因素。

（4）写好投资项目可行性研究报告，重点论证项目在技术上的先进性、经济上的合理性、实际上的可行性，把经济效益作为落脚点，向银行表明企业对该项目具备充足的贷款偿还能力。

8. 适时动用"人际关系网"

申请贷款时，企业主可以搜索自己的人际关系网，请熟悉的朋友或当地政府官员引荐当地银行信贷人员，最好能与由贷款审批权限的银行高级管理人员就贷款可行性进行沟通。这样一方面能迅速消除与银行的陌生感，提高企业的可信度，从而提高贷款的可能性，加快贷款获取进程；另一方面也可以减少中间环节，尽早得到贷款可行与否的答复。如果企业早已是银行的存贷款、结算客户，那么更有助于提高贷款可能性和贷款办理效率。

9. 提高企业信用度

银行放贷的一个重要考虑因素是企业的信誉如何，对小企业来说这一点更重要。小企业可从以下方面提高银行对自己的信用评估：

（1）小企业从成立之日起就应健全财务制度，加强财务规划，重视财务的规范性、透明性，依照《小企业会计准则》要求进行账务处理，建设健康的财务报告及报表体系，建立会计档案，完整保存财务资料。但对于小企业来说，成立之初存在资金有限、经验不足、人才缺乏等问题，一个弥补的办法是聘请会计师事务所或记账公司提供代管服务。

（2）不断提高生产经营效益，降低生产经营成本，壮大企业实力。

（3）抓好资金的日常管理，选用综合素质高的财务主管和财会人员。

（4）加强与银行的日常联系和沟通，经常主动向银行汇报企业的经营情况、沟通企业的未来发展计划等。

（5）企业主多与银行工作人员尤其是高级管理人员沟通，使银行加深对企业领导人的了解。

（6）支持与配合银行工作，比如主动配合银行检查企业贷款的使用情况。

（7）贷款后主动按时偿还本息还款或办理展期手续。

（8）注意日常的信誉积累。银行在进行贷前调查时，会从各个渠道多方了解企业的信用状况，比如向资信评估、税务、工商行政管理等机构以及企业合作伙伴、银行同业调查。因此，企业在平常与相关各方交往时就要注重信誉，树立良好的口碑。

（9）请有实力的第三方评估机构对本企业进行信用评估。

（10）争取担保机构的支持。如果企业申请贷款时能够得到专门的担保机构的担保，信用度会大大提高，就更有可能获取贷款。

（11）企业主个人主动提供担保。当企业申请贷款又无法找到有效的担保时，企业主若以个人名义对贷款提供担保，将大大提高银行对企业的信任度。

10. 从小额贷款公司间接获得银行贷款

曲径通幽，从小额贷款公司也可以间接获得银行贷款。截至 2014 年末，全国共有小额贷款公司 8 791 家，贷款余额 9 420 亿元，2014 年新增人民币贷款 1 228 亿元，小企业或可通过小额贷款公司间接获得银行贷款。

（三）企业信用评估的主要考察内容

企业在申请贷款、担保、国家科技型中小企业创新基金，争取政府采购、扶持基金、贴息扶持等项目，以及开展企业间商务往来时，都需要进行信用评估。信用评估等级一般按信用从高到低依次划分为 AAA，AA，A，BBB，BB，B。各个银行、第三方信用评估机构等进行信用评估的流程、标准等不尽相同，但总体来说，主要考察以下内容。

1. 企业运营状况

（1）经营状况。包括主营业务发展、产品市场需求、客户稳定性、应收账款质量、存货质量等。

（2）市场竞争力。包括战略实施情况、市场占有率、技术装备水平、供应链关系、创新能力等。

（3）发展前景。包括地区经济发展状况、政策支持情况、股东支持情况、行业发展前景，以及企业的发展战略规划、主要产品生命周期、技术更新情况、销售渠道等。

2. 公司治理和管理水平

股权结构、法人治理结构、组织结构、人力资源管理、管理团队及领导者素质等。其中，对小企业来说，企业主的素质至关重要。

3. 企业财务状况

主要通过企业过去三年的财务报告和最近一期的财务报表分析企业的经济效益和偿债能力（见表 5—4）。

表 5—4　　　　　　　　　企业重要财务指标及指标要求列表

项目	指标	指标要求
财务结构	净资产与年末贷款余额比率	一般需大于 100%（房地产企业可大于 80%）。
	资产负债率	一般来说资产负债率不得超过 70%。

续前表

项目	指标	指标要求
偿债能力	流动比率	一般认为流动比率为 2 较好。
	速动比率	一般认为速动比率为 1 较好，中小企业适当放宽，也应大于 0.8。
	现金比率	该比率越大，表明短期偿债能力越强。
	担保比例	企业应该把有损失的风险降到最低，一般认为担保比例小于 0.5 较好。
现金流量	企业经营活动产生的净现金流量	应为正值，销售收入现金回笼率应在 85%～95% 以上。
	企业在经营活动中支付采购商品、劳务的现金	支付率应在 85%～95% 以上。
营运能力	主营业务收入增长率	一般来说，主营业务收入年增长率大于或等于 8%，说明该企业主营产品正处于成长期；如果低于 5%，说明主营产品已进入衰退期。
	应收账款周转率	通常来说，企业应收账款周转速度越快，应收账款平均收款期越短，资金回笼的速度也就越快。应收账款周转率一般应大于 5 次。
	存货周转率	存货周转率越高，存货占用水平越低，流动性越好。一般认为存货周转率为 9 次较合适，中小企业至少应大于 5 次。
盈利能力	营业利润率	营业利润率表示全年营业收入的盈利水平，反映企业的综合获利能力。一般来讲，营业利润率应大于 8%。
	净资产收益率	一般情况下，该指标值越高说明投资带来的回报越高，股东的收益水平也就越高。中小企业一般应大于 5%。

需要注意的是：现在，越来越多的银行在考察小企业时，更多地关注现金流量、销售记录、净资产收益率以及行业前景、管理团队素质、上下游企业关系、商誉等"软指标"，而不是仅仅关注资产规模、可提供的抵（质）押物等"硬指标"。目前已有部分银行允许小企业以现金流量、销售额作为第一还款来源申请贷款，甚至对"软指标"好的企业直接提供信用贷款。

4. 企业信用记录

一般来说，银行主要考察企业四方面的信用记录：

（1）银行信用。包括结算信用和借款信用。结算信用指企业现金结算情况正常，没有违反结算纪律、退票、票据无法兑现和罚款等不良记录；借款信用包括企业以往贷款质量、贷款付息情况、存贷比、配合银行信贷管理的程度等。

（2）商业信用。指企业遵守承诺，在商业交往中积极履行商业合同、清偿应付账款债务等。

（3）财务信用。指按照《小企业会计准则》要求进行账务处理，会计结算规范，会计报表真实可信，资产真实，无抽离现金或其他弄虚作假作为。

（4）纳税信用。指企业能按时上缴应纳税款，无偷税、漏税等不良记录。

（四）贷款办理流程及需提交资料清单

贷款办理流程复杂，需要提交的材料繁多，令许多贷款企业头痛。为此，我们梳理了大部分银行贷款办理流程的共性内容，并总结了企业从与银行建立信贷关系到按合同偿还本息的完整贷款流程以及需提交的资料清单，可以帮助你轻松办理贷款。具体流程如下（仅供参考，具体以拟贷款银行的要求为准）：

1. 与银行建立信贷关系

（1）填写《建立信贷关系申请书》，向银行申请建立信贷关系。

（2）准备下列资料：

1）国家有关部门注册登记或批准成立的有关文件，如营业执照副本以及最新年检证明（属于有特殊规定行业的，应同时提供有权批准部门核发的特殊经营许可证）。

2）组织机构代码证书及其最新年检证明。

3）税务部门核发的税务登记证、完税证明等。

4）（审）会计师事务所出具的验资报告。

5）公司章程（个人合伙企业提供成立时的合同或协议等）。

6）法定代表人身份证明、签字样本及必要的个人信息（借款人是股份有限公司和有限责任公司的，还应同时提供董事会或股东会授权法定代表人办理借款事宜的授权书）。

7）贷款卡复印件。

8）银行开户许可证及预留印鉴卡。

9）企业财务制度。

10）近三年的年度财务报告，主要包括资产负债表、利润及利润分配表、现金流量表、财务报表附注说明等（成立不足三年的，提交自成立以来的年度财务报告）。

11）本年度截至上月底的财务报表及财务报表附注说明。

12）企业未来三年的经营计划及销售收入、税后利润、现金流量等预测数据。

13）近期存款、借款、对外担保情况。

14）最近日期中国人民银行征信系统的信用报告（一般银行可打印）。

15）企业按有关政策享受的还贷、税费等方面的优惠，要求列明相关规定、过去三年或成立以来实际优惠数额、当年及未来三年的预计优惠数额。

16）银行要求的其他资料。

（3）将完整填写的《建立信贷关系申请书》连同上述资料提交贷款银行，由贷款银行受理审查和审批。

（4）审查一般由银行贷款调查部门进行，主要是对借款人提供的资料进行核实，并对照银行发放贷款的条件，判断借款人是否具有建立信贷关系的条件。如果调查认为具备条件建立信贷关系，贷款调查员就填写《建立信贷关系审批书》，由贷款调查部门主管签署意见后报有权审批部门审批。

需要注意的是：银行与企业建立信贷关系、确定贷款发放的主要标准之一是企业信用等级。银行考察企业信用情况通常有几种途径：利用中国人民银行的企业征信系统；利用第三方中介机构对借款人进行的信用等级评定；银行自身根据企业生产经营、以往信用情况等进行信用等级评定。

（5）经银行有权审批人审查同意建立信贷关系的，由银行贷款调查部门与企业签订《建立信贷关系协议书》。

需要注意的是：已与银行建立信贷关系的企业，可直接进入第二步：提出贷款申请并提交相应的资料。

2. 提出贷款申请并提交相应的资料

填写《贷款申请书》，连同相关资料提交给贷款银行：

（1）上年度经工商行政管理部门办理年检手续证明文件的复印件。

（2）过去三年（不足三年的提供开业以来）及最近一期的财务报表。

（3）近期生产经营、物资材料供应、产品销售等有关资料。

（4）在银行开立基本账户的情况。

（5）以往借款本息偿还情况。

（6）购销合同复印件或反映资金需求的凭证资料。

（7）贷款银行要求的其他资料。

需要注意的是：在后续的贷前审查过程中，银行还会要求企业提供其他必要资料，如保证人相关资料、抵质押相关资料。

3. 银行进行贷前调查

（1）企业提交贷款申请和有关资料后，银行贷款调查部门将对企业进行贷前调查。

调查内容主要包括：

1）企业生产经营是否符合国家和本地区的经济政策、产业政策。

2）企业的行业前景、产品销路、竞争能力、销售收入等。

3）借款用途是否真实、正常、合规、合法。

4）企业的偿债能力，主要分析企业的主要财务指标变动情况及其真实性。

5）调查、核实企业提供的抵押物、质押物或保证人情况。

6）贷款风险度。

调查途径一般包括：

1）直接向企业调查，包括走访企业实际控制人、财务部门和生产经营场所、主要管理者等。

2）查阅企业在银行的信贷档案，了解企业以往借款还本付息情况、结算往来情况、贷款卡中披露的信息、或有负债信息。

3）查阅企业的财务报表及相关报告。

4）向企业的主要商业往来客户、其他债权人等调查。

5）向外部征信机构、社会中介机构、其他商业银行以及税务、工商行政管理等政府机构调查。

（2）对符合贷款条件的，调查人员根据企业的信用评级情况和贷款风险初步确定贷款方式，并根据不同的贷款方式要求企业补充其他有关资料。

一般来说，银行向小企业提供的都是有担保的贷款，所以还会要求小企业补充担保相关资料，如保证人的资格、保证意向和保证能力（保证贷款）或者抵押物、质押物的清单（抵押贷款、质押贷款）。

因此，小企业在准备贷款申请时，还应做好以下几项工作：

1）找到有实力的担保机构或担保人提供担保。

2）请信用评估机构对本企业进行信用评估。

3）办理他项权证。

（3）贷款调查人员进行贷前调查和贷款风险度测算后，填写《贷款调查书》（必要时还需撰写详细的贷前调查报告），提出贷款建议（如贷款与否以及贷款金额、期限和利率等），由贷款调查部门负责人签署意见后，连同企业的《贷款申请书》送交贷款审查部门。

4. 银行进行贷款审查和签批

贷款审查部门根据贷款的"安全性、流动性、效益性"（三性）原则和贷款政策，对贷款调查部门提供的资料进行审查并提出贷款相关建议。

审查的主要内容包括：

（1）调查部门提供的数据和资料是否完整、准确。

（2）贷款的投向、投量是否适当（基于国家产业政策、贷款"三性"原则）。

（3）贷款金额及用途是否合法、合规。

（4）贷款期限根据借款人的生产经营周期、还款能力和银行的资金供给能力确定。

（5）利率是否在规定的上下限范围内。

（6）贷款是否有可靠的还款来源。

（7）担保的合法性、合规性、可靠性。

（8）复核该笔贷款的风险度。

（9）该笔贷款发放后，借款人贷款总余额是否在该借款人的授信额度内。

贷款审查员初审贷款后，填写《贷款审查审批表》，提出初审意见（如贷款与否以及贷款金额、期限和利率等），交由审查主管复审并签署审查意见。审查同意贷款的，按照审批权限规定，报有权签批人签批。

5. 获得贷款

企业获得贷款资格后，一般需签署以下法律文书：

（1）与贷款行签订借款合同。

（2）如果是保证贷款，须与保证人签订保证合同。

（3）如果是抵押或质押贷款，须与抵押人或出质人签订抵押或质押合同，并依法办理抵押或质押登记。

只有完成上述有关法律文书后，银行才会实际发放贷款。

6. 按合同要求偿还本息

若贷款到期后，企业因各种原因不能按期归还，需及时向银行申请贷款展期：

（1）流动资金贷款，应在贷款到期前 10 个工作日申请展期。

（2）项目贷款，应在贷款到期前一个月申请展期。

（3）担保贷款，还应由保证人、抵押人、出质人出具同意续保或续押的书面文件；若原保证人、抵押人、出质人不愿续保或续押，企业应征得贷款行同意，提供新的担保。

企业申请贷款展期并提供要求的资料后，银行贷款调查人员将进行核实，按前述贷款审批手续送有关部门和领导审查、审批。签批后，贷款行与借款人、保证人等签订贷款展期协议，作为原贷款合同的补充协议。

03　融资谈判必备技能

融资沟通与谈判，是创业者必须面对的一个关键的融资流程，它将直接决定创业者的融资成败，可以直接展示创业者及其团队的能力，还可以成为创业者与未来投资人建立合作关系的基础。为此，笔者认为，创业者要从熟悉基本的商务礼仪及谈判策略、明确谈判要点、掌握谈判技巧、做好充分准备四个方面入手，以顺利完成融资谈判。

一、熟悉基本的商务礼仪与谈判策略

由于基本的商务礼仪与谈判策略相关知识比较常见，而且大多数创业者都经历过类似的专业学习与培训，这里不展开描述。不过，这里有必要将商务礼仪以及谈判策略的内容范畴及重点予以强调，为创业者进一步的针对性学习提供借鉴与参考。

商务谈判礼仪主要包括商务谈判过程中对谈判人员服饰、行为举止、见面、介绍、握手、接递名片、座次、迎送客人、电话沟通九个方面的礼节要求。其内容重点是：商务谈判对服饰、举止的一般要求；得体的称呼、寒暄和介绍；握手、接递名片的基本要领；迎送、会谈、座次安排和宴请的礼节；如何接打电话等。

商务谈判策略是指在商务活动中，谈判者为了达到某一目标而采取的谋略与谈判技巧。商务谈判技巧则是在具体的商务谈判进程中，为了实施谈判策略而采用的带有技术性的具体谈判方法。按照不同的标准，商务谈判策略又可分为谈判过程策略、谈判地位策略、谈判对手策略三大类，再根据不同谈判情况进一步细分并提出相应的策略。例如，谈判地位策略，一般分为优势条件下的谈判策略、劣势条件下的谈判策略与均势条件下的谈判策略三种，其中，劣势条件下的谈判策略主要有吹毛求疵策略、疲惫策略、权力有限策略、以柔克刚策略、多问多听少说话策略等。

通常的商务谈判中忌讳的语言或者行为，在融资谈判中也需要创业者对其有所了解并引起注意，明确哪些"可为"，哪些"不可为"。例如切忌欺诈隐骗、盛气凌人、道听途说、含糊不清、攻势过猛、过于自我、枯燥呆板、言无表情、恶意诋毁、夸夸其谈、随意承诺、趋炎附势等。

二、明确谈判要点

融资沟通与谈判过程中需要沟通什么？谈什么？对方关注什么？投资人期

望什么样的结果？如果在这些问题上能够事先做足功课，就表明你已经为谈判做好了充分准备，也预备好了各种应对方案。也意味着你的融资谈判已经成功了一半，胜算概率也会大大提升。

融资前的项目合作意向沟通、投资陈述等谈判要点相关内容，在之前商业计划书的十个关键点、投资陈述必须把握的要点、投资人经常会提哪些问题等部分已经进行了详细的总结。这里，我们着重针对创业者融资过程中最为关键的一份文件——风险投资协议条款清单（term sheet）[①] 的谈判，梳理投资人在协议中最为关注且关乎创业者切身利益的焦点问题，并对其进行详细剖析，提供谈判的对策与建议。

（一）如何投？如何决策与管控？——明智的选择与共赢的管理模式

1. 融资额与估值——如何投

融资额与价格（或估值）条款是协议文书中最重要的经济因素条款，常常在协议文书中的正文首页就开门见山地提出来。因为公司估值与融资额的确认，将直接决定创业者能够拿到多少资金，将要出让多少股权，关乎创业者的切身利益以及公司的发展前景。但是，这些条款又是很多创业者颇感头疼的内容，因为很多创业者对自己的公司估值缺乏信心或者缺少科学的判断，无法合理估值并准确计算融资额度；又或者在融资额度大小与股权出让比例之间徘徊不定，总是期望求得一个完美的平衡，即资金够用而又不影响控制权的股权出让比例。

要想消除这些困惑，不妨从以下几个方面重点把握谈判的重点。

（1）明确自己公司的估值，做到心中有数。要掌握一些基本的估值方法，对公司价值有正确的判断，这样就可以合理规划融资额度、股权出让比例，以免自己吃亏，或者高估自己的价值，甚至造成谈判不欢而散。由于估值方法很多，也很专业，创业者没必要去专门研究它，笔者建议大家掌握简单的市盈率

---

① 风险投资协议条款清单的签订，算是给了你一张获取融资的入场券。虽然它并不具有法律效力，但一旦签订，就意味着你的融资已经基本到手，因为通常情况下，正式的协议都是按照该条款清单的核心思想与内容来行文的。当然，最终融资成功还要求你的尽职调查不出任何问题。

（P/E）倍数法即可，这也是风险投资常用的方法之一。具体计算公式如下：

公司价值＝预测 P/E 倍数×投资后未来一个年度的利润

市盈率＝每股价格/每股收益

市盈率的值与企业所在行业、企业自身发展阶段、经营能力等紧密相关。通常的做法是取行业平均值，然后根据公司的发展阶段及其实际情况略作调整（同行业规模小的初创企业要在平均值基础上打个折扣）。初创企业的 P/E 倍数通常是 5～10。

需要注意的是：估值又分为投资前估值和投资后估值，投资前估值是指在任何新的资金投入之前的估值，投资后估值是指投资前估值与本轮投资总额的总和。这个对股权出让比例的计算结果会有影响。例如，如果一个企业的估值（通常是指投资前估值）为 1 000 万元，投资人投资 300 万元，投资人所占股份应该是 300/（1 000＋300）＝23％，而不是 30％。

除此之外，创业者还可以在谈判过程中，巧妙地让风险投资人告诉你公司的估值，例如，"根据您的经验，我公司的估值范围应该在什么区间？"而且，你可以问几个不同的风险投资人，再加上自己的评估，公司估值的准确率应该就八九不离十了。

（2）不过分强调估值或者融资额，而是突出自己的竞争优势，强调与投资人之间的真诚合作。谈判过程中，不要对自己公司的估值夸夸其谈，那样只会为你的融资谈判带来负面效应。因为，首先，投资人在估值方面肯定比你更专业，也不用你去评价，何况你还可以主动询问他们对公司估值的意见；其次，投资人往往更看重你的团队、项目潜在的价值、你的竞争优势；再次，过多的自卖自夸本身是一种不自信的表现，不会给投资人留下什么好的印象；最后，最重要的并不是估值，也不是眼前的融资额度大小，而是找到正确的投资人，即能够为你提供更多的资源支持、支撑公司未来发展的长期合作伙伴。

（3）综合考虑影响融资额的各种因素。首先考虑的因素是，目前急需多少资金。例如需要偿还的债务、马上需要启动的研发项目、急需加大市场投入等，这些资金是缺一不可的。其次，要考虑企业发展存在的潜在风险问题。例如某个细分项目可能失败、不可避免的自然灾害、政策变化、经济危机等，要预留一些抵抗风险、预防危机的资金。再次，要考虑公司重要经营节点之前资金的需求。即要在公司到达下一个重要经营节点之前，预留充足的资金，而不是到中途遇到资金困难时再仓促进行第二轮融资，这样会影响公司的整体发展进程。最后，要懂得几个"少融资"的常识，不过其前提是所获资金能够满足公司运营的需要。

一是 A 轮融资做到尽量少融资。其原理是：A 轮融资少一点，股权的稀释就少一些。在后续融资时，公司的估值一般会提高，尤其是通过多轮融资会使得公司的平均估值不断提高，创业者的股份也不会过多地被稀释。

二是如果判断公司将来可能会被收购而又不能确定可以高价出售，建议适当控制融资额度。因为如果创业者向投资人融资太多，一旦公司面临被并购的机会，依据优先清算权条款很难以较低价格成交，这对创业者来说是极其不利的。

三是为防范可能的降价融资带来的股权稀释风险，建议不要选择过高的估值，还应适当控制融资额度。首先，过高的估值初期确实能够带来尽可能多的资金，但是在后续融资过程中，跟进的投资人往往会越来越少，有可能迫使 A 轮投资人继续追加投资或者不得不选择降价融资，由于投资人受到反稀释条款的保护，A 轮投资人的股份比例不但不会下降，反而会上升，这时创业者就只能"哑巴吃黄连"了。因此，最好的办法就是选择合适的估值、适当控制融资额度，并保证公司后续的估值不断上升。

（4）合理的报价与高效的资金使用计划。根据以上公司估值方法以及各种影响因素，规划好自己计划融资的额度区间范围、出让股权比例，并告诉你的投资人。通常情况下，创业者的出让股权比例不会超过 40%，但也不会低于 15%～20%。需要注意的是，融资数额不要过大，以免吓跑投资人；也不要过小，以免让人觉得信心不足；给出的数据最好是一个区间范围，而不是一个精准的数字；同时，要清楚地告诉投资人，不同融资数额条件下，你拥有不同的使用计划与未来发展方案，在资金高效利用方面给投资人以丰富的想象空间，包括近期目标的实现、后期的融资计划、如何充分利用资金推动公司发展等。总之，要给出一个很实在的报价与合理高效的资金使用计划。

2. 公司治理——如何决策与管控

公司治理结构是指现代企业中规范投资人和管理者之间权利义务关系的一

系列制度安排，包括股东大会议事规则、董事会议事规则、管理层激励计划、财务报告和审计制度等，其目的在于减少投资人和管理者之间的利益冲突，使得两者利益趋于一致，实现企业价值最大化。

在风险投资协议条款清单中，公司治理主要指的是有关董事会席位设立及其决策权界定的相关条款。一个合理的董事会应该能够保持创始人、投资人、企业以及外部独立董事之间合适的制衡，为企业的所有股东创造财富。在美国硅谷流行着这么一句话："好的董事会不一定能成就好公司，但一个糟糕的董事会一定能毁掉公司。"这足见其重要性。

一般来说，董事会行使的权限都是标准化条款，也是双方能够共同认可的。其争议焦点往往就是董事会席位设置的问题。具体设置结构及注意事项如下：

（1）双方都认同且合理的董事会结构。根据中国《公司法》的规定，有限责任公司至少要有3名董事，股份制公司则需要有5名董事。一般来说，董事会席位设置为单数，便于决策。对A轮融资的公司来说，出于董事会的效率以及后续融资董事会扩容的考虑，理想的董事人数通常是3～5人。

一般双方都认同的结构如下：

3个普通股股东＋2个投资人＝5个董事会成员

2个普通股股东＋1个投资人＝3个董事会成员

从以上结构可以看出，A轮融资完成以后，普通股股东（创业者）应该占有大部分的董事会席位，拥有公司的绝大部分所有权，这也是创业者拥有公司所有权的基本保障。

（2）独立董事席位设置对董事会结构及行使权的影响。独立董事席位的设置，往往是在投资人强势条件下采取的一种妥协而又相对合理的处理方式。如果投资人不同意以上常规的方案，那就意味着你要设立一种偏向于投资人的董事会结构。但是为了获得融资，你既不能舍弃合作机会，又不能完全放弃自己的所有权，更不能一开始就引发巨大矛盾。在这种情况下，就可以通过引入独立董事，来平衡双方的关系。具体结构如下：

2个普通股股东＋2个投资人＋1个独立董事＝5个董事会成员

1个普通股股东＋1个投资人＋1个独立董事＝3个董事会成员

为了避免失去董事会的主导地位，创业者需要注意以下几个问题：

第一，最好是由普通股股东推荐独立董事，同时要选择你信任的人来做独立董事，而不是由投资人来选择。这是你不能妥协的原则。

第二，独立董事的人选要取得董事会一致同意。

第三，在任何时候，若公司增加 1 个新投资人席位，你也必须要求增加 1 个普通股席位。这样做是为了防止投资人在新一轮融资中抢占主导地位。

（3）CEO 设置对董事会结构及行使权的影响。投资人往往会要求公司的 CEO 占据一个董事会的普通股席位，这一点似乎无可厚非，因为多数情况下公司融资时担任 CEO 的都是创始人股东之一。但是，试想一下，如果某一天公司要更换 CEO，新的 CEO 则在董事会中占据一个普通股席位，而恰好这个新 CEO 与投资人关系甚好并形成联盟（事实上，大多数新任 CEO 与投资人的关系更为密切），那你在董事会的主导地位就岌岌可危了。

因此，如果你正打算雇用一个新的 CEO，不妨为他在董事会中设立一个新的席位，这样就化解了 CEO 占据一个"不确定"的普通股股东名额的问题。例如，在偏向于投资人的董事会中，投资人已占有 2 个席位，专门增设 1 个 CEO 席位：

1 个普通股东＋1 个投资人＋1 个独立董事＋1 个 CEO（目前是创始人）＝4 个董事会成员

如果要让董事会成员数成为奇数，那就再根据设立独立董事的原则增加一个独立董事席位。

（二）如何维护股权利益——确保根本利益不受损失

1. 优先清算权（含参与分配权）——退出时的股权利益保护

优先清算权是风险投资条款清单中一个非常重要的条款。优先清算权是指风险投资、私募股权基金等投资人在目标企业清算或结束业务时，具有的优先于其他普通股股东获得分配的权利，这也就意味着投资人用于购买优先股的资金能够以特定的比率优先收回，而普通股股东（即创业者）所持股份的可分资产总额会同时减少，其实质就是为投资人提供了在不利情形下的附加保护措施。关于"清算事件"的条件通常会在相应的法律文件中予以具体说明,例如公司消亡(被收购、被合并、出售其大部分资产等(非上市))。

优先清算权通常分为三种,即无参与分配权的优先清算权、有完全参与分配权的优先清算权和附上限参与分配权的优先清算权。

参与分配权是针对公司剩余财产的分配权,即普通股股东和优先股股东将按比例(优先股转化为普通股之后的比例)分配出售公司所获收益的剩余收益。完全参与分配权,意味着优先股股东在行使清算优先权之后还可以与普通股股东一起参与剩余财产的分配。具有一定上限的参与分配权,是指优先股股东可以参与剩余财产的分配,直到他们获得的分配额达到一定的总额(一般为初始投资的2~4倍),才不再享有参与分配权。目前比较常见的是A轮投资人无参与分配权,这就意味着当优先股股东行使他们的清算优先权之后就不享有参与剩余收益分配的权利。可见,参与分配权实质上是另一个有利于投资人的条款。

优先清算权的范围通常在1~3倍之间,例如,投资人拥有1倍优先清算权意味着他能够将其原始投资收回;而如果是2倍优先清算权,则意味着投资人能够收回2倍于他的原始投资额,以此类推。当然,其前提是普通股股东还没有获得任何新的融资。如果公司又进行了好几轮融资,优先清算权将会变得更加复杂,具体取决于不同投资人所拥有优先清算权级别的高低。

以下所列是创业者与风险投资人就优先清算权谈判可能形成的三种结果,条款示例及详细说明附后:

(1)1倍或几倍优先清算权,附带无上限的参与分配权。

条款示例:在公司清算或结束业务时,A类优先股股东有权优先于普通股股东获得每股1倍于原始购买价格的回报以及已宣告但尚未发放的股利(优先清算权)。在支付给A类优先股股东优先清算权回报之后,剩余资产由普通股股东与A类优先股股东按相当于转换后的股份比例进行分配。

说明:该条款对投资人非常有利。投资人不但可以获得优先清算回报,还可以在不必转换成普通股的条件下与普通股股东一起按比例分配剩余清算资金。

（2）1 倍或几倍优先清算权，附带有上限的参与分配权。

条款示例：在公司清算或结束业务时，A 类优先股股东有权优先于普通股股东获得每股 1 倍于原始购买价格的回报以及已宣告但尚未发放的股利（优先清算权）。在支付给 A 类优先股股东优先清算权回报之后，剩余资产由普通股股东与 A 类优先股股东按相当于转换后的股份比例进行分配；但是一旦 A 类优先股股东获得的每股回报达到 3 倍于原始购买价格（已宣告但尚未发放的股利除外）后将停止参与分配。之后，剩余的资产将由普通股股东按比例分配。

说明：该条款属于相对中立的条款，一般情况下，双方都乐意接受。不过，其前提是双方要就清算优先倍数和回报上限倍数达成一致，通常双方都能认可的清算优先权倍数是 1～2 倍，回报上限倍数是 2～3 倍。

（3）1 倍优先清算权，无参与分配权。

条款示例：在公司清算或结束业务时，A 类优先股股东有权优先于普通股股东获得每股 1 倍于原始购买价格的回报以及已宣告但尚未发放的股利（优先清算权）。在支付给 A 类优先股股东优先清算权回报之后，剩余资产由普通股股东按股份比例进行分配。

说明：这是标准的 1 倍、不参与分配的优先清算权条款，对创业者非常有利。这个条款意味着：退出时，A 类优先股投资人要么选择在其他人之前拿回自己的投资额，要么在转换成普通股之后跟其他人按比例分配资金，而不享有参与剩余收益分配的权利。但是，这类条款的设立往往建立在你的项目备受追捧或者你在谈判过程中完全处于强势地位的基础之上，一般的创业者在 A 轮融资的风险投资协议中很难看到这样的条款。

2. 反稀释条款——后续融资发展中的股权利益保护

反稀释条款也称反股权摊薄协议，是指在目标公司进行后续项目融资或者定向增发的过程中，投资人避免自己的股份贬值及份额被过分稀释而采取的利益保护措施。该条款已成为多数风险投资条款清单中的一个重要条款，其实质就是为优先股确定一个新的转换价格，而并没有增发更多的优先股。

反稀释条款大致可分为防止股权结构上股权比例降低的条款和防止后续降价融资过程中股份份额贬值的条款两大类。前者涉及转换权和优先购买权；后者则主要涉及降价融资时转换价格的调整。具体相关条款说明如下：

（1）防止股权结构上股权比例降低的反稀释条款。

第一，转换权。转换权条款是指在目标公司发生送股、股份分拆、合并等股份重组情况时，对转换价格进行相应调整，以确保其持股比例。

条款示例：A类优先股股东可以在任何时候将其股份转换成普通股，初始转换比例为1∶1，此比例在发生股份红利、股份分拆、股份合并及类似事件以及反稀释条款中规定的情况时做相应调整。

说明：这是一个很普通而且很合理的条款，完全公平，一般情况下创业者都能够接受。

第二，优先购买权。优先购买权是指公司在后续融资时，前一轮的投资人有权利选择继续投资获得至少与其当前股权比例相应数量的新股，以使其自己在公司中的股份比例不会因为新的融资进入而降低，在有的协议文书中也称优先增资权。另外，优先购买权也可能包括当前股东的股份转让时，投资人拥有按比例优先受让的权利。

条款示例：投资人有权在公司发行权益证券时（发行期权池股份及其他惯例情况除外）按其股份比例（完全稀释）购买相应数量的股份。

说明：这也是一个常见且合理的条款，一般不存在太大争议。

（2）防止后续降价融资过程中股份份额贬值的反稀释条款。公司本身通常会经历一个融资——发展——再融资——再发展的过程。但谁也不能保证每次融资时发行股份的价格都是上涨的。正因为此，投资人为了防止在下一轮出现降价融资，使股份的发行价格低于自己的转换价格，导致自己手中的股份贬值，而特别设立此条款。

条款示例：如果公司发行新的权益证券的价格低于当时适用的优先股转化价格，则优先股的转换价格将按照广义加权平均①的方式进行调整以减少投资人的稀释。

---

① 加权平均条款包括两种细分形式：一是广义加权平均，即按完全稀释方式定义，包括已发行的普通股，优先股可转换成的普通股，可以通过执行期权、认股权、有价证券等获得普通股数量；二是狭义加权平均，即只计算已发行的可转换优先股能够转换的普通股数量，不计算普通股和其他可转换证券。

说明：根据保护程度的不同，优先股的转换价格保护主要分为完全棘轮调整以及加权平均调整两种方式。本条款中采用的是广义加权平均方式。

完全棘轮条款是指如果公司后续发行的股份价格低于 A 轮投资人当时适用的转换价格，那么 A 轮投资人的实际转换价格也要降低到新的发行价格的水平。这种方式仅仅考虑低价发行股份时的价格，而不考虑发行股份的规模。

说明：完全棘轮条款是对优先股投资人最有利的方式，对普通股股东有重大的稀释影响。该条款曾经很流行，但由于条件过于苛刻，现在采用得比较少，即使采用，也会附加一些有利于普通股股东的条件，例如只在 A 轮融资后的某个时间期限内融资时才适用、采用部分棘轮的方式。

加权平均条款是指如果后续发行的股份价格低于 A 轮投资时的转换价格，那么新的转换价格就会降低为 A 轮投资时转换价格和后续融资发行价格的加权平均值。即给优先股重新确定转换价格时不仅要考虑低价发行的股份价格，还要考虑其权重（发行的股份数量）。

说明：加权平均条款对于优先股股东与普通股股东来说，属于相对中立的条款，也是目前比较流行的反稀释条款。值得创业者注意的是，加权平均条款又分为广义加权平均与狭义加权平均两种形式，相对而言，广义加权平均方式对创业者更为有利。

综上，一般来说，创业者和投资人双方对防止股权结构上股权比例降低的反稀释条款不会有什么争议，防止后续降价融资过程中股份份额贬值的反稀释条款内容才是双方谈判的焦点。

为此，在谈判过程中，创业者应该从以下两个方面努力争取自己的利益：

一是尽量争取去掉有关防止后续降价融资过程中股份份额贬值的反稀释条款。不过这个难度比较大，对创业者的项目价值、综合实力、谈判能力等要求都很高。

二是尽量控制反稀释条款带来的风险与不利，其原则是阻止其被"激活"。

首先，尽量控制完全棘轮条款的持续有效性。不到迫不得已，不要接受完全棘轮条款。一旦接受，应该限制其后续生效，例如提出该条款只在后续第一次融资时才适用、只有后续融资价格低于某个设定价格时才生效、在公司达到设定经营目标时去掉反稀释条款等。

其次，尽量设置反稀释条款生效的约束性条件。主要做法是尽力要求投资人必须参与后续的降价融资，专业说法就是争取继续参与权。给出的条件是：要求优先股股东要想获得转换价格调整的好处，就必须参与后续的降价融资并购买等比例的股份。如果某优先股股东不愿意参与，他的优先股将失去反稀释权利，其转换价格将不会根据后续降价融资进行调整。

条款示例：所有投资人都要完全参与后续可能的降价融资，除非董事会允许所有投资人都放弃参与，任何没有参与的投资人的 A 类优先股将自动失去反稀释权利。

最后，尽量控制反稀释条款的生效范围。主要做法是尽量多地列举例外事项。例外事项就是指某些特定的情况或者条件，在例外事项条款要求下，即使是低价发行股份也不应该引发反稀释调整。因此，例外事项越多，范围越广，对于创业者来说更有利。而这些例外事项，往往会成为双方议价的焦点。

条款示例：反稀释调整将不包括下列情况下的股份发行：

（1）在股份分拆、股份红利或任何其他普通股股份分拆时发行的股份。

（2）公司期权池为员工、新的管理团队成员、顾问、董事等预留的期权。

（3）……

其他可借鉴的例外事项如下：

第一，任何债券、认股权、期权或其他可转换证券在转换和执行时所发行的股份。

第二，董事会批准的公司合并、收购或类似的业务事件，用于代替现金支付的股份。

第三，按照董事会批准的债权融资、设备租赁或不动产租赁协议，向银行、设备出租方发行的或计划发行的股份。

第四，持大多数已发行 A 类优先股的股东放弃其反稀释权利。

3. 领售权（强卖权）——退出变现的第一保障

领售权是指投资人强制公司原有股东（主要是指创始人和管理团队）参与其发起的公司出售行为的权利，即投资人有权强制公司的原有股东和自己一起向第三方转让股份，并同意其与第三方达成的转让条件和价格。

对于投资人来说，其退出渠道之一就是所投资的企业被并购，通过出售企业，投资人可以尽快实现股份变现。但是，创业者往往可能不愿意公司被并购，或者不认同并购方、转让价格及条件，在这种情况下，领售权就成为投资人"绑架"创业者的工具，利用条款约定强迫创业者接受并购交易。因此，通俗地说，领售权实质上就是投资人所拥有的"强卖权"。

条款示例：领售权：在合格首次公开募股之前，当公司的估值少于（　）美元时，如果多数 A 类优先股股东同意出售或清算公司，剩余的 A 类优先股股东和普通股股东应该同意此交易，并以同样的价格和条件出售他们的股份。

如果出售方式与条件设计合理、大多数股东一致同意且能够保证大家共同的利益不受损失，自然是皆大欢喜；但是，如果领售权是完全倾向于投资人，而你又不进行自我保护的话，那就不得不担心你的公司可能随时会被卖掉，而且你有可能会变得一无所有。创业者应注意以下几个潜在的风险问题以及谈判要点：

（1）不要完全被投资人控制。例如上面示例中的"如果多数 A 类优先股股东同意出售或清算公司"，一旦你认同它，就意味着默认了在公司实际占股比例不高、极少数的 A 类优先股股东将直接掌控公司的出售"命运"。因此，有必要增加一些条件，尽量阻止该条款被激活，例如改成"如果超过 2/3 的 A 类优先股股东及董事会同意出售或清算公司"。另外，还有一个非常奏效的阻止办法，就是限定收购方范围，降低被收购的概率。例如不允许收购方是自己的竞争对手、投资人投资过的其他公司、投资人的关联公司等，这种条件投资人一般也都会同意。

（2）时间约定不能完全是投资人说了算。例如，最好要求给予公司足够的成长时间，通常 4～5 年之后，如果仍然未能实现首次公开募股计划，才允许投资人激发领售权，通过出售公司退出。

（3）在价格问题上不能退让。根据优先清算权，如果转让价格过低，有些创业者很有可能在公司被收购的时候什么都拿不到。因此有必要约定"只有在转让价格比估值高_____的情况下，投资人才能够行使领售权"。比如，如果投资人在"优先清算权"条款中要求的是"参与清算优先权，2 倍回报、3 倍上限"，我们就认为：只有在出售时公司估值高于投资人原始投资额的 2 倍的情况下，普通股股东才有剩余；只有在每股转让价格达到投资人投资价格的3倍的情况下，投资人才会转换成普通股，大家的利益才能保持相对一致。

（4）"坚决不同意"的解决办法。如果你一直坚决不同意，那就只能采取"釜底抽薪"的办法了。你可以想尽一切办法，以同样的价格和条件将投资人的股份买下，当然，前提是你对企业未来的经营依然很有信心，但不可过于冒险或者碍于面子而为之。

（5）关于执行的一些问题。例如，支付方式以现金为最佳，上市公司的可自由交易股票亦可，但是非上市公司以其股份作为支付手段，就要慎重考虑风险问题。另外，即使你最终同意出售公司，也大可不必为交易承担并购方要求的在业务、财务等方面的陈述、保证等义务。

（三）如何保护切身利益——设立第二道自我防护墙

1. 保护性条款——全方位的自我保护

保护性条款是指投资人为全方位保护自己的利益而特别设置的条款。其条款设立的主要原因是：A轮融资后，投资人持有的优先股通常只占公司股份比例的20%～40%，并不占据公司股东会和董事会的主导权，在一些关键决策上无法影响股东投票，也无法影响董事会投票，因此，他们期望通过保护性条款来约束公司的一些重大行为并全方位地维护自己的利益，即要求公司在执行某些潜在可能损害自己利益的事件之前，要获得其批准。实际上就是给予投资人一个对公司某些特定事件的否决权。

条款示例：任何下列可影响公司及其附属公司的公司行为和交易，均需要获得50%以上A类优先股股东的同意方可批准和生效：

（1）修订或改变A类优先股股权的权力和利益，或者给予某些投资人任何新的权力、优先权和特别权力高于或者等同于A类优先股股权。

（2）修订、改变或废除公司注册文件或公司章程中的任何条款对A类优先股产生不利影响。

（3）出售或者发行任何股权或者债券凭证或增资权、期权和其他可购买股权或债券凭证的权力（除非属于经董事会批准过的员工持股计划股票或者认股权证的转换)。

(4) 进行公司资本重组、重新分类、分立、分拆、破产、资产重组或业务重组等事项。

(5) 回购或赎回公司任何普通股（不包括董事会批准的根据股份限制协议，在顾问、董事或员工终止服务时的回购）。

(6) 宣告或发放普通股股利或优先股股利。

(7) 批准公司清算或解散。

(8) ……

毋庸置疑，设立保护性条款确实很好地保护了投资人小股东的利益，并有效防止其利益受到大股东侵害。但是，如果投资人拥有保护性条款，尤其是条款过多、保护范围很广的情形，会对公司的正常运营形成一定的阻力，创业者必须在两者之间寻求适当的平衡。

(1) 尽量减少保护性条款的数量。对保护性条款的数量并没有硬性要求，完全由双方议定。实际上，以上示例条款中所列尚属公平及标准的条款，也是合情合理的。但是，很多投资人不会满足于此，通常会提出更多对其自身有利而又不属于风险投资典型条款的内容。因此，数量控制的原则是：与投资人的根本利益直接、紧密相关的事项，例如优先股权利、地位、比例、退出、回报等利益，可以考虑保留；非此类事项，则应该通过谈判将其去除。如果投资人处于强势且坚持其要求，你可以采用以下两个技巧予以应对：一是将某些保护性条款变成"董事会级别"，即批准权由投资人的董事会代表在董事会决议时行使，而不由投资人的优先股投票来行使；二是提出对赌式要求，即要求公司经营达到某个标志性目标之后，某些保护性条款自动失效。

(2) 尽量设置投票比例下限。保护性条款实施时，"同意"票数比例设置门槛越高，对创业者越不利，因为股份比例小的投资人可能很容易对你的决策行使否决权，使其保护性条款对你产生强大的约束力。

(3) 尽量为每一个条款设置高要求或者限定范围（对投资人）。例如尽量少使用"任何情况"、"任何数量"等词汇，而是要明确什么条件下某条款方能生效，以免自己无条件地陷入被动状态。

(4) 尽量对不同类别的保护条款化零为整。当进行后续融资时，有可能会出现不同类别的投资人各自拥有单独保护性条款的现象，在这种情况下，就需要化零为整，促使其采用相同的保护性条款，由所有投资人共同投票决定。

2. 股份回购权——股份变现的二次保障

股份回购权是指投资人在特定的条件下，拥有要求被投资公司购买他们所持有的股份的权力。风险投资最终一定要实现对投资项目的退出，并尽力获得理想的资本套现。但是，当首次公开募股、公司并购、股权出售等变现渠道不畅通时，投资人就需要借助股份回购条款来实现退出并维护自己的利益了。

在协议文书中，股份回购权通常以赎回权内容出现。具体示例如下：

赎回权：从交割日起的第____年始，持有公司多数 A 类优先股股权的股东可要求公司按照投资金额____%的价格加上应付但未付的股息（赎回价格）赎回 A 类优先股股权，该赎回价格根据股票分拆、红利股、资本重组和类似交易按比例调整。

若在赎回当日，公司可依法赎回的 A 类优先股股权数量小于被要求赎回的 A 类优先股股权数量，则任何未赎回的 A 类优先股股权均应在未来公司依法可以履行赎回义务之时尽快被赎回。

尽管现实中股份回购权几乎从未被执行，但其毕竟是风险投资协议中的一个很重要的条款，因此创业者仍然要从以下几方面予以重视并进行风险防范。

（1）争取取消股份回购条款。这要求你给予投资人充足的信心、展示可靠的实力。

（2）争取较长的时间期限。投资人行使权利的时间期限越长，对于创业者来说风险越小，压力也越小。大部分回购权要求至少在 A 轮融资 5 年之后才允许行使。一方面，是因为风险投资要给予公司足够的时间来发展；另一方面，风险投资基金本身也有其生命周期，通常要求在投资后 5～7 年变现，以实现在基金生命周期内回收资金。

（3）争取合理的回购价格。回购价格通常是投资人初始购买价格加上未支付的股利，如果投资人比较强势，可能会要求一定的投资回报率。一般情况下，不要答应对方提出的高价要求。

（4）争取不要激活回购权条款。在有的协议条款中，股份回购权可能要在多数或大多数投资人投票同意时才生效，这就需要设定较高的投票比例，门槛越高越好。

（四）对创业者的限制条款——有效的控制与激励

1. 股份兑现条款——对创业团队股份及期权的限制与激励

在风险投资条款清单中，股份兑现条款是投资人对创业者及其团队成员股份及期权获得的约束性条款，其根本目的也是保证团队（而不仅仅是针对创业者个人）的稳定性，从而维护双方的共同利益。一般来说，条款中对创始人和管理团队的股份及期权的兑现期限要求为 4 年，也就是说，你必须待满 4 年才能拿到所拥有的股份或期权。如果提前离开公司，你就只能拿到部分股份或期权。

条款示例：在交割之后发行给员工、董事、顾问等的所有股份及股份等价物将遵从以下兑现条款：发行后的第一年末兑现 25%，剩余的 75% 在其后 3 年按月等比例兑现。公司有权在股东离职（无论出于个人原因还是公司原因）时回购其尚未兑现的股份，回购价格是成本价和当前市价中的低者。

由创始人持有的已发行流通的普通股也要遵从类似的兑现条款。

条款示例：创始人在交割时可以兑现其股份的 25%，其余股份在其后 3 年内按月兑现。

需要注意的是：有的条款中以股权激励条款或者员工和董事期权条款内容显示。例如，所有授予管理团队的期权和员工通过持股计划所获得的期权都必须在 3 年内每月按比例兑现，并按照获得期权时的公允市场价格执行。

对于创业者来说，股份兑现约束是一件好事，可以确保团队的稳定性，还可以更好地激励团队，员工的股权激励一般也需要通过兑现条款的方式来获得。但是潜在的风险以及个人利益问题也必须引起注意，具体表现在以下几个方面：

（1）个人价值地位可能发生变化，影响兑现。例如，在兑现期限内，投资人突然发现你的贡献不大、对公司也没有太多价值了，而你还有不少股份尚未兑现，这时投资人可能采取的措施就是：通过董事会决议开除你，回购你的股份，将其预留给新的管理人员，从而发挥股权的最大价值。因此，你必须有这个心理准备，即使作为创始人在初期贡献很大，也要面对残酷的市场。

（2）争取最短的兑现期或者适当高的兑现比例。创业者在谈判过程中，完全可以依据个人创业初期对公司所作的巨大贡献，要求尽可能缩短兑现期或者提高第一年兑现的比例，以此作为对个人前期付出的补偿。

（3）要求合理分配未兑现的股份。按照一般规则，公司回购的创始人未兑现的股份会被注销，通过反向稀释，会让创始人、员工和投资人按比例共同受益。但是，创始人可以提出不注销回购股份的要求，转而采取将其只在创始人和员工之间按持股比例分配的方式。这样可以尽可能将利益分配给曾经一起创造巨大价值的创始人和员工。另外，也可以考虑将回购的股份放入期权池。

（4）在成熟条件下利用规则主张加速兑现。具体可分为两种情形：一是在特定的条件下主张加速兑现的权利。例如，提前完成业绩目标、完成经营里程碑指标、被董事会解职等，创业者都可以按照约定加速兑现，获得额外的股份兑现。二是在股份兑现期还没有结束公司就被并购时，创业者要求加速兑现股份。其处理方式有两种：第一种是"单激发"，即在并购发生时自动加速兑现，一般可额外兑现25%～50%的股份；第二种是"双激发"，即加速兑现需要满足两个条件（公司被并购，创始人在新公司不再任职），一般可额外兑现50%～100%的股份。不过，加速兑现不缩短兑现期，而只增加兑现股份数量，减少未兑现股份数量。

2. 竞业限制条款——对创业团队竞业行为的约束

对于每一位有过从业经历的人来说，竞业限制条款应该是再熟悉不过了，尤其是那些管理人员或者公司的财务、研发、生产、营销等骨干人员，往往在劳动合同签订过程中都已经接触过。对于投资人来说，其目的无非是稳定创业团队，防止核心人员离开公司之后从事与公司相同或相似的业务，甚至直接成为竞争对手的"帮手"或者"主力军"，给公司带来难以挽回的损失。

条款示例：核心人员中的公司员工必须与公司签订符合A轮投资人要求的新雇佣合同。新雇佣合同必须包含保密条款和竞业限制条款（详细条款待定）。与创始股东签订的雇佣合同必须保证创始股东在公司从本轮投资结束起从事全职工作至少＿＿＿年。

竞业限制条款通常是协议文书中的标准条款之一，一般只说明公司的核心人员要与公司签署一份竞业限制协议，至于协议的具体内容需另行确定。通常，投资人所期望的是：核心人员在从公司离职后一段合理的期限内做到：（1）不创立竞争性公司或为其他竞争性公司工作；（2）不将公司的客户、商业机密带给新的雇主；（3）不劝诱公司的员工和客户背弃公司。

这些条款内容看起来都是标准化的，也没有太大争议。但是对于创业者来说，仍然要在以下几方面引起重视：

（1）竞业限制期。对于投资人来说，期望竞业限制期越长越好，但是对于创业者来说，却希望自己的自由度高一点。这还与你个人的能力背景、专业领域以及离职方式有关，例如，如果你对公司客户以及市场的掌控力很强，估计投资人期望的竞业限制期会比较长；如果你是主动离职的，竞业限制期也不会太短。另外，你也要平衡好与投资人的关系，因为如果你要求的竞业限制期过短，投资人会觉得很"不放心"。总之，竞业限制期，合情合理、符合常规即可。

（2）严格界定竞业范围。对于创业者来说，一旦遇到难以逾越的经营障碍（有时候是由于投资人的原因造成的），就必须考虑另谋出路，而外面的创业机会很多，如果是被竞业限制条款限制住了，那就得不偿失了。因此，最好的办法就是严格界定哪些竞争对手、哪些类型的公司、哪类业务性质或者工作性质属于竞业限制范畴，分得越细越好，范围越窄越好，这样，也算是给自己"留一条后路"。

（3）合理要求获得补偿。一般情况下，如果创业者是正常离开公司的（主要指非主动离职），尤其是在被迫离职的情形下，因为签署了竞业限制协议，而在一定期限内无法在其擅长的专业领域继续工作，完全可以向公司提出竞业补偿的要求，直到竞业限制期结束。

3. 限售权——对创业者股权的锁定

限售权在有的协议文书中又叫股权锁定，是指投资人限制或禁止大股东转让其持有的公司股份的权利。其根本目的限制创始人转让股权，防止创始人抛售股权"开溜"。

条款示例：锁定：公司现有股东和持股管理人员同意在首次公开募股之前不以直接或者间接方式转让公司的权益，而不论交易时个人与公司的雇用状态如何，除非该个人已提前获得投资人的书面许可。

限售权也属于标准化条款，一般的情况下也基本能够认同。但是，对于一些经济条件并不是很好的创业者来说，可能会有些头疼。因为即使项目很好，也无法在一定期限内实现股份变现，而且股权将被持续锁定，直到公司上市或被并购。不过，创业者可以从以下三个方面争取自己的利益：

一是限定股权锁定期限。这也是出于创业者与投资人之间利益平衡以及公允的考虑，需要共同约定一个合理的股权锁定期限。

二是尽量争取预留部分具有自由空间的股份。例如，要求个人投资的一部分不被锁定，作为自己增加财富的方式，从而预留一定的自由空间。当然，前提是得到董事会的同意。

三是特殊情况下的申请。例如创业者需要通过转出少部分股份来改善家庭经济状况，可以向投资人提出申请，征得同意后，可以签订相关决议并实现少部分的股权转让。

三、掌握谈判技巧

（一）风险投资协议条款清单提供前的谈判技巧与注意事项

（1）了解对方。了解对方投资人的个性、喜好、知识结构、可能的项目兴趣点（投资项目的倾向性）、对方的投资方式与流程等。其目的是力求沟通语言一致、行为方式一致、兴趣点一致等。

（2）聚焦要点。聚焦内容要点，即商业模式、投资回报、市场前景、竞争优势、管理团队等，同时这些也是投资人感兴趣的内容。

（3）珍惜宝贵的时间。时刻准备好"一分钟演说词"，唯一要做的就是在短时间内打动投资人；沟通进程中要合理控制时间，切忌拖沓。

（4）内容要简洁易懂。简洁易懂的基本原则就是让投资人轻松地看懂、听懂。例如，陈述报告要简洁明了，避免使用过多的技术术语，多使用直观的图表。PPT 不要太多，必要时可以制作视频，它更能够打动人。

（5）要表现出诚信、务实、专一。要诚信，绝对不要说假话，即使是成功获得投资以后，也要真诚地沟通，不要只报喜不报忧；要务实，你的理想目标要有依据、要有能力支撑，切忌夸夸其谈，例如"我的目标是要改变世界，我要成为全球老大，我的技术是水平世界第一，我没有竞争对手"等；要专一，千万不要说"我现在有三个主营业务、三个发展方向……"，"有了钱什么都能解决"。

（6）在信任对方的前提下做好风险防范工作。不要怀疑投资人，对于商业机密不必全盘托出，但也不要只字不提，不然就没有核心竞争力了。在关系建立之初，不要调查对方，例如询问"我可以知道您成功的投资案例吗？"（一般情况下，对方若有兴趣会主动介绍）或者"我可以了解一下你们公司的资金来源吗？"等；不要说过去被某些中介或者投资机构欺骗的经历，即使对方提出了你曾经遇到的不合理要求，也要委婉地拒绝，例如"您提的建议很不错，但是我之前接触过类似的投资机构，后来与他们的合作出现了问题，我想知道，您的公司是如何防范此类风险或者处理这种问题的？"不要总是担心投资人会吞掉你的公司，你要明白一个基本道理，那就是：你是他赚钱的伙伴，投资人不至于幼稚到这种地步。当然，必要时你可以做一些风险防范的准备工作，例如了解公司法、了解股权配置与公司治理结构、了解风险投资可能存在的主要风险、了解对方的投资方式与流程。

（7）诚实地回答投资人的问题。不要一问多答或者多问一答。就每一个问题给予逻辑清晰、令人信服的回答。

（8）不要轻易开口说钱的事。虽然计划书里面有详细的财务计划与融资说明，但是你也不必主动提融资额的问题，除非投资人主动提出。你应该始终将重点放在此次沟通的要点或者投资人更为关注的事项上。

（9）坚持原则，守住底线。创业者要始终保持自己的主动权并守住合作底线，不要怕不合作，这种自信的表现反倒更容易赢得投资人的欣赏。例如，股权出让比例一定不能过高，这是创业者保持主动权的基本保障。

（10）以诚挚的感谢友好结束沟通。千万不要着急地问："您觉得我的项目获得您投资的机会有多大？"更不要咄咄逼人地说："希望尽快给我答复，因为还有很多投资人在约我。"否则，你之前的一切努力可能付之东流。只须在表达感谢之余，耐心地等待答复或者按照正常程序咨询结果即可。

（二）风险投资协议条款清单谈判技巧与注意事项

（1）要对一般性的风险投资协议条款清单内容了如指掌。这是谈判的基本前提。需要重点了解或研究的内容包括：金融基础知识，风险投资协议中的专业术语，风险投资协议条款清单中的重要条款及双方容易产生争议的关键点及其常用对策，必要时可以提前请一位优秀的律师或者经验丰富的"过来人"为你把关、指导。

（2）明确自己的目标与定位。风险投资协议的谈判并不仅仅是为了获取资金、谋求眼前的利益，更重要的是找一个能够给你带来更多资源、支持你未来发展的长期合作伙伴，并共同奋斗、共担风险，努力实现共赢。因此，彼此之间也是一个平等关系的利益共同体，不存在"谁求谁"、"谁强谁弱"的问题。这也应成为你在谈判过程中处理关系、平衡利益的基本原则。

（3）合理巧妙地报价，赢得更多的机会。与融资初期一样，不要轻易主动开口提钱的事，切忌对自己公司的估值夸夸其谈，而是要将重心放在强调与投资人之间的真诚合作上；即使投资人要求报价，也最好给出一个区间范围，同时告诉投资人，不同融资数额条件下你将采用不同的资金使用计划与发展方案。这样，既不会把自己"框死"，又可以给对方考虑的空间，也就最有可能争取到一个理想的投资方案。

（4）善于"抓大放小"。虽然风险投资协议条款清单中有很多重要款项，但是很多条款都是标准化的，对于这种条款不要去浪费时间，更不要斤斤计较，而是应该重点关注与自己切身利益息息相关的重要事项或者投资人特别提出的一些要求，例如投资人提出常规的董事会结构不合适，双方要考虑设立独立董事，这可能会危及你的董事会主导权，这就有必要好好协商了，具体探讨是否接受设立独立董事的方案，又或者如何设立独立董事才能更好地维护自己的权益。

（5）降低风险是应对"硬性条款"的最好办法。通常情况下，投资人为了降低自己的风险，设置了很多优先自己、限制对方的条款，如优先清算权、反稀释条款、股份兑现等。对于创业者来说，不要考虑如何消除这些条款，而要客观地面对现实，想尽办法去降低风险，其根本措施就是尽量阻止这些条款被激活。例如，为这些条款生效设置更高的条件要求，有可能是投票比例要求，也有可能是条款的适用范围，还有可能是条款的生效期限及其生效的持续力等。

（6）善于利用"对赌"方式。协议条款中，常见的对赌方式都是投资人向创业者提出的，例如创业者没有达成预期的经营里程碑指标，则要接受一些不利的条款。但是，面对一些"不公平"的条款又无法直接消除的话，可以提出对赌方式来应对。例如，如果创业者在两年内达成预设的经营目标，该条款自动失效。

（7）尊重、坦诚是处理问题、赢得信任的最好方式。无论在谈判过程中遇到任何麻烦问题，尊重、坦诚始终是你化解危机、解决问题的根本法则，同时也可以避免谈判陷入僵局。尊重对方，就要善于换位思考，多考虑投资人的感受以及每一项要求提出的原因；坦诚相待，就要诚实守信，坦诚对待每一件事、每一个问题，并忠诚于事业。例如对于竞业限制条款，创业者首先要表示理解并乐意接受大多数合理的条款，针对个别细节问题，可以与投资人坦诚沟通并摆出自己的实际困难问题，共同寻求合理的解决方案。

（8）兼顾原则性与灵活性。在风险投资协议谈判中，原则性是极其重要的。如果没有原则与底线，你将不仅可能失去主导权，还有可能失去所拥有的一切资产。因此，原则与底线在任何时候都是不能突破的，不要轻易接受一些要求苛刻的条款，绝不能被投资人"牵着鼻子走"。当然，适度的灵活性也是必须兼顾的，例如，可以在一些条款上适当地妥协或者技巧性地给对方设置一些障碍。

（9）切忌完全失去自我防范意识。正所谓"防人之心不可无"。虽然你与投资人是平等的利益共同体，但这毕竟是残酷的商业战场，何况许多标准条款其本质上对创业者来说就是不利的。而且，即使在谈判之前做足了功课，你也无法预测投资人对每一个条款的态度与想法，何况他们还可能随时提出一些新的要求。这些要求也许会令你措手不及，还有可能是对方给你设置的"陷阱"。在这种情况下，你有必要暂缓谈判进程，理性分析对方的要求，寻求应对之策。必要时可以与自己的团队成员商量，可能是通过电话，也可能是在现场商议。尤其是不要过于相信投资人的一些看似符合常规的语言，例如"我们都是这么操作的"，"我们对其他投资人也是这样的"……事实上，不同的项目是不一样的，何况很多条款也并非完全是"死"条款。

（10）放开视野，挖掘资源。正因为你的谈判不仅是为了资金，而且是为了找一个能够共赢的长期合作伙伴，所以在谈判过程中，除了那些枯燥的协议条款，你还应该尽可能去寻求投资人的人脉资源、业务资源、用户资源、管理资源、技术资源等，虽然这些资源支持不会落实到投资协议中，但是，可以另外单独签署合作意向或者正式的业务合作协议，从而为企业的持续成长提供更多的支持。实际上，投资人也乐意支持你，同时欣赏你的资源获取能力，这样也会增强投资人对你达成经营目标的信心。

四、做好充分准备

凡事预则立，不预则废。充分的谈判筹备是融资谈判成功的根本保证。筹备步骤及主要事项包括：明确谈判主题，组建临时谈判筹备小组，收集背景资料与情报信息，分析双方优劣势、情报以及谈判对象，分析双方利益与需求，确立谈判目标，拟定谈判议题以及具体谈判内容，组建正式谈判队伍以及明确角色分工，部署谈判策略，制定应急预案，安排谈判议程，进行模拟谈判等。各步骤的主要工作内容与要求如表5—5所示。

表5—5　　　　　　　　　　　融资谈判步骤及工作内容与要求

步骤	主要工作内容与要求
明确谈判主题	明确本次谈判的主题，例如，融资前合作意向沟通、投资陈述、风险投资协议条款清单谈判。
组建临时谈判筹备小组	临时谈判小组由创业者、核心成员以及负责前期工作筹备的主要成员组成，主要负责前期背景资料与情报信息收集与分析、双方优劣势分析、对方谈判队伍成员分析、双方利益与需求分析、谈判目标的确立以及谈判内容的拟定。

续前表

步骤	主要工作内容与要求
收集背景资料与情报信息	根据谈判主题，收集以下相关资料或信息： （1）谈判双方背景（关于对方的详细情报信息可通过专业调查公司获取）。 （2）对方谈判队伍成员背景资料。 （3）与本次谈判直接相关的资料与信息，例如风险投资协议条款清单、专业术语释义。 （4）与本次谈判间接相关的资料与信息，涵盖政治、经济、金融、文化、行业信息及相关标准、相关领域专业知识等。
分析双方优劣势、情报以及谈判对象	（1）双方优劣势分析：根据背景资料与信息分析，就谈判主题内容范畴，分析双方的优劣势。 （2）情报分析：提炼对谈判有帮助的重要信息。 （3）专业术语研究与分析。 （4）对方谈判队伍成员分析。
分析双方利益与需求	明确双方的利益诉求点。可以将双方关注的主要利益问题进行对比分析与预测，并就主要的分歧点进行重点分析。
确立谈判目标（分三个层次）	依据双方优劣势分析、情报分析以及双方利益与需求分析的结果，确定本次谈判的目标： （1）战略目标（理想目标）。提出理想目标，主要是为了激励参与谈判的团队成员，同时，以理想目标作为报价起点，有利于在讨价还价中使自己处于主动地位。另外，也可以用来与谈判最终结果作比较，明确自己存在的差距。 （2）可接受目标。可接受目标是指依据双方优劣势分析、情报分析以及双方利益与需求分析的结果，经过全面考虑、科学论证后所确定的目标。这个目标可以设立为一个区间或范围，即你可以努力争取或作出让步的范围，便于自己通过讨价还价争取实现可接受的目标，从而确保谈判取得成功。 （3）底线目标。底线目标是指你所设立的在谈判中毫无退让余地，必须达到的最基本目标（可以细分到每一个重要的协议条款）。
拟定谈判议题以及具体谈判内容	谈判议题是指谈判双方围绕谈判主题在谈判过程中提出和讨论的各种问题，可由谈判队伍成员共同讨论拟定。 （1）明确己方要提出并讨论的问题。首先，对所有问题进行比较和分析，并根据重要程度进行分类，可分为重点讨论问题、非重点问题以及可以忽略的问题三类；其次，对这些问题之间的逻辑关系进行分析；最后，针对不同问题，准备好己方观点并提出充足的理由与依据。 （2）预测对方要提出的问题，并对问题的重要程度进行分类，针对可能出现的问题设计好对策，同时准备好必要的资料与信息。例如，投资人在风险投资协议条款清单中可能提出的各种要求。

续前表

步骤	主要工作内容与要求
组建正式谈判队伍以及明确角色分工（根据需要）	依据以上背景分析、对方谈判队伍分析、双方利益分析、拟定谈判议题以及本次谈判需要实现的目标，组建一支能够发挥团队优势、有效解决预期问题的谈判队伍。 （1）谈判人员结构。一般由谈判队伍领导人、商务人员、专业（技术）人员、法律人员、翻译人员和记录人员构成。谈判人员的配置必须与创业者的团队现状、谈判的目标、谈判的规模、谈判的内容以及对方的谈判队伍相匹配，尽量避免人力资源的浪费，力求成本最小化。 （2）具体角色分工。 1）首席代表：要求熟悉谈判主题、谈判任务与要求以及各种谈判策略，专业能力强。负责指挥谈判、组织内部会议及重要决策，一般坐在中间位置，通常由创业者自己担任，当然，也可由创业团队中的合适人选担任。 2）红脸：主要任务是"友好"地对对方的某些观点表示同情和理解，看起来要作让步，给对方安全的假象，使对方放松警惕，往往都是受对方欢迎、乐意沟通的角色。一般坐在首席代表旁边。通常，由性格沉稳、态度温和、言语平缓、经验丰富、处事圆滑且能总揽全局的人担任。 3）白脸：主要任务是尽力削弱对方提出的任何观点和论据，迫使对方暴露弱点，故意给对方造成较大的沟通压力，通常会让对手难以接受，在必要时甚至会提出中止谈判。一般坐在离谈判团队比较远的地方（如桌尾）。通常，由雷厉风行、反应迅速、善抓时机、敢于进攻、言辞尖锐的人担任。 4）强硬派：主要任务是在每件事上都持强硬立场态度，使问题复杂化，常常用延时战术阻挠谈判进程，因此，最好把己方的强硬派安排在对方的首席代表旁边，达到干扰和影响对方首席代表的目的。强硬派一般与清道夫坐在一起，可以形成能力互补优势。不过，己方的强硬派与对方的强硬派不宜太近。 5）清道夫：主要任务是对所有的观点进行归纳总结，最终集中提出来。同时，协助指出对方论据中自相矛盾之处，削弱对方的优势。另外的任务是防止谈判偏离主题、设法使谈判走出僵局。清道夫一般与强硬派相邻而坐。 （3）谈判人员素质要求：要求成员具有良好的专业知识基础、丰富的相关行业经验、超强的沟通能力、一定的谈判技巧与策略、系统的思考与分析能力、缜密的逻辑思维能力、敏锐的洞察力、快速的灵活应变能力等。此外，还应具有良好的道德品质、沉稳的心理素质、平和的谈判心态、大方得体的言行举止以及超强的团队合作意识。

续前表

步骤	主要工作内容与要求
部署谈判策略	根据谈判目标以及以上的背景资料、双方优劣势分析，拟定实现目标所采取的基本途径和策略。谈判策略包括开局策略、报价策略、磋商策略、成交策略、让步策略、打破僵局策略、进攻策略、防守策略、语言策略等，具体的策略需要根据现场谈判过程可能出现的情况灵活运用。以下为示例。 （1）开局阶段。感情交流式开局策略：基于双方长期友好合作关系，谈及彼此印象深刻的项目、历史合作成就等，产生感情上的共鸣，使谈判气氛立刻变得分外融洽，最终促使形成大家默认的互利共赢模式。 （2）中期阶段。 1）红脸白脸策略：由红脸与白脸配合，共同把握住谈判的节奏和进程，逐步占据主动。 2）步步为营策略：技巧性地提出我方的预期利益，先易后难、层层推进、步步为营地争取我方利益。 3）以退为进策略：坚持我方核心利益不动摇，适当采取以退为进、迂回进攻的策略。例如，牺牲某方面小的利益来换取自己期望获得的更大利益。 4）强势进攻策略：强调与我方合作会带来高额利益回报的同时，软硬兼施，即"通牒式"暗示对方若不能满足我方的条件，我方将立即选择其他合作者谈判。当然，前提是实力雄厚、项目吸引力强。 5）打破僵局策略：合理利用暂停，首先冷静分析僵局的原因，找出关键问题，然后以尊重对方为前提，但又用坚决否定对方（给出充分理由）的方法来解除僵局；适时使用声东击西策略，打破僵局。 （3）休局阶段（如果有）。总结谈判开局、中期阶段的谈判内容，并就目前取得的谈判实际效果与原计划谈判目标进行比较分析，找出差距，根据需要对原计划方案进行适当调整。 （4）最终阶段。 1）控制底线策略：适时运用折中调和策略，严格把握最后让步的空间与幅度，在迫不得已的情况下方可考虑报出底线条件。 2）最后通牒策略：强调本次谈判合作的重要价值以及合作选择的唯一性，给对方极强的压迫感，从而最终达成协议。 3）战略合作策略：表达本次谈判合作只是双方未来长期合作的起始点，以建立长远的利益共享、合作共赢关系，来促成对方适当在某些利益方面进行妥协，从而达成协议。 4）达成协议：由双方分别总结所达成的共识条款，并一一明确最终谈判结果。必要时可由助理及记录员出示会议记录和合同范本，请对方予以确认，并确定正式签订合同的时间。

续前表

步骤	主要工作内容与要求
制定应急预案	针对双方可能会僵持的问题、对方可能会提出的"刁难"问题，提出相应的替代方案，便于及时打破僵局，防止己方处于不利状态，并提高谈判成功的概率。
安排谈判议程	谈判议程的安排本身就是一种谈判策略。谈判议程一般要明确谈判时间、地点、主题、具体内容、进度（流程）以及主要与会人员。谈判议程可由一方准备，也可由双方协商确定。议程包括通则议程和细则议程，前者由谈判双方共同使用，后者供己方使用。 （1）时间与进度安排。时间与进度安排是指谈判在什么时间举行、进行多长时间、各个阶段的时间如何分配、议题出现的时间顺序等。在确定谈判时间、谈判周期时主要考虑以下几个因素：谈判准备情况、谈判人员的身体和情绪状况、季节及气候情况、市场形势、谈判议题的需要等。具体的时间安排策略如下： 1）选择一个对自己有利的时机。例如政策趋势利好、企业营销取得突破性进展、技术研发取得重大成果、获得专利证书或者重要不动产产权证等。 2）对重要、次要议题的时间安排与分配。对于重要议题或者焦点议题，最好安排在总谈判时间的 3/5 处提出，这样可以确保在双方充分交流的基础上进行谈判，不会显得唐突，也不会因拖得太晚而显得仓促；对于不太重要或者容易达成一致的议题，放在谈判的开始或即将结束阶段即可。 3）合理设计好己方各谈判人员发言的顺序和时间。尤其是关键人物对关键问题的提出，应选择最成熟的时机，当然也要给对方人员足够的时间表达意向和提出问题。 4）己方的具体谈判期限在谈判前要严格保密。一旦对方知道，就可能会用各种方法拖延谈判时间，待到谈判期限快要临近时才开始谈正题，迫使己方为急于结束谈判而匆忙接受不利于己方的条件。 （2）谈判议题安排（详见拟定谈判议题以及具体谈判内容）。 （3）谈判地点与人员位置安排。谈判场所的地理位置、外部环境，很容易影响你的谈判效果。首先，尽量将谈判地点安排在己方公司或自己熟悉的地方，即使没有争取到，也要选择一个双方都不熟悉的地方，最好不要到对方的根据地去谈判。其次，要求谈判场所有良好的外部环境与必备条件。例如空间宽敞、干净整洁、温度适宜、灯光明亮、安静隔音、交通食宿便利、通信畅通、上网方便、所需设备齐全、有必备的点心等。最后，要选择合适的谈判桌并安排谈判人员的座位（具体可参照角色分工有关内容）。 （4）通则议程与细则议程的内容。 1）通则议程是指谈判双方共同遵照使用的日程安排，一般由双方协商同意后才能正式生效。通则议程通常包括以下内容： A. 谈判时间及流程安排。 B. 主要谈判议题安排，包括各类细分议题、问题讨论顺序。

续前表

步骤	主要工作内容与要求
安排谈判议程	C. 谈判人员安排。 D. 谈判地点及招待事宜。 2）细则议程是指对己方参加谈判的人员分工及具体策略的安排，仅供己方内部人员使用，具有保密性。其内容一般包括以下几个方面： A. 谈判资料清单。 B. 角色分工及职责说明。 C. 谈判中的统一口径：如发言的观点、文件资料说明、重要事项解释、专业术语释义、关键问题的答复等。 D. 己方发言的策略：何时提出问题，提什么问题，向何人提问，谁来提问，谁来补充，谁来回答对方问题，谁来反驳对方观点，什么情况下要求暂时停止谈判等。 E. 谈判人员更换调整的预先安排。 F. 己方谈判时间的策略安排（包括谈判时间期限）。 G. 对谈判过程中可能出现的各种问题的对策安排。
进行模拟谈判	模拟谈判，要求从己方选出几名代表扮演谈判对手，从对方的立场、观点、习惯及风格出发，提出各种假设和前测，进行谈判前的实际演习。模拟谈判可以有效预测各类可能出现的问题与风险，并大大提升谈判的成功率。

04 创业融资的法律风险防范与常用合同及法律文书

一、创业融资必备法律常识

"融资难"一直是困扰我国众多中小企业发展的一个老难题。近年来，政府也在努力加大对中小企业的支持力度，通过政策倾斜、进一步开放金融市场等，使该问题得到一定程度的缓解。但是，初创企业在融资过程中仍然处于劣势地位，通常不得不满足对方提出的一些苛刻条件。因此，对于初创企业来说，在融资过程中如何防范法律风险显得尤为重要，尤其是不能因为一些苛刻的条件或者自身的法律意识淡薄，导致企业资产、股权、控制权等权益受到危害。

为此，我们梳理了融资过程中一些比较重要的法律法规，帮助创业者有效防范融资过程中的法律风险，并提高法律风险防范意识。具体如下：

(1)《贷款通则》(中国人民银行)。

(2)《个人贷款管理暂行办法》。

(3)《固定资产贷款管理暂行办法》。

(4)《流动资金贷款管理暂行办法》。

(5)《项目融资业务指引》。

(6)《担保法》。

(7)《融资性担保公司管理暂行办法》。

(8)《私募股权众筹融资管理办法（试行)》(2014年)。

(9)政府（包括地方政府）、金融机构等发布的相关支持性政策及法规，例如《关于鼓励和促进中小企业发展的若干政策意见》（包括拓宽融资渠道）、《商业银行小企业授信工作尽职指引（试行)》、《关于进一步做好中小企业金融服务工作的若干意见》、《小额贷款公司融资业务管理办法》等。

(10)其他基本法律法规，例如《合同法》（融资租赁合同）、《知识产权保护法》、《物权法》、《中小企业促进法》等。

二、创业融资法律风险防范技巧

(一) 融资筹备

1. 理性选择融资方式

根据企业自身实际情况，理性选择融资方式，尽量避免出现不可控的财务风险、企业控制权丧失风险。

2. 制定完备的融资计划与风险防控方案

融资计划的内容包括融资的资金需求、资金使用计划、股权分配计划、债务偿还计划、风险防控计划等。这里主要强调风险防控方面的技巧。首先，应该对融资相关材料进行合规性审查，从一开始就有效地避免潜在的法律风险，要求创业者亲自对融资重要文件与材料进行法律审核与分析，如借款协议、风险投资协议等，必要时可以邀请法务专业人士予以把关；其次，制定各种危机应对方案，尤其要重点考虑一旦投资项目失败，你该如何归还借款，如何处理一切债务问题，以备不时之需。

（二）融资过程

1. 确保融资材料的真实性

即融资过程中在向银行申请贷款、引进风险投资或者向其他主体借款时，确保所陈述内容、提交材料的真实性，切忌提供虚假的信息或证明资料、编造不真实的财务数据等，虚假材料问题一旦被资金出借者发现，一方面会影响与投资人之间的信任关系，另一方面还可能引发相应的刑事法律风险。

2. 确保融资行为的规范性

即融资过程中一切行为必须遵守相应的法律法规，包括签订规范的合同或者协议、按照法律规定的流程与要求办理相关手续等，避免出现违规违法行为，否则后果将不堪设想。尤其是在融资难的环境条件下，切忌通过一些看似快捷、方便的非法途径来进行融资。

（三）资金使用

融资成功以后，为了防范法律风险，创业者在资金使用方面需要把握以下三个原则。

1. 限定资金用途

要求融资所获资金仅限用于企业合法的生产经营活动，因为，即便因经营亏损或者资金周转困难而未能及时偿还负债利息引发纠纷，一般也不会引发刑事法律风险。可见，将贷款资金限用于企业生产经营，是企业在融资过程中避免刑事法律风险的有效途径。

2. 合理使用资金

企业在成功获得融资以后，除了限定资金用途，还需要注重有计划地合理支配与使用资金。一方面是按照协议中约定的资金用途或者资金使用计划条款执行；另一方面，应该有计划地合理控制资金使用量、投放进度，尤其是在创业初期，要将资金用在刀刃上——投向企业发展的关键项目，实现资金利用价值最大化，切忌随意挥霍资金。若因不合理使用资金或者违反合同条款以致贷款无法按期偿还，则要被追究刑事法律责任。

3. 积极应对财务风险

即使出现了财务风险问题，例如因经营不善而无法按期偿还负债利息，也不要慌张，更不要采取逃跑、隐匿资金等消极的方式。首先，应该启动融资筹备阶段准备好的风险应对方案，积极采取各种补救措施来尽可能弥补资金缺口，与此同时，还应该主动提前向资金出借人作出原因说明并与之协商，请求给予宽限，或者先偿还部分本息，以表明自己在主观上并没有非法占有资金的恶意。这样既能够避免纠纷甚至刑事法律风险的产生，又能够积极引导大家共同解决财务困难。

三、融资常用合同及法律文书

融资常用的合同及法律文书有借贷合同（民间、银行）、风险投资意向书、风险投资协议、担保合同（各类担保合同）、融资租赁协议、贷款申请书、股东大会同意担保决议书、股东大会贷款决议书、同意出质承诺书等，由于银行、政府或者专业的金融服务机构都会在融资手续办理过程中提供上述大部分合同及法律文书的文件模板，因此这里不再——列出。

在这里有必要向读者提供三种难以获取的常用工具，即民间借贷合同、风险投资协议条款清单与担保合同分类及其说明，以帮助大家在民间借贷、引进风险投资、签订担保协议等常见融资行为过程中，尽力保障自身的权益并有效防范法律风险。

（一）民间借贷合同模板（标准版）

民间借贷是指公民之间、公民与法人之间、公民与其他组织之间的借贷。只要双方当事人意思表示真实即可认定有效，因借贷产生的抵押相应有效，但利率不得超过中国人民银行规定的相关利率。民间借贷分为民间个人借贷和公民与金融企业之间的借贷。本合同模板主要适用于狭义的民间借贷行为，即公民之间依照约定进行货币或其他有价证券借贷的一种民事法律行为。本合同简单实用，含抵押说明、连带责任保证说明等内容。

借款合同

贷款方：＿＿＿＿＿＿＿＿＿＿＿＿

身份证号：＿＿＿＿＿＿＿＿＿＿＿

电话：＿＿＿＿＿＿＿＿＿＿＿＿

借款方：＿＿＿＿＿＿＿＿＿＿＿

身份证号：＿＿＿＿＿＿＿＿＿＿＿

电话：＿＿＿＿＿＿＿＿＿＿＿＿

一、借款用途

何××要从事个体经营，急需一笔资金。（本借款限用于借款方个体经营项目，必须专款专用，未经贷款方同意，借款方不得挪作他用。）

（说明：根据需要拟定以上用途要求。）

二、借款金额

借款方向贷款方借款人民币＿＿＿＿＿＿＿＿＿＿＿＿＿元（大写：＿＿＿＿＿＿＿＿＿＿＿元）。

三、借款利息与还款方式

自支用贷款之日起，按实际支用金额计算利息，并计算复利。在合同规定的借款期内，年利率为＿＿＿％。借款方如果不按期归还款，逾期部分加收利率＿＿＿％。

还款方式：＿＿＿＿＿＿＿＿＿＿＿

（说明：填列约定的还款方式，比如"到期一次偿还本息"。）

四、借款期限

借款方保证从＿＿＿年＿＿＿月＿＿＿日至＿＿＿年＿＿＿月＿＿＿日按本合同规定的利息偿还借款。借款期限为＿＿＿年，贷款逾期不还的部分，贷款方有权限期追回款项。

五、贷款方权利与义务

（1）如贷款方临时需要收回借款，应提前十五天向借款方提出还款申请，借款利息按实际借款天数计算利息。

（2）贷款方有权监督贷款的使用情况，了解借款方的偿债能力等情况。借款方应如实提供有关的资料。

（3）借款方如不按合同规定使用贷款，改变借款用途或挪作他用，贷款方有权收回部分贷款，并对违约部分参照银行规定加收罚息。

（4）借款方提前还款的，应按规定减收利息。

（5）借款方应觅保证人一名，确保本契约的履行，而且愿为乙方负连带返还本利的责任，并放弃先诉抗辩权。

（说明：此项根据双方需求拟定。）

六、借款方权利与义务

（1）借款方用自有房屋6间做抵押，到期不能归还贷款，贷款方有权处理抵押品。借款方到期如数归还贷款的，抵押权消灭。

（说明：抵押品资产详细情况可以用附件形式呈现。）

（2）借款方必须按照借款合同规定的用途使用借款，不得挪作他用，不得用借款进行违法活动。

（3）借款方必须按合同规定的期限还本付息。（如不能按期还款，最迟应在借款到期前十五天向贷款方提出延期申请，届时贷款方可在双方协商的基础上决定是否延期。）

（说明：括弧中的内容由双方协商确定。）

（4）借款方有义务接受贷款方的检查、监督贷款的使用情况，了解借款方的计划执行、经营管理、财务活动、物资库存等情况。

（5）需要有保证人担保时，保证人履行连带责任后，有向借款方追偿的权利，借款方有义务对保证人进行偿还。

（说明：此项根据双方需求拟定。）

七、违约及违约处理

（1）下列情况均属借款方违约：

1）借款方未能按合同计划用款和还本付息。

2）未经贷款方同意改变借款用途或挪作他用。

3）借款方违反本合同其他条款事项。

（2）根据违约情况，贷款方有权采取下列措施：

1）对违约部分贷款加收最高不超过_____的罚息。

2）采取必要法律手段直至依法索偿应付未付借款本息及费用。

八、条款变更

因国家变更利率，需要变更合同条款时，由双方签订变更合同的文件，作为本合同的组成部分。

九、合同争议的解决方式

本合同在履行过程中发生的争议，由当事人双方友好协商解决，也可由第三人调解。协商或调解不成的，可由任意一方依法向人民法院起诉。

十、附则

本合同未做约定的，按照《合同法》的有关规定执行。

本合同一式两份，具同等法律效力，双方各执一份，双方签字后生效。

贷款人：_____

借款人：_____

连带保证人：_____

（说明：此项根据双方需求拟定。）

合同签订日期：_____

（二）风险投资协议条款清单①

风险投资协议条款清单实际上是投资人给创业者提供的一张获取融资的入场券。虽然，它并不具有法律效力，但一旦签订确认，就意味着你的融资已经基本到手，因为通常情况下，正式的协议也都是按照该条款清单的核心思想与内容来行文的。当然，最终融资成功还得要求你的尽职调查不出任何

---

① 相关内容来自百度文库和部分创业网站。

问题。

因此，投资条款清单内容是创业者融资过程中必须深刻理解和掌握的内容，至于合同的签订，只要创业者把投资条款清单弄明白、弄透彻，就显得轻而易举了，因为正式的投资合同内容也是以此为基础的。此条款为完整版投资条款清单内容示例，仅供参考，对于初创企业而言，有些复杂或者不相关的条款可以不予以考虑。

[××投资人/投资公司] 与 [××公司] A类优先股融资

投资条款清单

_____年_____月_____日

本投资条款清单仅供谈判之用，在双方确认之前，不构成投资机构与公司之间具有法律约束力的协议，但其中的"保密条款"、"排他性条款"和"管理费"具有法律约束力。在投资人完成尽职调查并获得投资委员会的批准并以书面（包括电子邮件）通知公司后，本协议便对协议各方具有法律约束力，协议各方应尽最大努力根据本协议的规定达成、签署和报批投资合同。

一、排他性条款

公司同意，在签订本框架协议后_____天内，公司及其股东、董事会成员、员工、亲属、关联公司和附属公司在未获得投资人书面同意的情况下，不得通过直接或间接方式向任何第三方寻求股权/债务融资或接受第三方提供的要约；不得向第三方提供任何有关股权/债务融资的信息或者参与有关股权/债务融资的谈判和讨论；且不得与第三方达成任何有关股权/债务融资的协议或安排。如公司为满足本框架协议中股票购买协议部分所载明的成交条件造成延期，本排他性条款有效期限自动延展。尽管有上述规定，若公司或投资人均未在排他性条款有效期截止日五天之前发出希望终止谈判的书面通知，则公司应继续与投资人进行排他性谈判，直至公司或投资人发出书面终止谈判通知。

二、保密条款

（1）有关投资的条款和细则（包括所有条款约定甚至本框架协议的存在以及任何相关的投资文件）均属保密信息而不得向任何第三方透露，除非另有规定。若根据法律必须透露信息，则需要透露信息的一方应在透露或提交信息之前的合理时间内征求另一方有关信息披露和提交的意见。且如另一方要求，需要透露信息的一方应尽可能为所披露或提交的信息争取保密待遇。

（2）尽管有上述说明，但在成交之后，公司有权将投资的存在、投资人对公司的投资事项披露给公司投资人、投资银行、贷款人、会计师、法律顾问、业务伙伴和诚信的潜在投资人、员工、贷款人和业务伙伴，但前提是获知信息的个人或者机构已经同意承担保密信息的义务。

（3）在未获得投资人书面同意的情况下，公司不得将投资人的投资事项在新闻发布会、行业或专业媒体、市场营销材料以及其他方式中透露给公众。

（4）投资人有权向第三方或公众透露其对公司的投资。

三、术语释义

略。例如，ESOP 代指员工和董事期权。

四、要约条款

1. 交割日

本框架协议签订后_____天（"交割日"）。交割日为公司完成必要工商登记，投资人成为公司股东之日。

2. 投资金额

人民币_____万元，获得的交割后公司股权（"初始股权比例"）以全面稀释（包括预留的 ESOP）计算。

人民币汇率以付款当日中国人民银行公布的汇率中间价为准。下同。

3. 证券类别

投资人获得的投资权益称为 A 类优先股股权，具有本框架协议规定的各项权力和利益。如因法律法规的限制，本框架协议规定的权力和利益无法充分实现，投资人和公司将采用法律允许的其他方法，在最大范围内实现本框架协议规定的投资人的权力和利益。

4. 购买价和初始估值

投资前全面稀释公司估值人民币_____万元，投资后全面稀释公司估值人民币_____万元，估值的依据为公司提供的盈利预测。交割完成后公司的股权结构表附后。

按照业绩调整条款，初始估值可以向下调整。

5. 业绩调整条款和实际估值

如果公司_____经营年度税后净盈利达到人民币_____万元或更多，公司全面稀释投资后估值保持人民币_____万元不变。如果公司没有达到该税后净盈利目标，则公司的全面稀释投资后估值应根据以下公式调整。

$$\text{全面稀释投资后估值} = \text{_____} \times \text{公司_____} \frac{\text{经营年度}}{\text{税后净盈利}}$$

如果启动以上业绩调整条款，公司现有股东及 ESOP 的部分权益应立即无偿（或以象征性价格）转让给投资人（或以法律允许的投资人成本最低的其他方式），使投资人所占的股权比例反映公司的调整后全面稀释投资后估值。其中现有股东及 ESOP 各自转让给投资人的权益根据现有股东及 ESOP 在转让前的比例进行划分。

在计算业绩调整时，通过收购兼并或其他非常规或不可重复方法取得的盈利不应计入公司的实际盈利（投资人书面同意的收购兼并除外）。

实际盈利应四舍五入至人民币 10 万元。

经营业绩应依据中国通用会计原则计算，并应由四大国际会计师事务所之一或投资人书面同意的知名会计师事务所审计确认无误。公司应在____经营年度截止后 3 个月内提供经审计的财务报告。

6. 增资权

公司应向投资人发行一个增资权，授权投资人再行以人民币____万元追加投资获得____%的股权，行使价格为本轮新股购买价格的____%（享有 A 类优先股股权的各项权利，这些股份的购买价应根据 A 类优先股股权的业绩调整条款和反稀释条款进行调整）。增资权的行使不应附带任何实质性条件，可以在交割后的任何时间行使，直至交割后的 5 年，或合格首次公开募股（定义见后），以较早者为准。

7. 所得款项用途：公司应根据经批准的公司预算和营业计划将从投资中获得的款项用做业务扩张、流动资金和其他投资人认可的用途。

五、A 类优先股股权的权力和利益

1. 股息权

除非得到投资人的书面批准，公司在可以向股东分配相当于投资人投资总额____％的年股息之前不进行利润分配。

2. 清算权

若发生清算事件，A 类优先股股权持有人可优先于其他股权的持有人获得相当于投资金额____倍的金额加上任何已宣告但尚未发放的红利（优先额）。在优先额得到全面偿付之后，公司的全部剩余资产或公司或其股东所获的款项按照股权比例派发给全体股权持有人。

清算事件包括公司进入清算程序、终止经营或解散，公司发生合并、收购或转让投票控制权而导致原有股东在续存的实体中不再拥有大多数表决权，将公司全部或者大部分资产售卖或者将公司全部或大部分知识产权进行排他性转让。

3. 赎回权

从交割日起的第____年始，持有公司多数 A 类优先股股权的股东可要求公司按照投资金额____％的价格加上应付但未付的股息（赎回价格）赎回 A 类优先股股权，该赎回价格根据股票分拆、红利股、资本重组和类似交易按比例调整。

若在赎回当日，公司可依法赎回的 A 类优先股股权数量小于被要求赎回的 A 类优先股股权数量，则任何未赎回的 A 类优先股股权均应在未来公司依法可以履行赎回义务之时尽快被赎回。

4. 放弃 A 类优先股股权的特别权力

任一 A 类优先股股权的持有人都有权按自己的判断在交割之后的任何时候放弃其所持有的全部或部分特别权力和利益。

若公司申请普通股在投资人同意的证券交易市场公开上市且与承销机

构达成确定的包销协议，且上市前公司估值至少在人民币____亿元，上市融资规模至少在人民币____亿元（合格首次公开募股）或任何等同上述情况，则 A 类优先股股权自动放弃除信息权、上市注册权之外的其他权利。

5. 反稀释条款

若公司增发股权类证券且增发时公司的估值低于 A 类优先股股权对应的公司估值，则××投资公司有权从公司或创始人股东处无偿（或以象征性价格）取得额外股权，或以法律不禁止的任何其他方式调整其股权比例，以反映公司的新估值。在该调整完成前，公司不得增发新的股权类证券。除非股权增发属于：（1）ESOP 股票；（2）行使既有期权或增资权；（3）公司注册包销公开发行股票；（4）与股票分拆、红利股、资本重组和类似交易相关的按比例做出的调整。

6. 优先认购权

A 类优先股股权持有人有最多与其持股比例相当的公司任何新发行证券的优先认购权，且购买的价格、条款和条件应与其他潜在投资人相同，如果有 A 类优先股股权持有人放弃其优先认购权，则其他 A 类优先股股权持有人有权认购其放弃部分。

7. 最优惠条款

若公司在未来融资或既有的股东或融资中存在比本投资交易更加优惠的条款（更优惠条款），则投资人有权享受更优惠条款，并将更优惠条款适用于 A 类优先股股权。

8. 保护性条款

除另有规定外，A 类优先股股权的投票表决权与其他股权持有人相同。

下列任何可影响公司及其附属公司的公司行为和交易（无论通过修改公司章程还是其他方式，无论是单一交易还是多笔相关交易）均需要获得 2/3 以上的 A 类优先股股权持有人或××投资公司委派的董事的同意方可批准和生效：

（1）修订或改变 A 类优先股股权的权力和利益，或者给予某些投资人任何新的权力、优先权和特别权力高于或者等同于 A 类优先股股权。

（2）出售或者发行任何股权或者债券凭证或增资权、期权和其他可购买股权或债券凭证的权力（除非属于经××投资公司批准过的 ESOP 股票或者认股权证的转换）。

（3）宣告或发放任何股息、分配利润，或其他任何可导致赎回或回购股权凭证的行为。

（4）任何（或者导致）收购、重大资产或控制权售卖、兼并、合并、重组、设立合资企业或合伙企业、成立子公司、减少股本、解散和清算的动议。

（5）进行公司资本重组、重新分类、分立、分拆、破产、资产重组或业务重组的事项。

（6）超出普通业务来往范围或在 12 个月中交易总额超过＿＿＿美元的资产售卖、抵押、质押、租赁、典当、转移或其他处置。

（7）参与任何与现有营业计划有重大不同的行业领域、变更公司名称或者终止公司的任何业务。

（8）增加或者减少董事会、监事会或任何董事会委员会中的席位数。

（9）批准、修改和管理 ESOP 方案或其他员工持股计划。

（10）对会计制度和政策做出重大变更，聘请或变更审计师。

（11）修改或放弃公司章程中的任何规定和其他重要规章制度。

（12）选择首次公开募股的承销商和上市交易所，或批准首次公开募股的估值、条款和条件。

（13）……

如果在交割以前发生以上事项，公司应事先书面通知××投资公司。

六、投资协议

1. 陈述和交割条件

A 类优先股股权投资应根据公司和投资人都能接受的投资协议进行。投资协议应包括由公司和创建人做出的适当和通用的陈述、保证和承诺及其他内容。

除其他适当和通常的条件外，交割条件还应包括：

（1）向××投资公司提交一份交割后 12 个月公司详尽的营业计划和

预算，并为××投资公司所接受。

（2）顺利完成业务、法律和财务的尽职调查，并为××投资公司所满意。

（3）顺利完成所有法律文件的签署，包括公司的律师出具的为××投资公司所接受的法律意见书。

（4）将由××投资公司选择的四大国际会计师事务所之一或××投资公司认可的其他知名会计师事务所出具的公司审计报告、详细财务和会计报告、财务尽职调查报告提交给××投资公司，且应由公司自行承担相应费用。

（5）××投资公司投资委员会批准。

（6）所有的政府部门批准、登记以及公司现有股东的批准。

2. 管理费

公司应支付实际发生的管理费，包括但不限于××投资公司发生的与本次投资相关的尽职调查及准备、谈判、翻译和制作所有文件的费用，包括聘请外部律师、会计师和其他专业顾问的费用以及因中国政府审批需要的翻译、公证和认证费用，不论投资是否完成。公司还应向××投资公司支付在交割完成后，××投资公司发生的与持有和处置本投资相关的合理的外部律师费用，包括但不限于文件审阅、通知、放弃或修订投资人权利的费用。除非获得投资人书面同意，公司没有因为本框架协议及其描述的投资承担支付顾问费、咨询费、中介费、代理费、佣金或其他费用的责任。

七、股东权益

1. 信息权

只要投资人尚持有 A 类优先股股权，公司就应将下列公司信息以及附属公司信息以投资人可接受的形式提供给投资人：

（1）在会计年度结束后_____天内提供经四大会计师事务所之一或投资人认可的知名会计师事务所审计的合并财务报告和经营报告。

（2）在每财务季度结束后_____天内提供未审计的季度财务报告和经营报告。

（3）在每月结束后＿＿＿天内提供未审计的月度财务报告和经营月度报告。

（4）所有提供给股东的文件或者信息的副本。

（5）在下一财务季度开始前＿＿＿天内提供下季度预算报告。

（6）在下一财务年度开始前＿＿＿天内提供下年度预算报告。

所有财务报告均需按照中国通用会计准则准备。所有经营报告均需包括财务数据与对应季度或年度预算目标的对比；授权投资人检查公司和附属公司的设施、账目和记录，并允许投资人与相关的董事、管理人员、员工、会计师、法律顾问和投资银行家讨论公司和附属公司的业务、经营和情况。

在公司按证券法律或证券交易所的要求进行注册后三年内，只要投资人持有 A 类优先股股权，公司都应向其提供公司向证券监管部门、任何证券交易所、管理机关或政府部门提交的季度报告、年度报告、特别报告或其他报告，及向任何股东提供的年度报告或其他资料。

2. 首次公开募股

公司股东和公司必须在交割日后＿＿＿年内尽全部努力实现合格的首次公开募股。公司和其他股东应根据法律采取措施以尽量缩短 A 类优先股股权在上市之后的锁定期。

3. 注册权

（1）如果公司在美国上市，投资人应具有优先股股东通常的要求注册权、F-3（或同等）注册权和跟随注册权；如果公司在其他证券市场上市，投资人拟通过公开市场或其他方式转让股票，需要获得证券监管部门或证券交易所的批准、同意、备案或其他手续（"注册"），公司应在投资人提出要求后尽快予以办理。如公司或其他股东出售股票，需要办理上述手续，投资人有权跟随。如当地证券市场有其他方便投资人出售股权的制度或规定，公司应尽最大努力使投资人可以享受到这种便利。

（2）费用。公司应承担所有上述注册费用（不包括承销折让和佣金，但包括与注册或同等交易有关的费用），包括 A 类优先股股权持有人为行使注册权聘请一名律师的合理费用。

（3）如果由于法律法规要求或因证券市场、股票价格等因素的限制，不能允许投资人和其他股东在同一期间转让股票，公司其他股东同意，在投资人要求的各个期间内，公司其他股东应当应投资人要求少出售或不出售其持有的股份，以保证投资人优先退出。

（4）转让权：前述注册权利可以转让给任何 A 类优先股股权受让人。

（5）注册/发行权应在下述时间终止：合格首次公开募股＿＿＿年后，或交割日＿＿＿年后；以两者中较晚者为准。

（6）在得到持有多数 A 类优先股股权的股东批准之前，公司不得授予任何其他人优于或相等于 A 类优先股股权注册权的注册权力。

（7）如果公司因上市重组需要 A 类优先股股权放弃其专有的权力或利益，A 类优先股股权持有人可以在重组生效时放弃，但是如果在重组结束后 12 个月内，公司没有实现合格的首次公开募股，则 A 类优先股有权通过股东约定和其他途经要求恢复其各项权力和利益。

4. 主要管理人员的承诺书和非竞争承诺

从今日至成交日期间但在成交日前，公司高层管理人员（副总裁级别以上）应签署承诺书以保证：

（1）将为公司业务发展贡献全部个人工作时间和精力，并用个人全部努力来为公司谋利直至公司实现合格首次公开募股一年后，除非个人的离职申请已获投资人批准或投资人做出另外安排。

（2）从成交日开始至离开公司＿＿＿年内不参与任何与公司有竞争性的业务。

5. 员工知识产权协议

投资协议应要求公司在成交日之前与每个管理人员和研发人员签订为投资人所接受的保密和发明转让协议。

6. ESOP

公司应建立 ESOP 计划，预留＿＿＿％的期权分配予员工及相关机构，期权行使价不低于投资人的投资价格并分四年逐步确权（投资人书面同意的情况除外）。期权计划在获得公司董事会批准（包括投资人任命的董事批准）后实行。

在交割日时，投资人董事将获得一项购买权，该购买权授权投资人董事于交割日后以人民币＿＿＿万元（即以本次投资后全面稀释公司估值为基础，该估值可根据业绩调整条款调整）向公司现股东购买公司＿＿＿％的股权（包括以上＿＿＿％的 ESOP 额度，但根据业绩调整将现有股东及 ESOP 权益转让给投资人时该＿＿＿％的额度不受影响）。投资人董事购买期权后立即确权。

7. 关键人物保险

公司应为＿＿＿和公司共同决定之高级管理人员每人购买保险金额为＿＿＿＿美元的关键人物保险，以公司为受益人。

8. 股权结构

详见附件。

八、首选拒绝权和共同出售权

1. 首先拒绝权和共同出售权

若其他股东计划向任何第三方出售其全部或部分持有股份，则必须首先通知 A 类优先股股权持有人且应赋予 A 类优先股股权持有人如下权利：

（1）以计划出售的同样条款购买股票的首先拒绝权。

（2）以拟受让人提出的同样条款共同售卖股票的共同出售权。

这些权利在公司实现合格的首次公开募股之后失效。

除法律有禁止性或限制性规定外，A 类优先股股权的转让不受限制。如果法律有规定，要求 A 类优先股股权的转让受其他股东的优先受让权限制或其他限制，其他股东同意预先给予 A 类优先股股权的转让法律所要求的同意或豁免优先受让权以及其他任何限制。

2. 锁定

公司现有股东和持股管理人员同意在首次公开募股之前不以直接或者间接方式转让公司的权益，而不论交易之时个人与公司的雇用状态如何，除非该个人已提前获得投资人的书面许可。

九、投票权

1. 董事会

公司章程中规定董事会中设＿＿＿个董事席位。在成交之后，各方将根据下列说明选择各自代表董事：

（1）只要××投资公司尚持有公司的股权，＿＿＿即有权指定＿＿＿名有投票权董事，初定为＿＿＿。

（2）其他股东有权任命＿＿＿名有投票权的董事，初定为＿＿＿。

监事会的监事参照相同原则任命。

董事会会议应至少每季度召开一次。董事会会议的最低出席人数应为＿＿＿人，其中至少应包括一名由××投资公司任命的董事。

对于投资人因董事会活动而产生的一切费用，包括但不限于投资人的董事或观察员参加董事会会议的费用，公司应全部承担。同时公司应提供惯常的董事保险，为董事提供最大限度的补偿。

2. 领售协议

如果＿＿＿％的 A 类优先股股权持有人和多数其他股权持有人决定出售公司，其余的股权持有人应同意该出售并不得提出异议。

　　　　　　　　　　　　　××公司（公章）

　　　　　　　　　　　　　签名：＿＿＿＿＿＿＿＿＿

　　　　　　　　　　　　　姓名：

　　　　　　　　　　　　　职务：

　　　　　　　　　　　　　××投资人/投资公司（公章）

　　　　　　　　　　　　　签名：＿＿＿＿＿＿＿＿＿

　　　　　　　　　　　　　姓名：

　　　　　　　　　　　　　职务：

（三）担保合同分类及其说明

担保合同是指为促使债务人履行其债务，保障债权人的债权得以实现，而在债权人（同时也是担保权人）和债务人之间，或在债权人、债务人和第三人（即担保人）之间协商形成的，当债务人不履行或无法履行债务时，以一定方式保证债权人债权得以实现的协议。担保合同旨在明确担保权人和担保人之间的权利义务关系，保障债权人的债权得以实现。

因此，在融资过程中，尤其是贷款过程中，通常都会用到担保合同。由于担保方式很多，为了帮助大家正确理解各种担保方式的特点与利弊，我们特别将各种担保方式的释义、特点及注意事项，通过表 5—6 予以呈现，以帮助创业者合理选择恰当的担保方式，更好地保护自己的权益。

表 5—6　　　　　　　　担保合同分类及释义、特点比较说明

担保合同类型	释义	特点及注意事项
保证担保	保证是债的担保方式的一种，是指保证人和债权人约定，当债务人不履行债务时，保证人按照约定履行债务或者承担责任的行为。	（1）保证是一种双方的法律行为。 （2）保证是担保他人履行债务的行为。 （3）保证是就主债务履行负保证责任的行为。 注意事项：保证担保的保证与通常意义上所说的保证是有区别的，这是一种债权担保制度，具有法律意义。
抵押担保	抵押担保是指债务人或者第三人不转移对某一特定物的占有，而将该财产作为债权的担保，债务人不履行债务时，债权人有权依照《担保法》的规定以该财产折价或者以拍卖、变卖该财产的价款优先受偿。 抵押担保需要订立抵押合同，在抵押合同中，抵押权人是接受担保的债权人，抵押人是提供抵押物的债务人或者第三人，抵押物是作为担保债权履行而特定化了的财产。	（1）抵押人可以是第三人，也可以是债务人自己。这与保证不同，在保证担保中，债务人自己不能作为担保人。 （2）抵押物可以是动产，也可以是不动产。这与质押不同，质物只能是动产。 （3）抵押人不转移抵押物的占有，抵押人可以继续占有、使用抵押物。这也与质押不同，质物必须转移于质权人占有。 （4）抵押权人有优先受偿的权利。抵押担保是以抵押物作为债权的担保，抵押权人对抵押物有控制、支配的权利。控制权表现在抵押权设定后，抵押人在抵押期间不得随意处分抵押物。支配权表现在抵押权人在实现抵押权时，对抵押物的价款有优先受偿的权利。优先受偿是指当债务人有多个债权人，其财产不足以清偿全部债权时，有抵押权的债权人优先于其他债权人受偿。
质押担保	质押担保是贷款的一种担保方式，即借款人可以用银行存款单、债券等权利凭证作为质物交贷款银行保管，当借款人不能还款时，贷款银行依法处分质物偿还贷款本息、罚息及费用。	（1）目前对质物有较严格的要求，仅限于银行存款单、国债、国有银行发行的金融债券及银行汇票、银行本票。 （2）银行存款单必须是此项贷款经办银行的存单，且银行承诺免挂失；国债仅限于此项贷款经办银行代理发行并兑付的国债。

续前表

担保合同类型	释义	特点及注意事项
定金担保	定金担保是指当事人一方在合同成立后或履行前，依照约定向对方支付一笔金钱，债务人履行债务后，定金应当抵作价款或者收回。给付定金的一方不履行债务的，无权要求返还定金；收受定金的一方不履行债务的，应当双倍返还定金。	（1）定金应当以书面形式约定。 （2）定金合同从实际交付定金之日起生效。即使当事人已签订了定金合同，如果未实际交付定金，定金合同也不能生效。 （3）当事人约定的定金数额不得超过主合同标的额的 20%。
留置担保	留置担保是指债权人因保管合同、运输合同、加工承揽合同依法占有债务人的动产，债务人不按照合同约定的期限履行债务的，债权人有权依照法律规定留置该财产，以留置财产折价或者拍卖、变卖该留置物，从所得价款中优先得到清偿。留置权是指债权人对已占有的债务人的动产，在债权未能如期得到清偿前，留置该动产作为担保和实现债权的权利。 其设定的目的是督促债务人及时履行义务，在债务人清偿债务之前，债权人有占有留置物的权利。当规定的留置期限届满后，债务人仍然不履行债务的，债权人可以依照法律规定折价或者拍卖、变卖留置物，并从所得价款中得到清偿。如果债务人在规定期限内履行了义务，债权人应当返还留置物，不得滥用留置权。	（1）留置担保依照法律规定直接产生留置权，不需要以当事人之间有约定为前提。 （2）被留置的财产必须是动产。 （3）留置的动产与主合同有牵连关系，即必须是因主合同合法占有的动产。 （4）留置权的实现，不得少于留置财产后两个月的期限。 （5）留置权人就留置物有优先受偿的权利。

启动你的公司

成立新企业

活着就是为了改变世界。

——美国苹果公司联合创办人史蒂夫·乔布斯

如果你已经为创业做好了充分准备，包括个人对创业的正确认知、个人的心态调整、创业相关知识与能力的掌握、机会的识别与选择、团队的组建、商业计划书的撰写、资金的储备，就"万事俱备，只欠东风"了，这时，你就可以考虑迈出"改变世界"的第一步，即正式启动你的公司，具体包括公司法律组织形式的选择、公司地址的选择以及公司注册登记等重要事项。

01　什么样的创业组织形式适合你

一、我国企业的主要法律组织形式

我国经营主体的主要法律组织形式包括个体工商户、个人独资企业、合伙企业、有限责任公司、股份有限公司等。为了帮助创业者全面了解各种法律组织形式的基本概念、特征及其设立要求，从而正确选择适合自己的法律组织形式，我们从基本概念、特征、设立条件、设立程序或方式、优势、劣势等角度对各类组织形式进行了说明与分析，如表 6—1 所示。

我们参照的主要法律文件是《公司法》（2013 年修订版）。

表 6—1　　　　　　　　　我国企业主要法律组织形式说明

主要形式	相关说明
个体工商户	（一）个体工商户概述与特征 《个体工商户条例》（2011 年版）第二条第一款规定："有经营能力的公民，依照本条例规定经工商行政管理部门登记，从事工商业经营的，为个体工商户。"

续前表

主要形式	相关说明
个体工商户	个体工商户可以个人经营，也可以家庭经营，但需对债务承担无限责任，不具备法人资格。个人经营的，以经营者本人为申请人，以个人全部财产承担民事责任；家庭经营的，以家庭成员中主持经营者为申请人，以家庭全部财产承担民事责任。个体工商户是一种最简便的创业组织形式，比设立企业的条件要低得多。 　　（二）个体工商户经营范围 　　《个体工商户登记管理办法》（2014年修订版）第二章第九条规定："经营范围，是指个体工商户开展经营活动所属的行业类别。登记机关根据申请人申请，参照《国民经济行业分类》中的类别标准，登记个体工商户的经营范围。"因此，新的条例与管理办法相对过去的《城乡个体工商户管理暂行条例》，放宽了个体工商户的从业范围，进一步明确国家对个体工商户实行市场平等准入、公平待遇的原则，个体工商户申请登记的经营范围不属于法律、行政法规禁止进入的行业的，登记机关应依法予以登记。 　　（三）个体工商户申请与登记需提交的文件 　　申请个体工商户设立登记，应当提交下列文件： 　　（1）申请人签署的个体工商户设立登记申请书。 　　（2）申请人身份证明。 　　（3）经营场所证明。 　　（4）国家法律、法规规定提交的其他文件。 　　从事法律、行政法规规定须报经有关部门审批的业务的，应当提交有关部门的批准文件。
个人独资企业[a]	（一）个人独资企业概述与特征 　　《个人独资企业法》（2000年）规定，个人独资企业是指依照该法在中国境内设立，由一个自然人投资，财产为投资人个人所有，投资人以其个人财产对企业债务承担无限责任的经营实体。 　　独资企业是一种很古老的企业形式，至今仍广泛运用于商业经营中，其典型特征是个人出资，个人经营，个人自负盈亏和自担风险。 　　（二）设立个人独资企业应具备的条件 　　（1）投资人为一个自然人。 　　（2）有合法的企业名称。 　　（3）有投资人申报的出资。 　　（4）有固定的生产经营场所和必要的生产经营条件。 　　（5）有必要的从业人员。 　　（三）个人独资企业申请与登记规定与程序 　　个人独资企业的设立采取直接登记制，即设立独资企业无须经过任何部门的审批，而由投资人根据设立准则直接到工商行政管理部门申请登记。申请设立个人独资企业，应当由投资人或其委托的

续前表

主要形式	相关说明
个人独资企业[a]	代理人向个人独资企业所在地的登记机关提交设立申请书、投资人身份证明、生产经营场所使用证明等文件。委托代理人申请设立登记时，需要出具投资人的委托书和代理人的合法证明。 　　申请设立个人独资企业，设立申请书应当载明下列事项： 　　（1）企业的名称和住所。企业的名称应与其责任形式及从事的业务相符合（个人独资企业以其主要办事机构所在地为住所）。 　　（2）投资人的姓名和居所。 　　（3）投资人的出资额和出资方式。 　　（4）经营范围。 　　登记机关收到设立申请文件之日起15日以内，对符合规定条件的，予以登记并发给营业执照，营业执照的签发日期为个人独资企业的成立日期。
合伙企业	（一）合伙企业概述 　　《合伙企业法》（2007年）规定，合伙企业是指自然人、法人和其他组织依照该法在中国境内设立的普通合伙企业和有限合伙企业，是依法设立的，由各合伙人订立合伙协议，共同出资经营、共负盈亏、共担风险的企业组织形式。我国合伙组织形式仅限于私营企业。合伙企业一般不具备法人资格，不缴纳所得税。其中普通合伙企业由普通合伙人组成，合伙人对合伙企业债务承担无限连带责任。有限合伙企业由普通合伙人和有限合伙人组成，普通合伙人对合伙企业债务承担无限连带责任，有限合伙人以其认缴的出资额为限对合伙企业债务承担责任。 　　（二）合伙企业的特征 　　（1）生命有限。 　　（2）财产共有。 　　（3）相互代理。 　　（4）组织形式仅限于私营企业。 　　（5）一般不具备法人资格，不缴纳所得税。 　　（6）普通合伙人对合伙企业的债务承担无限连带责任。 　　（三）合伙企业的设立条件 　　（1）有两个以上合伙人。 　　（2）有书面合伙协议。 　　（3）有各合伙人实际缴付的出资。 　　（4）有合伙企业的名称和生产经营场所。 　　（5）法律、行政法规规定的其他条件。 　　（四）合伙企业设立的申请与设立程序 　　申请设立合伙企业，应当向企业登记机关提交下列文件： 　　（1）全体合伙人签署的设立登记申请书。 　　（2）全体合伙人的身份证明。

续前表

主要形式	相关说明
合伙企业	（3）全体合伙人指定的代表或者共同委托的代理人的委托书。 （4）合伙人的书面协议。 （5）出资权属证明。 （6）经营场所证明。 （7）国务院工商行政管理部门规定提交的其他有关批准文件。 　　营业执照的签发之日，为合伙企业成立日期。合伙企业领取营业执照前，合伙人不得以合伙企业名义从事经营活动。
有限责任公司[b]	（一）有限责任公司概述 　　《公司法》规定，有限责任公司是指由 50 人以下的股东共同出资，每个股东以其所认缴的出资额为限对公司承担责任，公司以其全部资产对其债务承担责任的企业法人。有限责任公司是一种比较普遍的企业法律形式。根据《公司法》的规定，必须在公司名称中标明"有限责任公司"或者"有限公司"字样。 （二）有限责任公司的特征 （1）股东责任的有限性。 （2）股东人数的限制性。 （3）有限责任公司不能公开募集股份，不能发行股票。 （4）有限责任公司是将人合公司[c] 与资合公司[d] 的优点综合起来的公司形式。 （三）有限责任公司设立的条件 　　设立有限责任公司，应当具备下列条件： （1）股东符合法定人数。 （2）有符合公司章程规定的全体股东认缴的出资额。 （3）股东共同制定公司章程。 （4）有公司名称，建立符合有限责任公司要求的组织结构。 （5）有公司住所。 　　有限责任公司由 50 个以下股东出资设立。 （四）有限责任公司设立的一般程序（简述）： （1）发起人发起。 （2）草拟章程。 （3）必要的行政审批。 （4）缴纳出资。 （5）申请设立登记。 （6）登记发照。
股份有限公司	（一）股份有限公司概述 　　股份有限公司是指将全部资本划分为等额股份，股东以其认购的股份为限对公司承担责任，公司以全部财产对公司债务承担责任的法人。

续前表

主要形式	相关说明
股份有限公司	《公司法》规定，股份有限公司全部注册资本由等额股份构成并通过发行股票（或股权证）筹集资本，股东以其认购的股份为限对公司承担责任。 （二）股份有限公司的设立条件与设立方式 设立股份有限公司，应当具备下列条件： （1）发起人符合法定人数。 （2）有符合公司章程规定的全体发起人认购的股本总额或者募集的实收股本总额。 （3）股份发行、筹办事项符合法律规定。 （4）发起人制定公司章程，采用募集方式设立的经创立大会通过。 （5）有公司名称，建立符合股份有限公司要求的组织结构。 （6）有公司住所。 股份有限公司的设立，可以采取发起设立或者募集设立的方式。发起设立是指由发起人认购公司应发行的全部股份而设立公司。募集设立是指由发起人认购公司应发行股份的一部分，其余股份向社会公开募集或者向特定对象募集而设立公司。

注：a. 对于创业者来说，如果希望新企业能够快速成长并获取巨大的财务成功，个人独资企业这种法律组织形式并不合适。

b. 有限责任公司由于具有合伙企业的优点和公司所具有的法律保护，因此一直以来是最受创业者欢迎的一种企业法律形式，也是一种非常有前途的企业所有权形式。

c. 人合公司是指以股东个人条件作为公司信用基础而组成的公司。

d. 资合公司是指一个或数个以达到法律规定的最低注册资金做资本金的自然人或法人注册成立的公司。

二、主要法律组织形式比较分析

为了进一步帮助创业者准确地把握各种法律组织形式的优缺点，我们一方面就最常用的两种组织形式即有限责任公司与股份有限公司进行比较分析，另一方面从创业者的角度，对各主要企业组织形式的优劣势进行比较分析，为创业者如何选择恰当的法律组织形式提供充分的决策依据（见表6—2、表6—3）。

表6—2　　　　　　　　有限责任公司与股份有限公司的比较

项目	有限责任公司	股份有限公司
设立方式	只能发起设立。	可发起设立，也可募集设立。
股东人数	50人以下的股东出资设立，允许设立一人有限责任公司。	由2~200人发起，其中需有半数以上的发起人在中国境内有住所。

续前表

项目	有限责任公司	股份有限公司
章程制定	由全体股东制定，并由全体股东签名、盖章。	由发起人制定，采用募集方式设立的须经创立大会通过。
股权形式	股东的股权证明是出资证明书，出资证明书不是有价证券，不能流通转让。	股东的股权证明是股票，股票是一种有价证券，可以自由流通转让。
股权转让	股权可以在股东之间自由转让，若转让给股东以外的第三人，需要取得其他股东半数以上同意。	股份的转让既可以通过协议转让，又可以在公开证券市场转让，且转让不受限制。
公司治理结构	可以不设立董事会和监事会，由执行董事或监事代替即可；若设董事会，其人数要求是 3～13 人。	股份有限公司必须设立董事会，其人数要求是 5～19 人；股东大会、董事会、监事会为必设机构。
所有权和经营权分离程度	所有权和经营权的分离程度较低。股东会的权力较大，股东通常会出任经营职务，直接参与公司经营管理。	所有权和经营权的分离程度较高。由于股东人多且分散，召开股东会比较困难，股东会的权力有限，董事会的权力较大。
财务状况的公开程度	财务会计报表可以不经过注册会计师的审计，也无须对外公告，只要按照规定期限送交各股东即可。	会计报表必须经过注册会计师的审计并出具报告，还要存档以备股东查阅，其中，以募集设立方式成立的股份有限公司还必须依法披露公开其财务状况和经营情况。
注册资金最低限额	按照新《公司法》的规定，除法律、行政法规以及国务院相关决定对有限责任公司或者股份有限公司的注册资本最低限额另有规定，取消有限责任公司最低注册资本 3 万元、一人有限责任公司最低注册资本 10 万元、股份有限公司最低注册资本 500 万元的限制。	

表 6—3　　　　　　　　　企业组织形式优劣势比较（对于创业者而言）

组织形式	优势	劣势
个人独资企业	（1）企业设立手续非常简便，且费用低。 （2）所有者完全拥有企业控制权。 （3）能够迅速对市场变化做出反应。 （4）只需缴纳个人所得税，无须双重课税。[a] （5）在技术和经营方面易于保密。	（1）创业者承担无限责任。 （2）企业成功过多依赖创业者的个人能力。 （3）筹资、资源获取相对困难。 （4）企业随着创业者的退出而消亡，寿命有限。 （5）创业者投资的流动性差。

续前表

组织形式	优势	劣势
合伙企业	（1）创办的手续简单、成本费用低。 （2）经营方式比较灵活。 （3）相对个人独资企业，企业拥有更多人的技术、能力与资源。 （4）资金来源相对较广，信用度较高。	（1）普通合伙人承担无限责任。 （2）企业绩效更依赖于合伙人的能力，企业规模受限。 （3）企业往往因关键合伙人死亡或退出而解散。 （4）合伙人的投资流动性差，产权转让困难。
有限责任公司	（1）创业股东只承担有限责任，风险小。 （2）公司具有独立寿命，易于存续。 （3）可以吸纳多个投资人，促进资本集中。 （4）多元化产权结构有利于决策科学化。 （5）经营管理规范。 （6）企业信用度较高。	（1）创立的程序比较复杂。 （2）存在双重纳税问题，税收负担较重。 （3）不能公开发行股票，筹集资金的规模和范围受限，无法与股份有限公司直接竞争。 （4）公司转让股份限制严格，产权不能充分流动，资本运作受限。 （5）与以上几种法律形式相比，公司治理更规范，对创业者素质及能力要求也较高。
股份有限公司	（1）创业股东只承担有限责任，风险小。 （2）筹资能力强。 （3）公司具有独立寿命，易于存续。 （4）一般由职业经理人进行管理，管理水平高且管理规范。 （5）企业信用度较高。 （6）产权可以股票形式充分流动。 （7）有利于接受社会监督。	（1）创立与关闭的程序比较复杂且政府限制多、要求严格。 （2）存在双重纳税问题，税收负担较重。 （3）公司所有权与控制权分离程度偏高。 （4）财务及经营情况被要求披露，商业机密容易暴露。 （5）公司抗风险能力相对差，多数股东容易缺乏责任感。

注：a. 双重课税也叫重复课税，是指同一征税主体或不同征税主体对同一纳税人或不同纳税人的同一征税对象或税源所进行的两次以上的课征。

三、如何选择适合自己的创业组织形式

关于如何正确选择适合自己的创业组织形式，美国知名创业管理研究专家罗伯特·A·巴隆（Robert A. Baron）和斯科特·A·谢恩（Scott A. Shane）认为需要回答下列问题：

（1）创业者（投资人）有多少人？

（2）承担有限责任对创业者是否重要？例如，如果创业者有许多个人财产，这对创业者可能比较重要；而如果创业者没有什么个人财产，承担有限责任对创业者可能就不太重要。

（3）所有权的可转让性是否重要？

（4）创业者想过自己的新企业可能会支付股利吗？如果想过，这些股利承受双重征税对创业者有多重要？

（5）如果创业者决定离开企业，会担心自己不在的时候企业能否持续经营下去吗？

（6）保持企业较低的创办成本对创业者有多重要？

（7）将来筹集企业所需追加资金的能力有多重要？

结合中国的主要法律组织形式的现状以及优劣势比较分析，我们认为，创业者应该从以下几方面进行梳理，从而确认适合自己的创业组织形式。需要注意的是，进行梳理的前提是充分了解中国主要法律组织形式的现状、特征以及优劣势比较。

1. 你的创业目标

具体包括：是否期望企业持续经营下去，是否想打造一番长久的事业。

2. 你的创业团队规模

这里主要指创业初期可能成为股东的人员规模，包括你引进的投资人。

3. 你的创业资金资源

这里主要指你的资金与资产资源。对于这个问题要从两方面来分析：一是如果你拥有巨额的私人财产，选择无限责任公司可能不太合适；二是如果你拥有充足的资金资源，企业未来对资金的需求似乎并不强烈，而且对企业创办成本也不会有太多顾虑，就需要你进行充分的权衡，并对不同的法律组织形式进行进一步的比较分析。

4. 你对所有权与经营权的掌控程度

这一点也非常重要，因为所有权的可转让性、所有权与经营权的分离等因素，在不同的法律组织形式中是不同的。而是否看重这些问题，将影响你的决定。

5. 你对双重税收的接受程度

你是否考虑过新企业未来可能会支付股利？这些股利需要承受双重征税，你是否能够接受？

6. 你对外部资源的开放程度

有的创业者喜欢单枪匹马、独闯江湖，这与个人的性格、个人的创业目标有关，例如比较霸道、与他人合作不愉快、喜欢个人安稳、小富即安等，他们往往比较保守，不太愿意或者不善于接受过多的外部资源以及新生事物。不过，更多的创业者愿意发挥团队的力量、借助外部更多的资源来支撑新企业的快速成长。这些因素决定了未来公司的治理结构、股权的转让程度、产权的流动流程、筹资的愿望、资本运作的需求等，会在很大程度上影响创业者对创业组织形式的选择。

02　如何设计企业名称

一、企业名称的规范要求

名称作为公司的标志，不仅含有商誉权，而且受有关法律、法规的一定限制。《公司登记管理条例》第十一条规定：公司名称应当符合国家有关规定。公司只能使用一个名称；经公司登记机关核准登记的公司名称受法律保护。那么，企业名称应该符合哪些规范与要求呢？

有限责任公司的名称应当由行政区划、字号、行业、组织形式依次组成，且需在名称中标明"有限责任公司"或"有限公司"字样。公司名称不得含有下列内容和文字：

（1）有损国家或社会利益的。

（2）可能给公众造成欺骗或者误解的。

（3）外国国家（地区）名称、国际组织名称。

（4）政党名称、党政机关名称、群众组织名称、社会团体名称以及部队番号。

（5）汉语拼音字母（外文名称中使用的除外）、数字。

（6）其他法律法规禁止使用的内容。

此外，只有全国性公司、大型进出口公司、大型企业集团才可以使用"中国"、"中华"、"全国"、"国际"等文字。

只有私营企业、外商投资企业才可以使用投资人姓名作为商号。

只有具有三个分支机构的公司才可以使用"总"字。

分支机构的名称应冠以所属总公司的名称，并缀以"分公司"字样，同时标明分公司的行业名称和行政区划地名。

以下为示例：

（1）公司名称法律格式：行政区划＋字号＋行业特点＋组织形式。

（2）符合规范的多种公司名称组成形式如下：

1）北京（北京市）＋太平洋＋科技＋有限公司。

2）太平洋＋北京（北京市）＋科技＋有限公司。

3）太平洋＋科技＋北京（北京市）＋有限公司。

（3）公司名称组成说明如下：

1）北京（北京市）为行政区划。

2）"太平洋"为字号，为减少重名，建议使用三个以上的汉字作为字号。

3）"科技"是行业特点，应与申请经营范围中的主营行业相对应。

4）"有限公司"是组织形式。

分支机构的名称应冠以主办单位的全称，如北京太平洋商贸有限公司方庄分店。

《公司登记管理条例》第十七条规定，设立公司应当申请名称预先核准。该如何申请名称预先核准？

设立有限责任公司，应当由全体股东指定的代表或者共同委托的代理人向公司登记机关申请名称预先核准；设立股份有限公司，应当由全体发起人指定的代表或者共同委托的代理人向公司登记机关申请名称预先核准。

申请名称预先核准，应当提交下列文件：

（1）有限责任公司的全体股东或者股份有限公司的全体发起人签署的《公司名称预先核准申请书》。

（2）全体股东或者发起人指定代表或者共同委托代理人的证明。

（3）国家工商行政管理总局规定要求提交的其他文件。

预先核准的公司名称保留期为 6 个月。预先核准的公司名称在保留期内，不得用于从事经营活动，不得转让。公司登记机关决定核准的，会发给《企业名称预先核准通知书》。

提示：为避免与同行业企业名称重复、提高核准通过率，建议通过网络申请名称预先核准，其目的是便于直接查询名称是否重复，查询途径包括当地工商局官网、全国企业信用信息公示系统、百度等。（个别地区工商局的在线服务系统具备名称筛查直接提示功能。）

二、企业名称类型

企业名称的设计，就像给孩子起名字一样，一般都会有一个由头或者依托，例如家族的传统、家乡或者地理的名称、核心业务名称、象征物的名称、吉祥如意的愿望、体现文化价值观、体现传统商业味、追求现代时尚、追求远大理想等，或者是各种类型名称的组合。在给自己企业起名的时候，我们有必要先了解其他企业的名称是怎么起的，有什么样的特点，也许会激发我们的灵感。其主要分类如表 6—4 所示。

表 6—4　　　　　　　　　　　　企业名称及示例

类型	示例
家族姓氏	丰田是典型的家族企业，丰田喜一郎以自己的姓氏作为公司名称；麦当劳其实也是其最早创始人麦当劳兄弟的姓氏；国内的知名企业有王老吉凉茶、张小泉剪刀、王守义十三香、李宁体育用品等。
地名	长江集团、黄河集团、泰山集团、珠江集团、上海市国旅集团、九寨沟旅游公司等。
特殊机构名称	这里主要是指高校、国家机关、公益机构、国际机构等机构的名称，一般只是公司名称的一部分。例如北大方正集团、清华同方集团等。
核心业务名称	某旅游集团、某地产集团、某咨询公司、某影视公司、某服装集团、招商银行等（通常都会体现主营业务或者行业特征）。

续前表

类型	示例
象征物名称	葵花药业、蒙牛集团、熊猫电子集团、春兰集团、红豆集团、七匹狼服饰等。
寓意吉祥如意	吉利汽车、美的空调、永辉超市、泰康人寿、平安保险、家乐福、万事达、恒源祥等。
展示富贵气派	此类企业名称又可分为含蓄与直白两类。比较直白的企业名竭力显示自己不同凡响的气派，如金利来、富绅、富贵鸟、小霸王、皇家航空公司、帝王大酒店等。含蓄的有新时代广场、万利达等。
体现文化价值观[a]	修正药业、正泰集团、同仁堂、仁和集团、方正集团等。
体现传统商业味	主要体现传统的商业文化精髓，这类名称也与体现传统的文化价值观、体现吉祥如意寓意有关。尤其是很多中华老字号或者有悠久历史的企业，其名称都充分体现了这个特征。例如，汇丰银行、顺康钱庄、瑞蚨祥、源丰票号等。
追求现代时尚	这主要是为了顺应时代潮流趋势，迎合现代消费者的审美情趣，其中包括"高大上"[b]类的名称，甚至是很洋气的名称。例如北京燕莎中心、百盛集团、劲霸男装、百丽服装、丽人内衣等。
追求远大理想	新希望集团、新世纪、永胜集团、恒远集团、中华集团、建国集团、昌盛集团、远大集团等。
综合类	综合类是指综合运用以上所列名称来源的组合。例如，地名、核心业务以及象征物的组合——云南白药。

注：a. 企业名称直接反映出企业的核心价值观或者文化价值导向。
b. 指高端、大气、上档次。

三、好的企业名称的特征

好的企业名称往往有利于企业文化与品牌形象的传播，尤其是对于新企业而言，如果能够设计一个让客户欣然接受的企业名称，那你的营销工作就一定会更加轻松。为此，我们总结出了一个好的企业名称的六大特征，即富有文化内涵，富有时代气息，富有冲击力，简单、易记、易理解且独立性强，适应国际化，展示独特性。

1. 富有文化内涵

没有文化内涵的名称往往不具有生命力，因此，企业名称应该充分体现企业的文化价值观或者历史文化传统。即使字面上难以直观看出，也要求名称应该有深层次的寓意。

2. 富有时代气息

尽管也有企业的名称偏传统商业味，倾向于"复古"，但好的企业名称仍然能够与时代接轨，例如同仁堂、全聚德等。好的企业名称应该具有丰富的时代内涵，并尽量迎合现代消费者的需求与爱好。

3. 富有冲击力

我们可以从两方面来理解这种冲击力。一种是文字表面的冲击力，即企业名称本身具有不同凡响的气魄与理想，令人振奋；另一种是潜在的冲击力，即企业名称的文化内涵以及隐藏的雄伟气魄与远大理想所带来的冲击力量。

4. 简单、易记、易理解且独立性强

一般而言，企业名称力求"三少、二顺、一明"。

（1）三少：字数少、笔画少、问题少（主要指不容易与其他名称混淆，或者引起其他负面的联想）。

（2）二顺：读音顺、搭配组合顺，甚至读起来很有节奏感、词义搭配完美，很容易让人记住。

（3）一明：是指寓意简单明了，容易理解。

5. 适应国际化

在经济全球化时代，尤其是要走出国门的企业，其名称在这方面应该引起足够的重视。因此，企业命名应该着眼于全球，要好翻译、好理解且符合外国人的阅读习惯，同时发音也要符合外国人的习惯。另外，如果是在海外的公司，企业名称还需要符合当地的风俗文化习惯。例如，2003 年 4 月，联想集团在北京正式对外宣布启用集团新标识"Lenovo 联想"，以"Lenovo"代替原有的英文标识"Legend"（英文含义为传奇），其中"Le"取自原标识"Legend"，代表着秉承其一贯传统，新增加的"novo"取自拉丁词"新"，代表着联想的核心是创新精神。2004 年，联想公司正式从"Legend"更名为"Lenovo"，并在全球范围内注册。在国内，联想使用"英文＋中文"的标识；在海外则单独使用英文标识。这一举措标志着联想真正迈出了其全面国际化并冲击世界 500 强的步伐。

6. 展示独特性

展示独特性是对企业名称的最高要求，因为，在如此信息庞杂、创新变化速度极快的时代，要想使自己的企业名称脱颖而出且富有创意，实在是一件比较困难的事。但是，我们仍然要尽力展示企业名称的独特性。不妨从以下几方面作出努力：

（1）展示独特的企业文化内涵。

（2）赋予名称个性化的时代气息。

（3）尽量反映企业业务性质或者行业特点，或者是企业名称要符合企业核心业务及行业特征。

（4）尽量体现文字或者内涵的冲击力。

（5）遵守常规，即做到简单、易记、易理解并适应国际化要求。

03 如何选择经营场所

一、影响经营场所选址的关键因素

经营场所是指企业的实际经营场所。经营场所能否选好，对于创业企业而言至关重要，尤其是一些需要门店的创业企业，其经营场所的周边环境等因素对其经营的成败起着决定性作用。要想选好经营场所，应该首先了解影响经营场所选址的关键因素。

1. 政治环境

主要指一个国家或者地区的政局是否稳定，执政党派对你所处的行业是否支持，是否有利于公司经营活动的开展，是否存在潜在风险。这些都是需要考虑的政治因素。

2. 宏观经济政策

主要指国内某些地区对高新技术企业、创新企业、创业企业的政策倾斜。很多经济开发区或者科技园区为高新技术创业项目提供了很多的优惠政策，例如租金优惠、税收优惠、资金扶持等，甚至还有创业孵化、上市扶持等一系列配套服务。这对于创业者而言，是一个不小的诱惑。

3. 市场环境与商业氛围

对于那些需要门店、对周边市场环境依赖度高的创业企业而言，这一点非常重要。例如是否位于当地核心商业圈，是否有较大的人流量，周边的客户是否有足够的购买力，是否有很多竞争者等。即使是一些没有门店需求的企业，也喜欢选择在繁华的商业地段办公，因为这种市场环境下，商业氛围浓厚，便于客户与合作者之间的高效沟通和交流。

4. 交通环境

交通是否便利，应该是很多创业者在选址时考虑的重要因素。因为，繁华的商业地段、交通便利的地理位置，会给自己以及客户、利益相关者都带来很大的便利，大家也乐意到这样的地方去谈生意。

5. 自然环境

对于有些企业而言，自然环境并不是什么重要的因素。但是，对于一些对自然资源有依赖性的生产企业，可能就非常重要了。例如，在一些有色金属、煤炭、水力、山林资源丰富的地方，对于那些对这些能源依赖性强的企业来说，肯定是首选的经营场所。

6. 文化以及品牌匹配度

主要指经营场所所在区域的文化氛围与公司所倡导文化、核心业务、品牌定位的匹配度。我们难以想象在一个嘈杂的电子商品批发市场中，却开设着一家高雅的艺术品商店；同样，如果一个偏文化创意类的公司将经营场所设在某个新材料高科技产业园区，似乎也不太"搭调"；如果一个高端品牌企业将经营场所设在一个很不知名、甚至破旧的写字楼中，场所档次与企业品牌定位不匹配，会严重影响到企业的形象，导致消费者对品牌的不信任。

7. 物业环境

物业环境包括两个方面。一是该物业产权的合法性。这就要求创业者必须清楚了解所选经营场所的规划用途与自己的经营项目是否相符，并弄清楚该物业是否有合法权证。如果其合法性存在问题，会给企业带来比较严重的法律风险，甚至影响正常的生产经营活动。二是配套的物业设施、物业服务以及所处区域的环境等。这一点可能因企业或者个人而异，例如，有的创业者对噪音敏感，对环境的干净整洁特别在乎，对配套的物业服务要求也比较高。

8. 个人因素

创业者个人的需求、个人的偏好等个人因素，都会直接影响创业地点的选择，这也是因人而异的。其中，影响最大的个人因素依次是交际需求、交通距离要求、环境偏好。例如，有的创业者选择在市中心经营，就是为了方便交际，方便与外界保持良好的沟通关系并获得更多的交际机会。

9. 价格因素

价格应该是影响创业者选择经营场所的直接因素。而影响价格的根本原因，其实与以上各种因素都可能有关系。例如，物业的配套设施与服务与价格有直接关系，核心商圈地段的办公室租金肯定远比其他区域的高等。因此，对于创业者而言，应该根据合理的预算，综合比较以上各项因素，并将各个因素按照对个人的重要程度进行排序，最后选择一个"性价比高"的经营场所。

二、经营场所选址的基本步骤

1. 明确需求

根据影响经营场所选址的关键因素，结合个人以及新建企业的特点，明确自己最看重的关键因素，即自己的需求，最好将各项因素按照对个人的重要程度进行排序，以便于在后期比较过程中进行选择。

2. 信息收集

根据自己的选址需求，收集大量符合基本要求的经营场所信息。信息来源有：锁定重点目标经营场所的物业公司、房地产交易平台（网站）、房屋中介、朋友提供等。

3. 筛选出备选经营场所

从大量的经营场所信息中，初步筛选出符合自己需求且性价比相对合适的

5～6 家经营场所。具体的筛选办法有排除法、评分排序法等，筛选依据是自己认为重要的关键因素。

4. 全面考察

通过中介或者直接联系经营场所的物业管理人员，开始对备选的经营场所依次进行考察，具体考察内容就是之前设定的关键因素，例如交通状况、市场环境、周边商圈情况、自然环境、物业环境、租金情况等，必要时应该访谈一些现有的入驻企业、周边的商户、地产中介等，了解它们的真实反馈，从而证实你之前听到的、观察到的信息是否正确。

之后，要将考察的数据、信息与资料按照关键因素分类进行整理、详细列出，并尽可能细化，以便于后期的分析评价。

5. 分析评价

根据考察结果，就备选的几家经营场所进行综合比较分析与评价。必要时可以将几项关键要素设计成评分问卷（由于不同的企业所选择的关键要素不一致，这里不提供示例，创业者根据自己的实际需求灵活选择即可），由核心团队成员分别评分，然后综合大家的评分结果，评选出一家大家共同认可的经营场所。

6. 确定地址与合同签订

基于分析评价结果，最终确定新建企业的经营场所。一旦确认，就需要进入租赁合同签订、准备装修的环节。这里提醒创业者的是，在签订租赁合同的过程中，一定要注意房屋产权的合法性、支付租金的方式、房屋的可改造范围、可能存在的风险等。

三、注册地址与经营场所的相关问题

（一）如何选择注册地址

注册地址是指公司在工商部门登记注册的地址。关于注册地址的选择问题，一般情况下不用太多考虑，只要重点选择好经营场所即可，因为大多数情况下，企业的注册地址往往是与经营场所一致的。

但是，随着市场环境的不断变化、跨区域经营越来越多以及国际化程度越来越高，部分企业的注册地址与实际经营的地址不一定一致。而且在我国的一些经济开发区或者科技园区，其提供的注册地（包括经营地）对高新技术创业项目有很多优惠政策，这对于一些资源并不丰富的创业者而言，可以说是一个非常好的选择。至于实际经营地址，可以后期根据市场发展需求，另行考虑安排。（但仍应注意公司注册地址和实际经营场所的不一致问题，避免不必要的法律风险，具体可以采取保留原注册地址、在新的经营场所设立分公司、将注册地址变更为新的经营场所等措施。详细内容见"应对注册地址与实际经营场所不一致问题的策略"。）

另外，一些国际贸易业务较多的企业，完全可以考虑选择境外地址注册公司或者新增一个境外公司。由于境外公司可以为企业节省大量的税费，而且其设立的手续简便，日后的管理容易且费用低廉，因此越来越受到国内诸多拥有跨国业务公司的欢迎。你完全可以考虑让专业的顾问公司或会计师事务所替自己"量身定制"一个境外公司，其中，香港是颇受欢迎的注册地。

（二）公司注册地址与实际经营场所不一致带来的法律风险

我国《公司法》规定，公司应以其主要办事机构所在地为住所。此外，《公司登记管理条例》明确要求，经公司登记机关登记的公司住所只能有一个。公司的住所应当在其公司登记机关辖区内。根据上述规定，公司必须在其登记注册的住所地址从事经营活动。但是，事实上很多公司出于节约经营成本、享受优惠政策、配套服务支持的考虑（经济开发区或者高科技园区，通常会直接给入驻企业提供土地优惠、缴税优惠等政策，同时还会提供公司注册、税务申报缴纳、银行贷款支持、项目融资扶持、技术资源支持等配套服务），公司注册地和实际经营地往往不一致，即公司注册是在经济开发区或者高科技园区，但是因为公司业务不适合在园区内经营，于是一段时间后搬到其他地方从事经营活动。这种安排虽然解决了企业经营与园区招商的问题，但还是隐藏着一定的法律风险。

对此，国家工商行政管理总局有专门的规定。例如，《国家工商行政管理局对企业在住所外设点从事经营活动有关问题的答复》（工商企字［2000］第

203 号）第一条和第二条规定：

依据《公司登记管理条例》和《企业法人登记管理条例》以及国家工商行政管理局《关于企业增设经营场所是否要登记管理有关问题的答复》（工商企字［2000］第 103 号）等企业登记管理有关规定，经工商行政管理机关登记注册的企业法人住所只能有一个，企业在其住所以外地域用其自有或租、借的固定的场所设点从事经营活动，应当根据其企业类型，办理相关的登记注册。

依照《公司法》和《公司登记管理条例》设立的公司在住所以外的场所从事经营活动，应当向该场所所在地公司登记机关申请办理设立分公司登记。对未经核准登记注册，擅自设点从事经营活动的，应按《公司登记管理若干问题的规定》（国家工商行政管理局令第 83 号）第三十二条进行查处。

另外，《国家工商行政管理局关于企业增设经营场所是否要登记管理有关问题的答复》也明确指出，根据《企业法人登记管理条例》和《公司登记管理条例》的规定，无论是依据《企业登记管理条例》登记注册的企业法人，还是依据《公司登记管理条例》登记注册的公司，住所均只能有一个。依据《企业登记管理条例》登记注册的企业法人设立或变更经营场所均应到登记机关办理登记，经营场所没有数量限制；《公司登记管理条例》未规定"经营场所"为登记事项，公司在住所之外设立的经营场所应按分公司进行登记。

根据上述规定，公司注册地与实际经营地不一致带来的法律风险主要有：

（1）经工商行政管理机关查出，可能被处以 1 万元以上 10 万元以下的罚款。处罚依据为《公司登记管理条例》（2014 年修订版）第六十九条：公司登记事项发生变更时，未依照本条例规定办理有关变更登记的，由公司登记机关责令限期登记；逾期不登记的，处以 1 万元以上 10 万元以下的罚款。

（2）接受警告、限期办理登记、责令停业整顿、扣缴营业执照甚至吊销营业执照等行政处罚。处罚依据为《企业法人登记管理条例实施细则》第 63 条第（二）项：擅自改变主要登记事项，不按规定办理变更登记的，予以警告，没收非法所得，处以非法所得额 3 倍以下的罚款，但最高不超过 3 万元，没有非法所得的，处以 1 万元以下的罚款，并限期办理变更登记；逾期不办理的，责令停业整顿或者扣缴营业执照；情节严重的，吊销营业执照。

（3）如果企业涉及诉讼事项，对企业法人提起的诉讼，由公司住所地法院管辖，而法院的文书也将送达住所地址，如果因为企业经营场所变更而未收到法院文书失去出庭辩护机会，经由法庭缺席判决可能要承担败诉风险。法律依据为《民事诉讼法》第 22 条。

（4）在债务履行上，如果债务的履行地点不明确，给付货币的，在接受方的所在地履行，其他标的在履行义务一方的所在地履行，上述所在地即为公司住所，即注册登记地，如果注册登记地与实际经营地不一致，可能会导致债务履行困难。法律依据为《民法通则》第 88 条、《合同法》第 62 条。

（三）应对注册地址与实际经营场所不一致问题的策略

为了避免上述法律风险，建议企业选择如下应对策略：

（1）保留原注册地址，且注册地址应有正常的文书信函收发联络人，签收的文书信函能及时转发至公司经营所在地。

（2）保留原注册地址，在新的经营场所设立分公司。

（3）若涉及税收优惠，流转税可以在经营地缴纳，也可以由总公司汇算清缴，所得税由总公司汇算清缴。

（4）实在没有其他办法，就只能变更工商登记，将公司注册地址变更为经营所在地。

04　如何完成注册登记

我们以有限责任公司为例，介绍公司注册登记的流程。

一、《公司法》修订后关于注册登记的变化

2013 年修订的新《公司法》已于 2014 年 3 月 1 日起施行。本次修订的重点是：放宽注册资本登记条件，将注册资本由实缴登记制改为认缴登记制，降低公司设立门槛。具体请参见第 1 章的表 1—5。

二、有限责任公司的基本条件[①]

1. 有符合要求的公司名称

在申请公司注册前，应先到工商部门申请公司名称登记。公司名称一般由四部分依次组成：行政区划＋字号＋行业特点＋组织形式。（具体要求一般可以参照工商行政管理局提供的《企业名称预先标准一次性告知单》。）

2. 有符合要求的股东

股东人数应为 1 个（含 1 个）以上 50 个（含 50 个）以下；股东资格应当符合相关要求。（可阅读工商行政管理局提供的《投资办照通用指南及风险提示》，了解相关要求。）

3. 有符合要求的出资

股东可以用货币以及实物、知识产权、土地使用权、股权等非货币财产作价出资，但法律法规规定不得作为出资的财产除外。

法律、行政法规以及国务院决定对有限责任公司注册资本最低限额另有规定的，应符合相关规定。

4. 有符合要求的公司章程

股东可以依法自主制定公司章程。但一般工商局行政管理都会提供相应的模板。需要注意的是，修订后的《公司法》颁布以后，关于公司章程的规定也略有变化。详见本章附录。

5. 有符合要求的公司住所

所选择的住所应为有房产证的合法建筑，且房产证上记载的用途应与注册公司的使用用途一致。（如不符合上述条件，请仔细阅读《投资办照通用指南及风险提示》中"选择企业住所（经营场所）时应注意哪些问题"的有关内容。）

---

① 　根据北京市工商行政管理局官方网站相关资料整理。

6. 从事的经营项目应符合国家规定

如果从事餐饮、美容美发等需经先行审批或后置许可、备案的经营项目，应按相关法规要求取得许可。

三、公司注册完整流程说明及注意事项

（一）发起人发起并签订设立协议

发起人协议，也称设立协议、投资协议或股东协议书，目的是明确发起人在公司设立中的权利义务。其主要内容包括公司经营的宗旨、项目、范围和生产规模、注册资金、投资总额以及各方出资额、出资方式、公司的组织结构和经营管理方式、盈余的分配和风险分担的原则等。

说明：该步骤很容易被创业者忽略，因为往往大家以为有公司章程就可以了。设立协议与公司章程虽然有一些相同的内容，但是，公司章程通常是提交工商行政管理局的必要文件内容之一，而设立协议无须提交，属于仅供内部使用并保密的协议文件，因此，设立协议的内容一般都会尽可能地完善。这一步骤非常重要，对企业的组织结构与经营管理方式、发起人权责、议事原则等作出明确规定，可以避免后期不必要的产权纠纷、管理矛盾等。

（二）订立公司章程

根据《公司法》第二十五条的规定，有限责任公司章程应当载明下列事项：

（1）公司名称和住所。

（2）公司经营范围。

（3）公司注册资本。

（4）股东的姓名或者名称。

（5）股东的出资方式、出资额和出资时间。

（6）公司的机构及其产生办法、职权、议事规则。

（7）公司法定代表人。

（8）股东会会议认为需要规定的其他事项。

同时要求：股东应当在公司章程上签名、盖章；公司章程应提交原件，并应使用 A4 规格纸张打印。

公司章程是公司设立的基本文件，只有严格按照法律要求订立公司章程，并报经主管机关批准后，章程才能生效，也才能继续进行公司设立的其他程序。

（三）申请名称预选核准

有限责任公司申请名称预先核准，应由全体股东指定的代表或共同委托的代理人向公司登记机关提出申请，提交下列文件：

（1）有限责任公司的全体股东签署的公司名称预先核准申请书。

（2）全体股东指定代表或者共同委托代理人的证明。

（3）国家工商行政管理总局规定要求提交的其他文件。

公司登记机关决定核准的，会发给《企业名称预先核准通知书》。

（四）办理公司设立前置审批

这一程序并非所有有限责任公司的设立都要经过的程序。一般公司可以直接注册登记，只有法律行政法规规定必须报经批准的，才需要办理批准手续。必须审批的有两类：

（1）法律法规规定必须经审批的，如证券公司。

（2）营业项目必须报经审批的公司，如经营烟草买卖的公司。

国企改造过程中改组为有限责任公司的也必须经过审批。

（五）出资

股东认足公司章程规定的出资后，由全体股东指定的代表或者共同委托的代理人向公司登记机关报送公司登记申请书、公司章程等文件，申请设立登记。

根据《公司法》的规定，自 2014 年 3 月 1 日起，股东或者发起人缴纳出资后，不再需要办理验资机构验资并出具证明的手续，公司登记机关也不再登记公司股东的实缴出资情况，公司营业执照不再记载"实收资本"事项。

有限责任公司的注册资本为在公司登记机关登记的全体股东认缴的出资额。股东可以用货币出资，也可以用实物、知识产权、土地使用权等可以用货币估价并可以依法转让的非货币财产作价出资。

股东应当按期足额缴纳公司章程中规定的各自所认缴的出资额。股东以货币出资的，应当将货币出资足额存入有限责任公司在银行开设的账户；以非货币财产出资的，应当依法办理其财产权的转移手续。股东不按照上述规定缴纳出资的，除应当向公司足额缴纳，还应当向已按期足额缴纳出资的股东承担违约责任。

有限责任公司成立后，应当向股东签发出资证明书。（具体要求参见《公司法》第三十一条。）

（六）申请设立登记

为了获得行政主管部门对其法律人格的认可，公司设立程序中有一个必不可少的步骤，就是向公司登记机关（一般是公司住所所在地的工商分局）申请设立登记。申请人为全体股东指定的代表或共同委托的代理人。

（1）申请人在咨询窗口领取相应表格或在工商局网站下载相应表格和办理说明。

（2）填写《企业设立登记申请书》并提交相关材料（详见表6—5）。

表 6—5　　　　　　　　企业设立登记申请需提交材料清单

序号	材料	提示
1	《内资公司设立登记申请书》	由法定代表人亲笔签署。（其他填写要求详见申请书上的说明提示。）
2	公司章程	全体股东共同签署，其中自然人股东需亲笔签字，法人股东需加盖公章。
3	《企业名称预先核准通知书》	
4	股东资格证明	自然人股东提交身份证复印件，企业法人股东提交加盖公章的营业执照复印件。（其他类别股东资格证明的提交方式请参见《投资办照通用指南及风险提示》中"如何准备投资人（股东）资格证明文件"的详细说明。）

续前表

序号	材料	提示
5	《指定（委托）书》	应由全体股东共同签署。
6	住所使用证明	产权人签字或盖章的房产证复印件。产权人为自然人的应亲笔签字，产权人为单位的应加盖公章。
7	许可项目审批文件	仅限经营项目涉及前置许可的情况，如餐饮、住宿等。
8	《企业联系人登记表》	
9	《补充信息登记表》	

资料来源：北京市工商行政管理局官方网站。

（七）登记机关登记并发照

登记机关对申请登记时提供的材料进行审查后，认为符合条件的，将予以登记并发给企业法人营业执照，有限责任公司即告成立。只有获得了公司登记机关颁发的营业执照，公司设立的程序才宣告结束。公司可凭企业法人营业执照刻制印章、开立银行账户、申请纳税登记，并以公司名义对外从事经营活动。

有限责任公司成立后，应当向股东签发出资证明书，并置备股东名册。

出资证明书应载明：公司名称；公司成立日期；公司注册资本；股东姓名或名称；缴纳的出资额和出资日期；出资证明书的编号和核发日期。还应当加盖公章。

股东名册应记载：股东姓名或名称及住所；股东的出资额；出资证明书编号。记载于股东名册的股东，可以依股东名册主张行使股东权利。

（八）公司印章备案及刻制

需准备的材料如下：

（1）营业执照副本原件及复印件。

（2）法人代表身份证原件及复印件。

（3）经办人身份证原件及复印件。

（4）属于分支企业的，还需提供上级单位出具的刻章介绍信、上级单位营业执照副本复印件一份。（该条款在不同地区要求不一致，有的机构还要求提供上级单位法人代表身份证复印件。）

备案：公安机关，备案审批通过获得《刻制印章通知书》。

刻制：取得《刻制印章通知书》后，到由公安机关核发《特种行业许可证》的印章刻制企业刻制。

（九）组织机构代码登记

需准备的材料如下：

（1）营业执照副本原件及复印件。

（2）公司印章。

（3）法人代表身份证原件及复印件。

（4）分支机构需提交上级主管部门组织机构代码证复印件。

（5）单位邮编、电话、正式职工人数。

本步骤完成后，将取得组织机构代码证，颁发机构为国家质量监督检验检疫总局。

说明：目前大部分地区都是在办税务登记证的时候就同时办理了，2014年底，国家税务总局积极推行"三证联办"，即工商、质监、国税、地税部门实现工商营业执照、组织机构代码证和税务登记证"三证"联办同发。这样，创业者办理这些证照更加省事、省心、省时间。

（十）税务登记

需准备的材料如下：

（1）营业执照副本原件及复印件。

（2）企业法人组织机构代码证原件及复印件。

（3）法人代表身份证原件及复印件。

（4）银行开户许可证复印件（可后补，通常税务登记与银行开户工作同时进行）。

（5）公司或企业章程原件及复印件。

（6）房产证明或租赁协议复印件。

（7）公司印章。

（8）税务登记机关要求提供的其他有关材料。

本步骤完成后，将取得税务登记证（包括国税与地税）。

（十一）银行开户

银行开户许可证是由中国人民银行核发的一种开设基本账户的凭证，只有在银行开户后才能正常缴纳税款、办理其他金融业务。银行开户需要准备的资料如下：

（1）营业执照正副本原件。

（2）组织机构代码证正本。

（3）税务登记证正本。

（4）法人代表、经办人身份证原件。

（5）授权书。

（6）公章、财务章、人名章等。

一般开户流程（具体以银行规定为准）为：银行审核证件→企业如实填写《开立单位银行结算账户申请书》，并加盖公章→开户行与开户企业签订《人民币单位银行结算账户管理协议》，开户行与企业各执一份→填写《关联企业登记表》（如有）→银行送报中国人民银行批准核准→中国人民银行核准并核发开户许可证，企业到开户行领取，同时开户行将开户许可证正本及密码、开户申请书客户留存联交予客户签收。

（十二）后续流程

后续办理流程为（后续的工作内容一般由专业的财务人员办理即可，故这里不作详细说明）：办理税种登记→办理税种核定→办理印花税业务→办理纳税人认定→办理办税员认定→办理发票认购手续。

（十三）其他事项（以北京为例）

1. 办理机构

北京市工商行政管理局和各区县工商分局、区工商分局登记科。

2. 申请方式

申请人可以直接到企业登记场所提出申请，也可以通过邮寄、传真、电子数据交换和电子邮件等非固定形式提出。

申请人以非固定形式申请行政许可所提交的格式文本应当使用北京市工商行政管理局提供的申请书格式文本。

申请人以非固定形式提交行政许可申请的，应当在提交材料的同时，提供申请人或者经申请人依法委托的代理人翔实的联系电话、通信地址、电子邮箱、委托文件等。

申请人以信函方式向工商行政管理机关的行政许可机构提出行政许可申请的，应当是有关申请文件、证件的原件，申请文件签字、盖章应当真实、有效。

3. 办理时限

申请办理有限责任公司的设立、变更、注销登记和备案，凡材料齐全、符合法定形式的，工商行政管理机关当场作出登记决定，并在 5 个工作日核发营业执照或其他登记证明。（申请人以非固定形式提交行政许可申请的，受理审核时限按国家工商行政管理总局《企业登记程序性规定》执行。）

4. 关于收费依据的说明

财政部、国家发展和改革委员会在 2014 年 12 月 23 日发布《关于取消、停征和免征一批行政事业性收费的通知》，自 2015 年 1 月 1 日起取消或暂停征收包括征地管理费、保存人事关系及档案费、企业注册登记费在内的 12 项中央级设立的行政事业性收费。同时，全面清理省级设立的行政事业性收费项目，取消重复设置、收费养人等不合理收费。

因此，该收费项目自 2015 年 1 月 1 日起已经取消。

05 年度经营计划的制定

年度经营计划，是指企业为达到预期战略目标、实现企业长远发展而制定的新年度一系列目标、计划及行动方案。在创业初期制定一份完善、可行性强的年度经营计划，可以帮助创业者有效的落实商业计划书中初期的工作计划，确保创业企业按部就班成功启动，并为后期顺利发展奠定良好基础。

实际上，有的创业者在撰写商业计划书时，就已经拟好了年度经营计划，并将其列为商业计划书的重要补充内容之一。而且，年度经营计划内容与项目计划书中的"项目执行计划"内容应该是保持高度一致的，只不过更加突出的是第一年度阶段性的经营计划，而并非整体性的商业计划。

这里，我们以表格的形式提供一份年度经营计划的撰写指导书，给创业者提供借鉴（见表 6—6）。

表 6—6　　　　　　　　　　　　年度经营计划撰写指导书

内容	目的	内容说明
年度目标与战略规划	明确年度经营总体目标、战略规划（包括工作重点）。	（1）年度目标：包括财务指标及非财务指标。例如销售额、市场份额、团队建设目标等（可分解到各部门）。 （2）年度战略规划：主要指该年度公司的战略方向和战略措施，包括战略定位、经营策略、工作重点等。
组织结构设置及人员配备	设计合理的支撑公司战略的组织结构及人员组成。	主要指设立哪些机构或部门、需要配备哪些人员；同时，也可以根据实际情况明确各部门的职能与经营目标。
营销计划	描述该年度的主要营销策略、客户服务计划、公共关系拓展维护计划以及营销管理措施。	（1）主要营销策略：产品策略、价格策略、分销策略、促销策略。 （2）客户服务计划：售后服务计划、客户关系维护计划。 （3）公共关系拓展与维护计划：公关活动计划及公共关系维护方案（可与促销策略中的广告宣传、市场公关活动等结合）。
人力资源计划	描述该年度人员招聘、培养、绩效管理、薪酬福利、员工关系管理、激励等人力资源管理计划（应侧重于团队建设）。	（1）人员招聘与培养计划：根据组织结构设计及人员配备计划，拟定招聘及人才培养计划。 （2）绩效管理计划：提出具体的绩效考核管理方案（不一定很完善，但需要有适合创业初期的绩效管理措施）。 （3）薪酬福利及员工激励：明确薪资、福利方案；提出可行性的员工激励方案，激励措施包括职位提升、股权激励等。 （4）员工关系管理计划：主要指劳动关系管理、内部沟通管理、为员工提供的服务与支持。 （5）企业文化建设计划：简单描述即可，创业初期主要强调创业团队文化建设。

续前表

内容结构	目的	内容说明
研发计划	明确技术研发方向、重点开发产品、研发投入计划及研发管理措施。	（1）研发方向及重点：描述研发重点领域、关键技术突破、重点开发的产品，要求说明具体的时间进度安排。 （2）研发投入：年度年研发资金、设备与人才投入计划。 （3）研发管理：主要指研发质量与成本的控制管理、研发合作资源的拓展、技术队伍的激励等相关说明。
生产计划	明确生产目标及进度安排、生产投入计划以及生产管理措施。	（1）生产目标及进度安排：该年度的产量计划及时间进度安排。 （2）生产投入计划：例如厂房扩建、生产线扩容、设备添加、设备更新升级、人才引进等。 （3）生产管理：包括生产质量控制、供应商管理、生产成本控制、HSE 管理等。
知识产权管理	说明知识产权的保护及利用措施。	主要指企业对知识产权、技术秘密和商业秘密的保护以及高效利用的措施。
行政后勤管理	说明行政后勤方面对经营管理的支撑措施。	主要指日常运营的行政及后勤管理措施，例如相关的制度、规范等（该部分并非重要内容，根据需要安排即可）。
费用预算	说明年度经营费用预算明细。	费用预算包括生产、人力资源、研发、营销等方面的投入预算（可以以附件形式体现，根据需要可以制定精确到月度、细分项目的预算明细）。
工作进度计划	用表格形式明确列出阶段目标及工作计划。	可以按照时间进度或者项目发展关键阶段来制作工作进度表，要求明确列出重要里程碑、时间节点、完成标准（交付成果），重要的项目还应该列出相应的负责人或者部门。

说明：部分重要制度、规范或者详细措施说明可以以附件形式体现。

附录一　有限责任公司章程制定须知

一、为方便投资人，北京市工商行政管理局制作了有限责任公司（包括一人有限公司）章程参考格式。股东可以参照章程参考格式制定章程，也可以根据实际情况自行制定，但章程中必须记载本须知第二条所列事项。

二、根据《公司法》第二十五条规定，有限责任公司章程应当载明下列事项：

（一）公司名称和住所；

（二）公司经营范围；

（三）公司注册资本；

（四）股东的姓名或者名称；

（五）股东的出资方式、出资额和出资时间；

（六）公司的机构及其产生办法、职权、议事规则；

（七）公司法定代表人；

（八）股东会会议认为需要规定的其他事项。

三、章程中应当载明"本章程与法律法规不符的，以法律法规的规定为准"。经营范围条款中应当注明"以工商行政管理机关核定的经营范围为准"。

四、股东应当在公司章程上签名、盖章。

五、公司章程应提交原件，并应使用 A4 规格纸张打印。

附录二　_____有限（责任）公司章程

（参考格式）

第一章　总则

第一条　依据《中华人民共和国公司法》（以下简称《公司法》）及有关法律、法规的规定，由_____等_____方共同出资，设立_____有限（责任）公司（以下简称公司），特制定本章程。

第二条　本章程中的各项条款与法律、法规、规章不符的，以法律、法规、规章的规定为准。

第二章　公司名称和住所

第三条　公司名称：_____。

第四条　住所：_____。

第三章　公司经营范围

第五条　公司经营范围：＿＿＿＿＿＿＿＿。

（说明：根据实际情况具体填写。最后应注明"以工商行政管理机关核定的经营范围为准"。）

第四章　公司注册资本及股东的姓名（名称）、出资额、出资时间、出资方式

第六条　公司注册资本：＿＿＿＿＿＿万元人民币。

第七条　股东的姓名（名称）、认缴的出资额、出资时间、出资方式如下：

股东姓名或名称	认缴情况		
	认缴出资额	出资时间	出资方式
合计			

第五章　公司的机构及其产生办法、职权、议事规则

第八条　股东会由全体股东组成，是公司的权力机构，行使下列职权：

（一）决定公司的经营方针和投资计划；

（二）选举和更换非由职工代表担任的董事、监事，决定有关董事、监事的报酬事项；

（三）审议批准董事会（或执行董事）的报告；

（四）审议批准监事会（或监事）的报告；

（五）审议批准公司的年度财务预算方案、决算方案；

（六）审议批准公司的利润分配方案和弥补亏损的方案；

（七）对公司增加或者减少注册资本作出决议；

（八）对发行公司债券作出决议；

（九）对公司合并、分立、解散、清算或者变更公司形式作出决议；

（十）修改公司章程；

（十一）其他职权。（说明：由股东自行确定，如股东不作具体规定应将此条删除。）

第九条　股东会的首次会议由出资最多的股东召集和主持。

第十条　股东会会议由股东按照出资比例行使表决权。（说明：此条可由股东自行确定按照何种方式行使表决权。）

第十一条　股东会会议分为定期会议和临时会议。

召开股东会会议，应当于会议召开十五日以前通知全体股东。（说明：此条可由股东自行确定时间。）

定期会议按（说明：由股东自行确定）定时召开。代表十分之一以上表决权的股东，三分之一以上的董事，监事会或者监事（不设监事会时）提议召开临时会议的，应当召开临时会议。

第十二条　股东会会议由董事会召集，董事长主持；董事长不能履行职务或者不履行职务的，由副董事长主持；副董事长不能履行职务或者不履行职务的，由半数以上董事共同推举一名董事主持。

（说明：有限责任公司不设董事会的，股东会会议由执行董事召集和主持。）

董事会或者执行董事不能履行或者不履行召集股东会会议职责的，由监事会或者不设监事会的公司的监事召集和主持；监事会或者监事不召集和主持的，代表十分之一以上表决权的股东可以自行召集和主持。

第十三条　股东会会议作出修改公司章程、增加或者减少注册资本的决议，以及公司合并、分立、解散或者变更公司形式的决议，必须经代表三分之二以上表决权的股东通过。（说明：股东会的其他议事方式和表决程序可由股东自行确定。）

第十四条　公司设董事会，成员为＿＿＿＿＿＿＿人，由＿＿＿＿＿＿＿产生。董事任期＿＿＿＿＿＿＿年（说明：每届不得超过三年），任期届满，可连选连任。

董事会设董事长一人，副董事长＿＿＿＿＿＿＿人，由＿＿＿＿＿＿＿产生。（说明：股东自行确定董事长、副董事长的产生方式。）

（说明：有限公司不设董事会的，此条应改为：公司不设董事会，设执行董事一人，由股东会选举产生。执行董事任期＿＿＿＿年，任期届满，可连选连任。）

第十五条　董事会行使下列职权：

（一）负责召集股东会，并向股东会会议报告工作；

（二）执行股东会的决议；

（三）审定公司的经营计划和投资方案；

（四）制定公司的年度财务预算方案、决算方案；

（五）制定公司的利润分配方案和弥补亏损方案；

（六）制定公司增加或者减少注册资本以及发行公司债券的方案；

（七）制定公司合并、分立、变更公司形式、解散的方案；

（八）决定公司内部管理机构的设置；

（九）决定聘任或者解聘公司经理及其报酬事项，并根据经理的提名决定聘任或者解聘公司副经理、财务负责人及其报酬事项；

（十）制定公司的基本管理制度；

（十一）其他职权。（说明：由股东自行确定，如股东不作具体规定应将此条删除。）

（说明：股东人数较少或者规模较小的有限责任公司，可以设一名执行董事，不设董事会。执行董事的职权由股东自行确定。）

第十六条 董事会会议由董事长召集和主持；董事长不能履行职务或者不履行职务的，由副董事长召集和主持；副董事长不能履行职务或者不履行职务的，由半数以上董事共同推举一名董事召集和主持。

第十七条 董事会决议的表决，实行一人一票。

董事会的议事方式和表决程序。（说明：由股东自行确定。）

第十八条 公司设经理，由董事会决定聘任或者解聘。经理对董事会负责，行使下列职权：

（一）主持公司的生产经营管理工作，组织实施董事会决议；

（二）组织实施公司年度经营计划和投资方案；

（三）拟定公司内部管理机构设置方案；

（四）拟定公司的基本管理制度；

（五）制定公司的具体规章；

（六）提请聘任或者解聘公司副经理、财务负责人；

（七）决定聘任或者解聘除应由董事会决定聘任或者解聘以外的负责管理

人员；

（八）董事会授予的其他职权。

（说明：以上内容也可由股东自行确定。）

经理列席董事会会议。

第十九条　公司设监事会，成员＿＿＿＿＿＿人，监事会设主席一人，由全体监事过半数选举产生。监事会中股东代表监事与职工代表监事的比例为＿＿：＿＿。（说明：由股东自行确定，但其中职工代表的比例不得低于三分之一。）

监事的任期每届为三年，任期届满，可连选连任。

（说明：股东人数较少或者规模较小的公司可以设一至二名监事，此条应改为：公司不设监事会，设监事＿＿＿人，由股东会选举产生。监事的任期每届为三年，任期届满，可连选连任。）

第二十条　监事会或者监事行使下列职权：

（一）检查公司财务；

（二）对董事、高级管理人员执行公司职务的行为进行监督，对违反法律、行政法规、公司章程或者股东会决议的董事、高级管理人员提出罢免的建议；

（三）当董事、高级管理人员的行为损害公司的利益时，要求董事、高级管理人员予以纠正；

（四）提议召开临时股东会会议，在董事会不履行规定的召集和主持股东会会议职责时召集和主持股东会会议；

（五）向股东会会议提出提案；

（六）依照《公司法》第一百五十二条的规定，对董事、高级管理人员提起诉讼；

（七）其他职权。（说明：由股东自行确定，如股东不作具体规定应将此条删除。）

监事可以列席董事会会议。

第二十一条　监事会每年度至少召开一次会议，监事可以提议召开临时监事会会议。

第二十二条　监事会决议应当经半数以上监事通过。

监事会的议事方式和表决程序。（说明：由股东自行确定。）

第六章　公司的法定代表人

第二十三条　董事长为公司的法定代表人。（说明：也可是执行董事或经理，由股东自行确定。）

第七章　股东会会议认为需要规定的其他事项

第二十四条　股东之间可以相互转让其部分或全部出资。

第二十五条　股东向股东以外的人转让股权，应当经其他股东过半数同意。股东应就其股权转让事项书面通知其他股东征求同意，其他股东自接到书面通知之日起满三十日未答复的，视为同意转让。其他股东半数以上不同意转让的，不同意的股东应当购买该转让的股权；不购买的，视为同意转让。

经股东同意转让的股权，在同等条件下，其他股东有优先购买权。两个以上股东主张行使优先购买权的，协商确定各自的购买比例；协商不成的，按照转让时各自的出资比例行使优先购买权。

（说明：也可由股东另行确定股权转让的办法。）

第二十六条　公司的营业期限_____年，自公司营业执照签发之日起计算。

第二十七条　有下列情形之一的，公司清算组应当自公司清算结束之日起30日内向原公司登记机关申请注销登记：

（一）公司被依法宣告破产；

（二）公司章程规定的营业期限届满或者公司章程规定的其他解散事由出现，但公司通过修改公司章程而存续的除外；

（三）股东会决议解散或者一人有限责任公司的股东决议解散；

（四）依法被吊销营业执照、责令关闭或者被撤销；

（五）人民法院依法予以解散；

（六）法律、行政法规规定的其他解散情形。

（说明：除上述条款，股东可根据《公司法》的有关规定，将认为需要记载的其他内容一并列明。）

第八章　附则

第二十八条　公司登记事项以公司登记机关核定的为准。

第二十九条　本章程一式_____份，并报公司登记机关一份。

全体股东亲笔签字、盖公章：

年　　　月　　　日

附录三　合伙企业协议制定须知

一、为方便企业，北京市工商行政管理局制作了合伙协议参考格式。合伙人可以参照参考格式制定合伙协议，也可以根据实际情况自行制定，但合伙协议中必须具备本须知第二条所列的事项。

二、根据《合伙企业法》第十三条的规定，合伙协议应当载明下列事项：

（一）合伙企业的名称和主要经营场所的地点；

（二）合伙目的和合伙企业的经营范围；

（三）合伙人的姓名及其住所；

（四）合伙人出资的方式、数额和缴付出资的期限；

（五）利润分配和亏损分担办法；

（六）合伙企业事务的执行；

（七）入伙与退伙；

（八）合伙企业的解散与清算；

（九）违约责任。

三、全体合伙人应当在协议上签名。

四、合伙协议应提交原件，并应使用 A4 规格纸打印。

附录四　合伙协议

（参考格式）

第一条　根据《民法通则》和《合伙企业法》及《合伙企业登记管理办法》的有关规定，经协商一致订立协议。

第二条　本企业为合伙企业，是根据协议自愿组成的共同经营体。合伙人愿意遵守国家有关的法律、法规、规章，依法纳税，守法经营。

第三条　企业的名称：＿＿＿＿＿＿＿＿＿＿＿。

第四条　合伙人姓名：＿＿＿＿＿＿＿＿＿＿＿。

第五条　合伙人共出资：＿＿＿＿＿＿＿＿＿＿＿。

第六条　本协议中的各项条款与法律、法规、规章不符的，以法律、法规、规章的规定为准。

第七条　企业经营场所：＿＿＿＿＿＿＿＿＿＿＿。

第八条　合伙目的：＿＿＿＿＿＿＿＿＿＿＿。

第九条　经营范围：＿＿＿＿＿＿＿＿＿＿＿。

（说明：具体根据实际情况填写。）

第十条　合伙人姓名及其住所

姓　　名	住　　所

第十一条　合伙人的出资方式、数额和缴付出资的期限

合伙人	出资方式	出资数额（万元）	出资权属证明	缴付出资期限	占出资总额比例

第十二条　利润分配和亏损分担办法

（1）企业的利润和亏损，由合伙人依照以下比例分配和分担：＿＿＿＿＿＿＿。（合伙协议未约定利润分配和亏损分担比例的，由合伙人平均分配和分担。）

（2）合伙企业存续期间，合伙人依据合伙协议的约定或者经全体合伙人决定，可以增加对合伙企业的出资，用于扩大经营规模或者弥补亏损。

（3）企业年度的或者一定时期的利润分配或亏损分担的具体方案，由全体合伙人协商决定或者按照合伙协议约定的办法决定。

第十三条　合伙企业事务执行

（1）执行合伙企业事务的合伙人对外代表企业。委托合伙人＿＿＿＿＿＿为执行合伙企业事务的合伙人，其他合伙人不再执行合伙企业事务。不参加执行事务的合伙人有权监督执行事务的合伙人，检查其执行合伙企业事务的情况，并依照约定向其他不参加执行事务的合伙人报告事务执行情况以及合伙企业的经营状况和财务状况，收益归全体合伙人，所产生的亏损或者民事责任，由全体合伙人承担。

（2）合伙协议约定或者经全体合伙人决定，合伙人分别执行合伙企业事务时，合伙人可以对其他合伙人执行的事务提出异议，暂停该事务的执行。如果发生争议由全体合伙人共同决定。被委托执行合伙企业事务的合伙人不按照合伙协议或者全体合伙人的决定执行事务的，其他合伙人可以决定撤销该委托。

第十四条　入伙、退伙

（1）新合伙人入伙时，经全体合伙人同意，并依法订立书面协议。订立书面协议时，原合伙人向新合伙人告知合伙企业的经营状况和财物状况。

（2）新合伙人与原合伙人享有同等权利，承担同等责任。新合伙人对入伙前合伙企业债务承担连带责任。

（3）协议约定合伙企业经营期限的，有下列情形之一时，合伙人可以退伙：

1）合伙协议约定的退伙事由出现；

2）经全体合伙人同意退伙；

3）发生合伙人难以继续参加合伙企业的事由；

4）其他合伙人严重违反合伙协议约定的义务。

协议未约定合伙企业经营期限的，合伙人在不给合伙企业事务执行造成不利影响的情况下，可以退伙，但应当提前三十日通知其他合伙人。擅自退伙的，应当赔偿由此给其他合伙人造成的损失。

第十五条　解散与清算

（1）本企业发生了法律规定的解散事由，致使合伙企业无法存续、合伙协议终止，合伙人的合伙关系消灭。

（2）企业解散、经营资格终止，不得从事经营活动，只可从事一些与清算活动相关的活动。

（3）企业解散后，由清算人对企业的财产债权债务进行清理和结算，处理所有尚未了结的事务，还应当通知和公告债权人。

（4）清算人主要职责：

1）清理企业财产，分别编制资产负债表和财产清单；

2）处理与清算有关的合伙企业未了结的事务；

3）清缴所欠税款；

4）清理债权、债务；

5）处理合伙企业清偿债务后的剩余财产；

6）代表企业参与民事活动。

清算结束后，编制清算报告，经全体合伙人签字、盖章，在十五日内向企业登记机关报送清算报告，办理企业注销登记。

第十六条　违约责任

（1）合伙人违反合伙协议的，依法承担违约责任；

（2）合伙人履行合伙协议发生争议，通过协商或者调解解决，合伙人不愿通过协商、调解解决或者协商、调解不成的，可以依据合伙协议中的仲裁条款或者事后达成的书面仲裁协议，向仲裁机构申请仲裁。当事人没有在合伙协议中订立仲裁条款，事后又没有达成书面仲裁协议的，可以向人民法院起诉。

全体合伙人签字：

年　月　日